울산 반구천의 정자와 시문

이 책을 만드는 데 참여한 사람들

총괄	성범중(울산대학교 국어국문학부 명예교수)
번역	박미연(대구섬유박물관장)
	박채은(전 국사편찬위원회 사료조사위원)
	신형석(대구문화예술진흥원 박물관운영본부장)
	양명학(울산대학교 국어국문학부 명예교수)
	엄형섭(부산대학교 한문학과 강사)
	조상현(울산대학교 국어국문학부 강사)
	최윤진(울산박물관 학예연구사)
	최윤경(전 우신고등학교 교사)
논고	유명종(전 신선여자고등학교 교사)
교정	엄형섭, 유명종, 최윤경
사진	박미연, 최윤진, 임혜민(울산박물관 학예연구사)
사진 협조	울산대곡박물관

울산 반구천의 정자와 시문

초판 1쇄 발행 2025년 3월 25일

엮어옮긴이 | 이문상우(以文尚友)

펴낸곳 | (주)태학사
등록 | 제406-2020-000008호
주소 | 경기도 파주시 광인사길 217
전화 | 031-955-7580
전송 | 031-955-0910
전자우편 | thspub@daum.net
홈페이지 | www.thaehaksa.com

편집 | 조윤형 여미숙 김태훈
마케팅 | 김민선
경영지원 | 김영지

ⓒ 이문상우(以文尚友), 2025. Printed in Korea.

값 22,000원

ISBN 979-11-6810-344-3 (93810)

책임편집 | 조윤형
표지디자인 | 이윤경
본문디자인 | 최형필

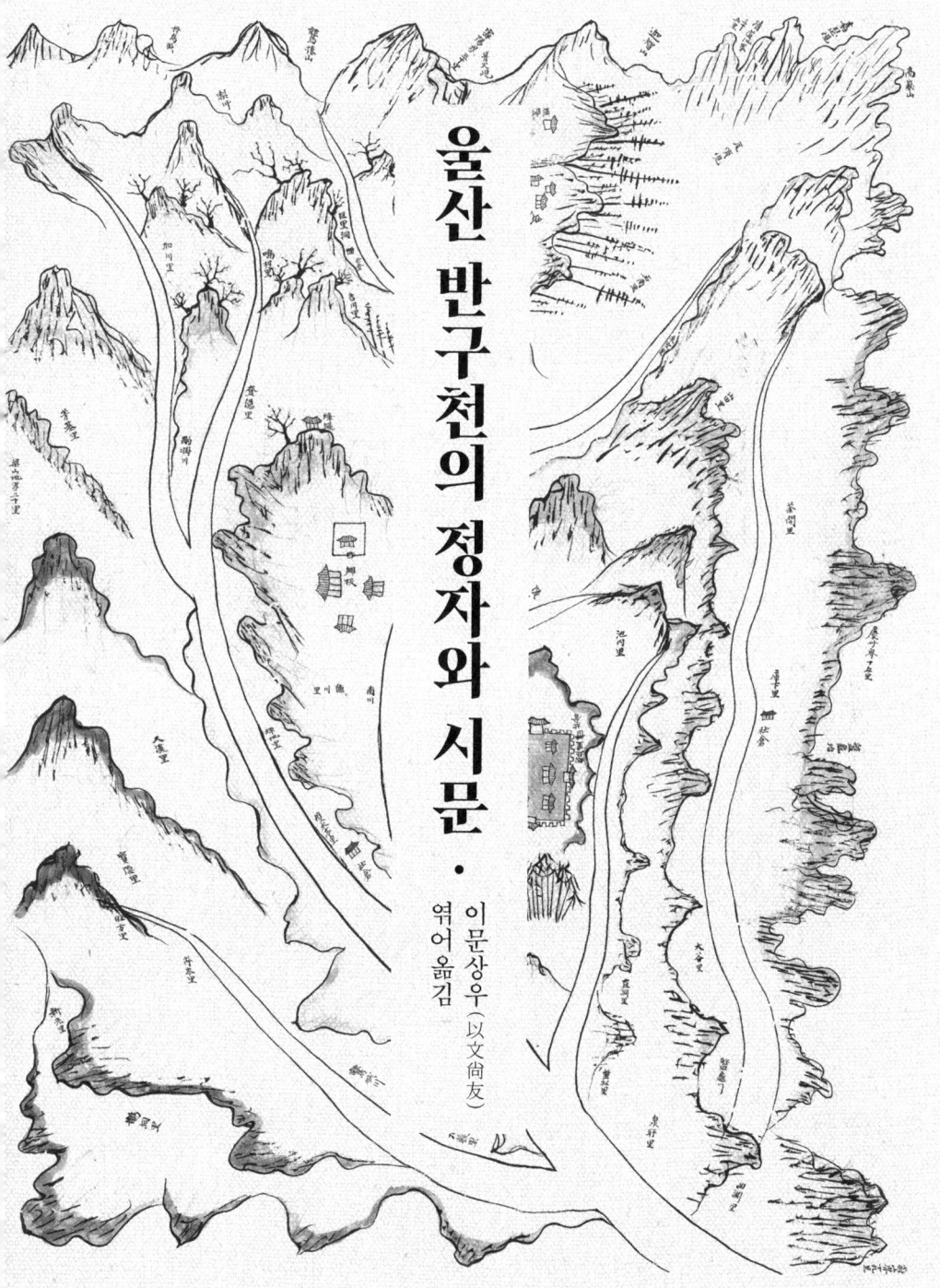

울산 반구천의 정자와 시문

이문상우(以文尙友) 엮어 옮김

태학사

책을 펴내면서

이 책은 울산의 반구천(盤龜川) 유역에 서 있는 정자들과 관련한 시문을 번역하고 해설을 가한 것으로 울산 지역의 선비 문화의 한 단면을 살필 수 있는 자료이다.

반구천 유역의 반구대(盤龜臺)는 포은(圃隱) 정몽주(鄭夢周)가 언양에 유배와 있을 때 오른 곳이어서 1712년(숙종 38) 반고서원(槃皐書院)이 설립되고 이듬해 반구대 맞은편에 집청정(集淸亭)이 건립된 이후에는 전국에서 선비들이 많이 찾아온 명소가 되었다. 상류로부터 내려오면서 위치하고 있는 최남복(崔南復)의 백련정(白蓮亭), 김정태(金正泰)의 송천정(松川亭), 최신기(崔信基)의 집청정(集淸亭), 이정혁(李正赫) 형제의 모은정(慕隱亭), 김경(金憼) 부자의 관서정(觀逝亭)이 이 책의 대상 정자이다. 건립 시기는 들쭉날쭉하지만 이 정자들은 모두 반만년이 넘는 연원을 지닌 반구천 가에 자리 잡아 경주·울산·언양 고을 선비들의 학문 수양과 교유의 장소로서 역할을 수행하였을 뿐 아니라 특히 집청정은 전국에서 포은을 사모하는 사람들이 찾아와서 그 자취를 회고한 곳이기도 하다.

이 책의 간행 주체에 대해 한마디 할 필요가 있다. 2010년 늦가을에서 초겨울쯤의 일로 기억하는데, 울산 지역 관련 자료를 오래전부터 모으고 정리해 온 향토사가 박채은 선생이 이 지역의 각종 문헌 자료를 원전으로 읽고 정리해 보자는 제안을 하였다. 뜻을 같이하는 몇 사람이 매주 한 번씩 만나 이 지역 관련 한문 문헌을 강독하기 시작한 것은 2011년 1학기였다. 그때 처음 강독에 참가한 이는 박채은 선생과 나를 포함하여 양명학교수, 엄형섭 훈장, 신형석 학예사, 박미연 학예사였다. 첫 학기 강독 자료는 울산 소재 정자의 시문이었다. 그해 2학기에는 기존 구성원 외에 조상현 강사와 최윤경 교사, (고)이수봉 명예교수가 새로 참여하였다. 이렇게 되니 강독회는 구성원 숫자가 얼마 되지 않음에도 불구하고 연령대가 30대에서 80대에 이르러서 자연히 나이를 초월한 망년지회(忘年之會)이자 신분을 초월한 망형지회(忘形之會)가 되었다. 그때 출범한 울산 지역 관련 한문 원전 강독 모임이 지금까지 명맥을 유지하고 있으니 한편으로는 대견하지만 다른 측면에서는 고루하다는 생각을 금하기 어렵다. 인터넷과 인공지능이 세상을 지배하는 시대인데도 여전히 오랜 판본의 글자와 필사체 한자를 판독하느라 구성원들은 자신의 눈을 수고롭게 하고 있기 때문이다.

우리 강독회의 정식 명칭은 '이문상우(以文尙友)'인데 이 용어는 명명의 변(辯)이 필요하다. 강독 첫 학기에 모임 이름이 있어야 한다는 누군가의 제안에 따라 각자 적당한 명칭을 제시해 보기로 하였다. 그때 제시된 두 명칭이 '이문회우(以文會友)'와 '상우천고(尙友千古)'였다. 전자는 "군자는 글로 벗을 모으고 벗을 통해서 인덕을 수양한다(君子 以文會友 以友輔仁)."는 증자(曾子)의 말씀에서 가져온 것이고, 후자는 "천하의 훌륭한 선비와 벗하는 것으로 충분하지 못하면 다시 시대를 거슬러 올라가서 옛사람을 논한다. 그 시를 기리고 그 글을 읽고서도 그 사람을 몰라서야 되겠는가? 그런 까닭에 그 세상을 논하니 이것이 바로 옛 시대로 거슬러 올라가서 벗하는 것이다(以友天下之善士爲未足 又尙論古之人 頌其詩讀其書 不知其人可乎 是以論其世也 是尙友也)."라는 맹자(孟子)의 말씀에 기초한 것이었다. 논의한 결과, 어느 하나를 취하고 다른 하나를 버리기보다 두 명칭을 결합하여 새 이름을 제작하였으니 그것이 바로 '이문상우'였다. 이 말의 유래를 알지 못하면 뜻을 짐작하기 어려울 듯하여 이 자리에서 그 소이연(所以然)을 밝혀 둔다.

코로나19 팬데믹(pandemic) 기간을 제외하더라도 강독 모임을 가진 10여 년 동안에 읽은 글의 종류와 양이 적지 않지만 우리는 우선 반구천 유역에 있는 정자 5개와 관련한 시문만 모아서 책으로 엮기로 하였다. 그동안 강독회에 참여한 사람이나 이문상우의 존재를 아는 사람들은 지나가는 말처럼 10년이 넘도록 원전 강독을 한다면서도 아무런 결과물을 내지 않은 데 대해 비난 겸 푸념을 드러내는 경우가 많았다. 요컨대 우선 이 책을 내고 앞으로 자료가 정리되면 다시 2권, 3권의 결과물을 간행할 예정이다. 이 책의 시문은 강독회 출범 초창기에 읽은 것들이기 때문에 나중에 강독 모임에 참여한 사람은 생소한 시문으로 볼 수밖에 없을 것이다. 그러나 이 책을 통하여 옛 구성원이 읽은 글을 새 구성원이 읽는다면, 그것은 새로 읽는 사람이 이전에 그 글을 읽은 사람과도 무언의 대화를 나누는 진정한 의미의 이문상우 정신을 실천하는 것임이 분명하다.

　제대로 체계가 잡히지 않은 강독 원고를 다시 정리하여 깔끔한 원고로 만든 몇몇 이문상우의 회원과, 난삽한 원고와 사진을 깔끔하게 편집하여 번듯한 모습으로 탈바꿈해 준 도서출판 태학사의 편집자들에게 감사 말씀을 드린다.

2025년 2월 문수산 아래에서
이문상우 회원을 대표하여 성범중이 쓰다

백련정

송천정

집정청

모은정

관서정

차례

책을 펴내면서 • 5
화보 • 9

제1부 — 백련정(白蓮亭)

1. 개요 • 22
2. 문(文) • 26
   - 최남복 — 백련서사상량문 • 26
   - 최남복 — 백련서사개기축문 • 37
   - 최남복 — 백련산수기 • 39
   - 최남복 — 연사참동만계시서 • 46
3. 시(詩) • 49
   - 최남복 — 수옥정을 낙성하다 • 49
   - 최남복 — 백련구곡도가. 아울러 소서를 쓰다 • 50
   - 최남복 — 백련서사에서 장수하려고 만계를 결성하고 지은 시. 서문이 있다 • 55
   - 최남복 — 병이 나서 수옥정에 누웠는데 칠순의 이동급 노인이 찾아오셨기에 기쁨보다 감격이 많아서 시축 중의 '인륜의 도리를 읊다(人道吟)' 시에 차운하다 • 56
   - 최남복 — 백련서사에서 족형 제익의 시에 장난삼아 차운하다 • 57
   - 최남복 — 백련서사에서 이근오 기랑을 기다리다 • 58
   - 이정익 — 도와 경지 최남복의 백련정 시에 차운하다 • 59
   - 이근오 — 백련서사에서 최경지와 이별하다. 나에게 오언율시 한 수를 주기에 말 위에서 화답하여 주다 • 60
   - 이근오 — 치암 남경희, 도와 경지 최남복, 용암 익지 최기영, 최천용과 백련서사에 모여 이야기하다 • 61

- 계 오 ― 삼가 백련서사 생원 최남복의 시에 차운하다 • 62
- 계 오 ― 도와 최 상사 공은 계오와 함께한 바가 있었으나 불행하게도 죽었다. 5년이 지나 장천사에 볼일이 생겨서 수옥정에 올랐는데 슬픔을 이기지 못하여 앞의 운에 맞추어 회포를 서술하였다 • 64
- 류방식 ― 삼가 원시에 차운하다 • 65
- 최세병 ― 엎드려 원시에 차운하다 • 66
- 윤치겸 ― 백련정. 원시에 차운하다 • 67
- 최태수 ― 삼가 원시에 차운하다 • 68
- 김상우 ― 수옥정. 원시에 차운하다 • 69
- 김상우 ― 옥여 최장식의 수옥정 중건을 축하하다 • 70
- 김상우 ― 다시 백련정에서 노닐다 • 70
- 김정묵 ― 백련정을 찾아가다. 두동면 천전리에 있다 • 71

제2부 ― 송천정(松川亭)

1. 개요 • 74
2. 문(文) • 77
   - 이우락 ― 송천정상량문 • 77
   - 김정태 ― 송천소와원기 • 86
   - 김정태 ― 여덟 가지 잠언 • 89
   - 김상우 ― 송천소와기 • 90
   - 최현채 ― 송천정기 • 92
3. 시(詩) • 97
   - 김정태 ― 송천십경 • 97
   - 김정태 ― 송천정원운 • 101
   - 박영건 ― 차운하다 • 102
   - 이장훈 ― 차운하다 • 103
   - 박일건 ― 차운하다 • 104
   - 이현락 ― 차운하다 • 104

- 최장식 — 차운하다 • 105
- 이재락 — 차운하다 • 106
- 이곤녕 — 차운하다 • 107
- 양달휘 — 차운하다 • 108
- 김상우 — 차운하다 • 109
- 이동진 — 차운하다 • 110
- 박맹진 — 차운하다 • 111
- 윤세병 — 차운하다 • 112
- 이정혁 — 차운하다 • 113
- 최현채 — 차운하다 • 114
- 이우락 — 차운하다 • 115
- 이중구 — 차운하다 • 116
- 손제익 — 차운하다 • 116
- 김헌수 — 차운하다 • 118
- 최 준 — 송천정 시에 차운하다 • 118
- 최 윤 — 송천정 시에 차운하다 • 120
- 이영우 — 송천정 시에 차운하다 • 120
- 손상호 — 송천정 시에 차운하다 • 121
- 손희익 — 송천정 시에 차운하다 • 122
- 김훈종 — 송천정 시에 차운하다 • 123
- 유현우 — 송천정 시에 차운하다 • 124
- 이원봉 — 송천정 시에 차운하다 • 125
- 손병권 — 송천정 시에 차운하다 • 126
- 최영학 — 송천정 시에 차운하다 • 127
- 최영신 — 송천정 시에 차운하다 • 127
- 박인화 — 송천정 시에 차운하다 • 128
- 김철경 — 송천정 시에 차운하다 • 129
- 김기남 — 송천정 시에 차운하다 • 130
- 손필조 — 송천정 시에 차운하다 • 131
- 김 승 — 송천정 시에 차운하다 • 132
- 정병찬 — 송천정 시에 차운하다 • 133
- 손후익 — 송천정 시에 차운하다 • 134

제3부 ─ 집청정(集淸亭)

1. 개요 • 136
2. 문(文) • 138
   - 최현필 ─ 집청정중건상량문 • 138
   - 류의건 ─ 반구정중신기 • 146
   - 황경원 ─ 집청정기 • 151
   - 최현채 ─ 집청정중건기 • 154
3. 시(詩) · 160
   - 손경걸 ─ 집청정 시에 차운하다 • 160
   - 신한운 ─ 집청정 시에 차운하다 • 160
   - 임화세 ─ 집청정 시에 차운하다 • 161
   - 손덕승 ─ 집청정 시에 차운하다 • 161
   - 이민중 ─ 집청정 시에 차운하다 • 162
   - 김용한 ─ 집청정에 오르다 • 163
   - 김용한 ─ 집청정 시에 차운하다 • 163
   - 김용한 ─ 최내문·최탁지·최경지에게 집청정 시에 차운하여 주다 • 164
   - 김용한 ─ 최내문이 집청정에서 비에 막혀 머물면서 오언사운으로 화답을 구하다. 2수 • 166
   - 김용한 ─ 집청정에서 묵고 돌아오는 길에 최탁지와 함께 운을 맞추다 • 167
   - 김용한 ─ 또 절구 한 수로 화답하다 • 168
   - 김용한 외 5인 ─ 늦봄에 집청정에서 연구를 읊다 • 169
   - 이덕표 ─ 집청정 시에 차운하다 • 174
   - 정만양 ─ 집청정 시에 차운하다 • 175
   - 최찬수 ─ 집청정 시에 차운하다 • 176
   - 최준식 ─ 집청정 시에 차운하다 • 177
   - 이양오 ─ 집청정 • 178
   - 송달수 ─ 언양 반구대 • 179
   - 계 오 ─ 집청정에서 반구대를 보다 • 181
   - 황경원 ─ 집청정에서 묵다 • 182

- 황경원 ― 부인이 집청정이 빼어난 곳이라는 소문을 들어서, 흔쾌히 또 이르다 • 182
- 김상우 ― 집청정에 묵다 • 184

제4부 ― 모은정(慕隱亭)

1. 개요 • 186
2. 문(文) • 189
   - 이중구 ― 모은정상량문 • 189
   - 장석영 ― 모은정기 • 197
   - 손진수 ― 장륙당기 • 201
3. 시(詩) • 206
   - 이정혁 ― 모은정원운 • 206
   - 이민혁 ― 원시에 차운하다 • 207
   - 이 후 ― 차운하다 • 208
   - 이석정 ― 삼가 모은정 시에 차운하다 • 209
   - 박정환 ― 삼가 모은정 시에 차운하다 • 210
   - 이규린 ― 원시에 차운하다 • 211
   - 이기혁 ― 원시에 차운하다 • 212
   - 최해종 ― 차운하다 • 213
   - 박종하 ― 원시에 차운하다 • 215
   - 이은혁 ― 원시에 차운하다 • 216
   - 서장성 ― 삼가 모은정 시에 차운하다 • 217
   - 서장호 ― 삼가 모은정 시에 차운하다 • 218
   - 류철우 ― 시판의 시에 차운하다 • 219
   - 윤 수 ― 차운하다 • 220
   - 장석영 ― 모은정 시에 차운하다 • 221
   - 하석희 ― 차운하다 • 222
   - 정병찬 ― 모은정에 오르다 • 223

제5부 — 관서정(觀逝亭)

1. 개요 • 226
2. 문(文) • 229
   - 김영록 — 관서정중건상량문 • 229
   - 권상일 — 관서정기 • 236
   - 서석린 — 관서정서 • 240
3. 시(詩) • 242
   - 권상일 — 삼가 관서정 시에 차운하다 • 242
   - 홍만우 — 삼가 관서정 시에 차운하다 • 243
   - 이의한 — 삼가 관서정 시에 차운하다 • 244
   - 박민효 — 숙명 김덕준의 관서정 시에 차운하다 • 246
   - 서석린 — 홍사군의 관서정 시에 차운하여 화답하다 • 247
   - 서석린 — 관서정 시에 차운하다 • 248
   - 이양오 — 관서정 시에 차운하다 • 249
   - 김용한 — 삼가 종형 덕일의 시에 차운하여 관서정에 드리다 • 250
   - 남경희 — 관서정 시에 차운하다 • 251
   - 이우락 — 관서정에서 오일계 회원이 모여서 읊다 • 252
   - 김정묵 — 관서정에 머무르다. 곡연 • 253

반구천 : 자연사 및 선사 유적과 유불 문화의 적층 지대 — 성범중 • 255
논고 : 반구천 주변 정자의 명명(命名)과 공간적 기능 — 유명종 • 261

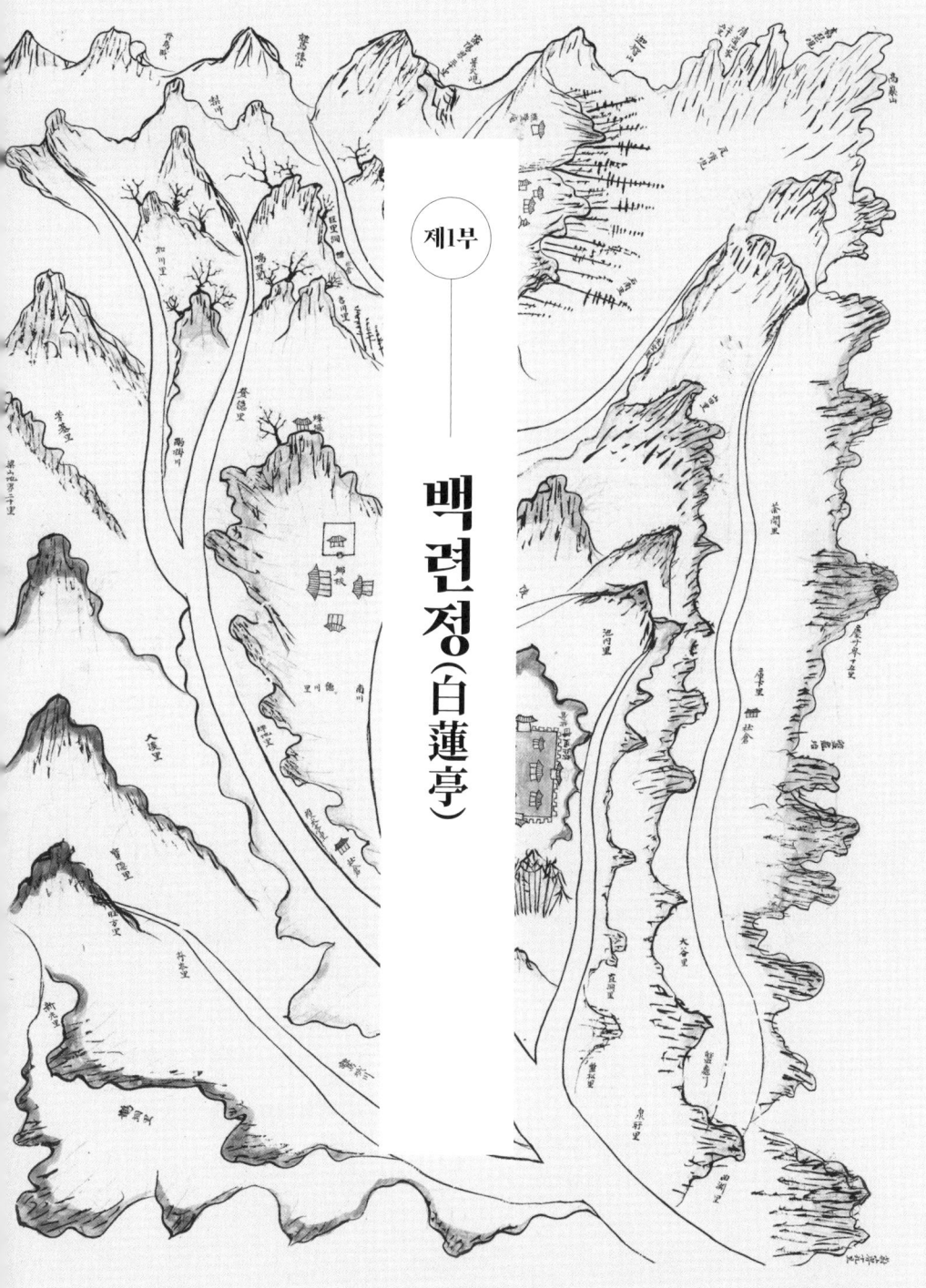

제1부
백련정(白蓮亭)

1. 개요

백련정(白蓮亭)은 조선 후기 문인 도와(陶窩) 최남복(崔南復)[1]이 1784년(정조 8) 울주군 두동면 천전리 방리마을에 지은 정자이다. 원래 대곡천가에 있었으나, 대곡댐이 건설되면서 2001년 울주군 두동면 봉계리의 초락당 한의원으로 이건(移建)되었다.

최남복은 대곡천 유역에 백련구곡(白蓮九曲)을 경영하였는데 제5곡에 정자, 백련서사(白蓮書社)를 지어 후학을 양성하였다. 1808년(순조 8) 〈백련구곡도가(白蓮九曲櫂歌)〉를 지었으며,[2] 문집으로 《도와집(陶窩集)》이 있다.

그가 지은 〈백련산수기(白蓮山水記)〉에 보면, "적취대의 앞쪽 땅 끝에 남향으로 정자를 세웠는데, 오른쪽 곁에 백련사(白蓮寺) 옛터가 있어 이름을 백련이라 이름을 지었다."라고 하여 백련사 터에 정사를 지어 그 이름을 그대로 계승하였음을 알 수 있다. 그는 또 〈백련서사상량문(白蓮書社上梁文)〉에서 "오랫동안 불상이 앉아 있던 곳인데, 어느덧 내 집이 되어 버렸네(久矣被佛象所蟠 居然爲我家之有)."[3]라고 절터에 정자를 지었음을 밝히기도 하였다. 정자 건립 당시 절터는 일부가 밭으로 경작되었고, 도사(道士)의 초막도 있었으며, 정자의 동쪽 개울 건너편에는 옥련암(玉蓮菴)이란 암

---

[1] 1759~1814. 경상북도 경주시 내남면 이조(伊助)마을에서 삼락당(三樂堂) 최찬(崔贊)의 아들로 태어났다. 본관은 경주, 자는 경지(景至), 호는 도와(陶窩)이다. 1792년(정조 16) 생원시에 합격하였다.

[2] 최남복, 〈백련구곡도가 소서가 있다(白蓮九曲櫂歌 幷小序)〉, 《陶窩集》 권1)
성범중, 2005, 《한문학 속에 남아 있는 울산지역의 풍광과 풍류》(울산대학교 출판부, 93쪽) 참조.
백련구곡에 대해서는 2010년 울산대곡박물관에서 특별전으로 소개한 바 있다(울산대곡박물관, 2010, 《자연에서 찾은 이상향 구곡문화》 참조).

[3] 최남복, 〈백련서사상량문(白蓮書社上梁文)〉, 《도와집(陶窩集)》 권6.

자도 있었다.

　백련정 옆의 절터는 2000년 한국문화재보호재단(현 국가유산진흥원)이 발굴하고 조사하였는데, 통일신라시대부터 조선시대까지의 기와가 출토되었다. 그러나 사찰 이름을 알지 못하여 지명을 붙여 '지명+사지' 형태로 '방리사지(芳里寺址)'로 학계에 보고되었다가[4] 최근에 〈백련산수기〉를 통하여 이 사찰이 백련사임을 확인한 바 있다.[5]

　정자는 보통 개인의 노력과 재력으로 세워지는 것이지만, 최남복이 백련정을 건립할 때에는 경주부윤 박종우(朴宗羽)[6]와 경상도관찰사 윤광안(尹光顏)[7]의 도움이 컸음을 알 수 있다. 윤광안은 백련정을 건립할 때 박종우에게 공문을 보내어 그를 도와주도록 하면서 산을 구입하는 비용 2천 냥도 지원해 주었다.[8] 또 최남복의 〈행장(行狀)〉에 "공(公)이 이곳 (연화산의) 산수를 사랑해서 서사(書社)를 지어 늘그막에 노닐면서 쉬는 곳으로 삼으려 하였다. 사나운 백성과 완고한 승려가 건립을 방해하였는데, 다행히 현명한 자사(刺史)의 도움으로 단시일에 정자를 건립할 수 있었다."라고 기록되어 있어 정자의 건립에 관청과 관리의 물질적·정신적 지원이 있었음을 알 수 있다.

4　한국문화재보호재단·울산광역시, 2002,《울산권 광역상수도(대곡댐) 사업 편입부지 내 1차 발굴조사 보고서(본문)》와 한국문화재보호재단·울산광역시, 2002,《울산권 광역상수도(대곡댐) 사업 편입부지내 1차 발굴조사 보고서(도면·도판)》
5　신형석, 2013, 〈울산 대곡천유역 '방리사지' 발굴조사와 사찰 명칭 고찰〉,《울산사학》 17, 울산사학회.
6　1745~?. 조선 후기의 문신. 본관은 반남(潘南), 자는 의보(儀甫)이다. 1792년(정조 16) 생원시에 합격하였으며, 밀양부사·진주목사·경주부윤 등을 역임하였다. 최남복과 생원시 합격 동기이며 경주부윤으로 있을 때 최남복의 백련정 건립에 도움을 주었다.
7　1757~1815. 최남복과 생원시 급제 동기였으며, 1807년(순조 7) 7월부터 1809년 8월까지 경주부윤을 지내고, 1806년(순조 6) 2월부터 1808년 1월까지 경상도관찰사를 지냈다.
8　백련정 건립 시기는 1784년(정조 8)이라고 하는 책이나 인터넷 자료가 있으나, 최남복의《백련산수기(白蓮山水記)》를 보면 1800년대 초반으로 판단된다.

〈백련산수기〉에 의하면, 최남복은 정자 건물 가운데에 수옥정(漱玉亭)이란 편액을 걸고, 주자의 〈무이잡영(武夷雜詠)〉에서 취하여 서쪽은 만대루(晚對樓), 동쪽은 우애헌(偶愛軒)이라 하였다. 이 편액들의 글씨는 경주부윤 박종우가 써 주었다. 정자 뒤쪽에는 두 칸짜리 숙소를 만들고 이름을 역락재(亦樂齋)라 하였으며, 주방도 한 칸 만들어 승려에게 정사를 지키도록 하였다. 최남복은 이 집을 통괄하여 백련서사(白蓮書社)라 부르고, 윤광안이 새겨 보내온 편액을 앞쪽에 걸었다.

백련정은 정면 4칸, 측면 2칸으로, 가운데 마루를 중심으로 좌우측에 온돌방을 배치한 중당협실형(中堂挾室型)으로 되어 있다. 현재는 은구헌(隱求軒)·임연당(臨淵堂)·화음정사(華陰精舍)·역락재(亦樂齋) 편액과 여러 시판(詩板)이 걸려 있는데, 이 시판에서 1941년 최남복의 5세손 최장식(崔章植, 1885~1961)이 중수한 사실도 확인된다.

백련정 관련 시문에서는 최남복의 여러 문인과의 교유 관계도 알 수 있다. 최남복은 울산 출신의 문과 급제자인 이근오(李覲吾, 1760~1834)와 교유하였다. 학성이씨(鶴城李氏)인 이근오는 1790년(정조 14) 문과에 급제하여 1804년(순조 4) 병조정랑(兵曹正郎)을 지내고 1819년에는 사헌부지평(司憲府持平)에 제수되었던 인물이다.

또 최남복은 가지산 석남사(石南寺)의 승려 계오(戒悟)[9]와도 교유하였다. 계오는 최남복 생전에 교유하며 차운시를 남겼을 뿐 아니라, 그가 사망한 지 5년 뒤에도 백련정에 들러 느낀 슬픈 감회를 시로 드러내기도 하였다.

이처럼 최남복의 학문 세계와 그가 경영한 백련구곡(白蓮九曲), 그리고 당시의 교유 관계 및 시 세계의 중심이 된 이 정자는 현재 물가가 아닌 나

---

9 1773~1849. 속성은 권씨(權氏)이며, 호는 월하(月荷)이다. 명필로 이름난 그는 비문과 편액 등 많은 작품을 남긴 인물로, 석남사에는 그의 초서(草書) 《천자문(千字文)》 목판이 소장되어 있다.

즈막이 구릉진 경사지에 이건되어 있다. 건물의 전면 하단에는 돌과 흙으로 축대를 쌓고 축대 앞쪽에 큰 기둥을 여러 개 세운 다음, 그 위에 마루를 놓았다.

마루에는 난간이 있어 아래 뜰에서 건물을 바라보면 2층의 누각처럼 보인다. 지붕은 홑처마 팔작지붕에 한식 골기와를 얹었으며, 정면 4칸, 측면 2칸의 규모로 온돌방 3칸과 마루 1칸으로 구성되어 있다. 지금은 주변 경관이 모두 바뀌어 옛날 시인 묵객들이 앞의 내를 굽어보며 시를 읊던 옛 정취는 사라졌지만 수몰의 위기에서도 훼철되지 않고 원형에 가깝게 보존되어 있어 다행스럽다.

2. 문(文)

· 최남복(崔南復), 〈백련서사상량문(白蓮書社上梁文)〉

녹문(鹿門)[10]의 한 골짜기 깊은 곳에 깃들여서 본분(本分)[11]에 뜻을 두고
호계삼소(虎溪三笑)[12]의 일을 본받아 백련서사(白蓮書社)의 계(稧)를 맺네.
스스로 청복(淸福)[13]을 누리는 주인이라 말하는데
족히 먼 곳에서 찾아오는 벗을 받아들일 만하네.

나를 생각하건대

거문고와 술은 흥미에 맞고
샘과 돌은 고황(膏肓)[14]에 맺혀 있네.

---

10 백련정 주변에 있는 자연물. '사자(獅子)목'이라 불리던 곳인데, 최남복이 녹문이라 명명하고 글자를 바위에 새겼다. 녹문이란 본래 중국 호북성 양양(襄陽)에 있는 산 이름으로, 후한 때 방덕(龐德)이 녹문산에 은거한 이후부터 은둔의 성지가 되었다. 당(唐)나라 시인 맹호연(孟浩然, 689~740)도 이 녹문산에 은둔하였다. 최남복이 쓴 녹문 석각은 현재 울산대곡박물관에 전시되어 있다.
11 사람이 저마다 가진 명분. 《주역(周易)》에 "본래대로 해 나가면 허물이 없다(素履往无咎)."라는 대목이 있다.
12 중국 동진(東晋)의 혜원법사(慧遠法師, 335~417)로부터 유래한 고사이다. 혜원은 중국 강서성(江西省)의 여산(廬山)에 은거하면서 백련사(白蓮社)를 결성하여 중국 정토교(淨土敎)의 요람을 만들었던 고승이다. 혜원은 여산에 은거하는 30여 년 동안 한 번도 백련사 입구의 호계교(虎溪橋)를 건너지 않았는데, 도연명(陶淵明)과 육수정(陸修靜)을 맞이하여 청담(淸談)을 나누다가 그들을 배웅하면서 호계교 넘었다고 한다. 이 사실을 깨달은 세 사람은 크게 웃음을 터뜨렸는데 이를 '호계삼소'라 한다.
13 청아(淸雅)하고 한가(閑暇)하게 사는 복.
14 원문 천석고황(泉石膏肓)은 샘과 돌이 고황(膏肓)에 들었다는 뜻으로, 고질병이 되다시

나이가 이미 삶의 늘그막15에 이르렀으니 도서(圖書) 이외에 다시 장물(長物)16은 없는데

경세제민(經世濟民)을 모두 물과 대나무에 부쳤거늘 명리 위에 남은 바람이 있겠는가?

선인(先人)17의 시와 예의 가르침을 실천하여 낙당(樂堂)18에 거처함이 부끄러워할 만하고

군자(君子)의 질박하고 실질적인 뜻을 사모하여 도와(陶窩)를 지어 스스로 즐기네.

포기한 사람의 무리가 됨을 면하지 못하였거늘

늘그막의 회한(悔恨)을 어찌 견디겠는가?

고인(古人)의 위기지학(爲己之學)19에 어두워서 경전을 끌어안고 홀로 슬퍼하다가

도가(道家)의 납갑(納甲)의 방도20에서 찾으니 양생(養生)21에 방법이 있네.

피 산수(山水) 풍경을 좋아하는 것이다. 자연의 승경(勝景)에 대한 혹독한 애착심을 표현할 때 쓰는 말로,《구당서(舊唐書)》권192,〈전유암전(田游巖傳)〉에 따르면, 그가 고종(高宗)에게 올린 글에 "신은 샘과 돌에 대한 병이 이미 고황에 들고 연무와 노을에 고질병이 들었는데, 성상의 시대를 만나 다행히 소요하고 있습니다(臣泉石膏肓 煙霞痼疾 旣逢聖代 幸得逍遙)."라고 하였다.

15 원문 상유(桑榆)는 저녁 해가 뽕나무와 느릅나무 위에 걸려 있다는 뜻으로, 해가 질 무렵을 가리킨다. 노년이나 만년을 비유할 때 쓰인다.
16 일상생활에서 불필요하거나 남는 물건.
17 선군(先君)·선고(先考)와 같은 말로, 돌아가신 자기 아버지를 가리킨다.
18 최남복의 선친인 최찬(崔贊)의 호(號)인 삼락당(三樂堂)에서 따온 것으로, 최남복이 기거하였던 집을 가리킨다. '삼락(三樂)'은《맹자(孟子)》의 군자삼락(君子三樂)에서 유래한 말로, "양친이 다 살아 계시고 형제가 무고한 것이 첫 번째 즐거움이요, 우러러 하늘에 부끄럽지 않고 굽어보아도 사람들에게 부끄럽지 않은 것이 두 번째 즐거움이요, 천하의 영재를 얻어서 교육하는 것이 세 번째 즐거움이다(父母俱存 兄弟無故 一樂也 仰不愧於天 俯不怍於人 二樂也 得天下英才 而敎育之 三樂也)."라는 것을 말한다.
19 자신의 본질을 밝히기 위한 학문.《논어(論語)》〈헌문(憲問)〉에 "옛날의 학자는 자기 수양을 위해 공부하였는데, 오늘날의 학자는 남을 위하여 공부한다(古之學者爲己 今之學者爲人)."라는 대목이 있다.

인지(仁智)의 즐거움22을 알고자 하니 참으로 산수 사이에 복거(卜居)함이 어울리고

성명(聖明)의 시대에 쓸모가 없으니 암혈(巖穴) 속에 자취를 감춘들 무슨 상관이 있으랴?

칠리(七里) 여울23에 낚시를 드리워 천년 전 자릉(子陵)24의 고상한 풍모를 우러르는데

아홉 굽이 골짜기25에서 시를 짓거늘 어느 곳이 무이정사(武夷精舍)26인가?

---

20 원문의 납갑지방(納甲之方)은 중국 한(漢)나라 때의 역법(易法)으로 10간(干)을 8괘(卦)에 나누어 소속시키는 것을 이른다. 곧 건(乾)에는 갑(甲)과 임(壬), 곤(坤)에는 을(乙)과 계(癸), 진(震)에는 경(庚), 손(巽)에는 신(辛), 감(坎)에는 무(戊), 이(離)에는 기(己), 간(艮)에는 병(丙), 태(兌)에는 정(丁)을 소속시키는 것이다.

21 병에 걸리지 않도록 건강 관리를 잘하여 오래 살기를 꾀함.

22 원문의 인지지락(仁智之樂)은 어진 사람은 물을 좋아하고 지혜로운 사람은 산을 좋아한다는 뜻으로, 《논어(論語)》〈옹야(雍也)〉에 나오는 공자(孔子)의 말에서 따온 것이다.

23 원문 칠리(七里)는 칠리탄(七里灘)으로 7리가 되는 여울의 이름이다. 중국 후한의 광무제 때 엄광(嚴光, B.C. 37~A.D. 43)이 부춘산(富春山) 아래 은거하면서 동강(桐江) 칠리탄에서 낚시질했다는 데서 유래하였다. 여기서는 백련서사 앞의 개울을 가리킨다.

24 엄광(嚴光)의 호. 엄광은 중국 절강성 여요인(餘姚人)으로, 본래 성이 장(莊) 씨인데, 한(漢) 명제(明帝)의 이름을 피하여 엄(嚴)으로 바꾸었다. 어릴 때는 후한의 광무제(光武帝)와 함께 뛰어놀며 공부하였지만 광무제가 제위에 오르자 모습을 감췄다. 사람을 시켜 찾아 보게 하였더니 "양가죽 옷을 입고 못에서 낚시하고 있다(披羊裘 釣澤中)."라고 하였다. 광무제가 세 번이나 사람을 보내 그를 조정으로 불렀는데 황제에게 예의를 갖추지 않고 친구처럼 대하였다. 광무제가 조정의 반대를 무릅쓰고 그에게 간의대부(諫議大夫)의 벼슬을 내리자 엄광은 벼슬을 받지 않고 부춘산(富春山)으로 들어가 몸을 숨겨 버렸다. 이에 엄광이 은둔한 곳의 지명을 엄릉산(嚴陵山) 또는 엄릉뢰(嚴陵瀨)라 하며, 낚시질하던 곳을 엄릉조대(嚴陵釣臺)라 부르게 되었다.

25 원문의 구곡(九曲)은 아홉 굽이의 계곡이다. 원래 중국 복건성(福建省)의 무이산(武夷山) 서쪽 성촌진에서 무이산 동쪽으로 통과하는 계곡인 무이계곡이 아홉 번 굽이친다 하여 구곡계곡(九曲溪谷)이라 불렀다. 여기서는 반구대 주변의 구곡을 가리킨다.

26 중국 복건성(福建省)과 강서성(江西省) 경계의 무이산에 있던 주희(朱熹, 1130~1200)의 강학(講學) 공간. 이곳에서 주희는 학문적 업적을 이루었는데 54세 되던 해부터 제자들과 함께 무이정사를 짓고 저술과 강학에 전념하였다. 또 경내에 한서관(寒棲館)을 건립한 다음 〈반초은조(反招隱操)〉를 지었는데 "나는 양지쪽 숲에 봄날의 붉은 꽃을 사랑한다(我愛陽林春葩晝紅)."라고 하였다.

곧 연화산(蓮華山) 북쪽의 깊숙한 곳이요

늘그막에 얻은 물외(物外)의 이름난 곳이네.

구슬을 부수고 바라를 울리며[27] 물은 절로 동쪽에서 와서 서쪽으로 굽이치고

제비를 뽑고 홀을 잡은 듯이 산은 또한 뒤가 높고 앞이 기이하네.

둘러싸고 있는 도화천(桃花遷), 와룡교(臥龍橋), 숙노주(宿鷺洲), 태을담(太乙潭)[28]은 모두 뛰어난 경치이고

제멋대로 배치된 향로암(香爐巖), 화필봉(花筆峯), 적취대(滴翠臺), 강선벽(降仙壁)은 더욱 맑은 마음을 깨닫게 하네.

오랫동안 불상이 앉아 있던 곳인데

어느덧 내 집이 되었네.

귀신이 보호하고 지켰으니 일은 지금을 기다린 것 같고

천지가 감추고 아꼈으니 사물에 어찌 홀로 주인이 없겠는가?

작은 산기슭에 초가를 엮어서 수초부(遂初賦)[29]를 읊고

가운데 언덕에 소나무와 계수나무가 울창하니 초은사(招隱士)[30]의 노래를 이루었네.

산승(山僧)과 골짜기 노인이 함께 와서 밤에 새끼 꼬고 낮에 이엉 엮는 것을 도와주고

---

[27] 원문의 명금(鳴金)은 바라를 칠 때 울리는 소리이다.
[28] 백련서사 앞에 있던 못.
[29] 〈수초부(遂初賦)〉는 초야에서 학문에 전념하기를 희구하는 노래이다. 원문의 수초란 벼슬을 떠나 은거하면서 처음에 가진 소원을 이루는 것을 가리킨다. 《세설신어(世說新語)》〈언어(言語)〉에 따르면, 중국 진(晉)나라의 손작(孫綽)이 허순(許詢)과 함께 세속을 초탈하려고 10여 년 동안 산수 속에서 호방하게 살면서 〈수초부〉를 지어 자신의 만족스러운 삶을 서술하였다고 한다.
[30] 원문의 초은(招隱)은 〈초은사(招隱士)〉로, 중국 한(漢)나라 회남왕(淮南王) 유안(劉安)이 모은 문사들 중 소산(小山)에 속한 문사들이 지은 노래로서, 은사(隱士)를 초빙하는 내용을 담고 있다.

유인(遊人)과 운사(韻士)가 즐기는 곳이어서 처마에 바람 불고 지게문에 달빛 비치네.

양쪽 곁에 작은 다락을 여니 연자루(燕子樓)와 양화루(楊花樓)가 아닌가?

가운데에 따뜻한 방을 만들어 날아갈 듯한 집과 무성한 소나무를 멋대로 읊조리네.

이에 여산(廬山)의 옛일[31]을 따라

다시 향리에서 함께 어울리는 사람을 초대하네.

범영(范寧)[32]의 탈속(脫俗)한 자질이 많은 지연거사(止淵居士)를 받들어 모시고

혜원(慧遠)[33]의 금주(禁酒) 구절에 어울리는 동명선사(東溟禪師)를 들어오게 하였네.

환자사(桓刺史)[34]의 풍류를 옛 사군(使君)[35]이 본디 지니고 있거늘

도징사(陶徵士)[36]의 청아한 취미를 명부(明府)[37]가 어찌 사양하겠는가?

---

31 원문의 여산고사(廬山故事)는 혜원법사(慧遠法師)가 중국 강서성의 여산(廬山)에 은거하면서 백련사(白蓮社)를 결성하였던 일을 가리킨다.
32 중국 진(晉)나라 사람으로 중서시랑(中書侍郞)을 지냈으며,《춘추곡량(春秋穀梁)》의 주석을 깊이 연구하여《집해(集解)》를 지었다.
33 335~417. 중국 동진(東晉) 때의 승려로, 여산(廬山)에 백련사(白蓮社)를 세우고 수도하였다.
34 중국 진(晉)나라 때 혜원법사(慧遠法師) 등이 백련결사(白蓮結社)를 맺을 때 도와준 자사(刺史) 환이(桓伊)를 가리킨다. 그가 강주자사(江州刺史)로 있을 때, 여산(廬山)의 서쪽 서림사(西林寺)에 머물던 승려 혜영(慧永)의 요청을 받고, 혜원을 위하여 여산의 동쪽에 동림사(東林寺)를 지어 주었다.
35 원문의 구사(舊使)는 옛 사군(使君)으로, 여기서는 경상감사 윤광안(尹光顔, 1757~1815)을 가리킨다. 윤광안은 조선 후기의 문신으로 본관은 파평(坡平). 자는 복초(復初), 호는 반호(盤湖)이다. 1777년(정조 원년) 생원이 되었고, 1786년 정시문과에 병과로 급제, 교리를 거쳐 대사간·대사성·충청도관찰사·이조참의·부호군 등을 역임한 다음 경상도관찰사가 되었다. 이때 백련서사의 현판을 써 주었다.
36 도연명(陶淵明)을 가리킨다. 징사는 학문과 덕행으로 조정의 부름을 받아 벼슬한 사람으로, 도연명은 사시(私諡)가 정절징사(靖節徵士)이다.
37 지방관을 높여 일컫는 말이다. 여기서는 경주부윤 박종우(朴宗羽, 1745~?)를 가리킨다.

어찌 한때의 수고로움을 싫어하리오?

반드시 백 년의 지극한 즐거움을 누리고자 하네.

작은 난간에 푸른 기운이 들어오니 따뜻함과 서늘함이 적당하고

옛 경전에 붉은 점을 찍으니 한가함과 적막함을 아낄 만하네.

나무하고 낚시하는 곳에서 먹고 마시는[38] 것이 절로 만족스러우니 이에 살고 이에 처하기를 영원히 맹세하고

바위와 돈대 사이에서 지팡이와 신발 차림으로 오락가락하노라면 앉을 만하고 읊을 만하지 않음이 없네.

이미 평소에 바라던 바를 이루었으니

아마도 노년의 학문을 수련할 수 있으리.

산이 연화(蓮華)[39]이기에 염계(濂溪)[40] 부자(夫子)를 우러러 사모하고

정자를 수옥(漱玉)이라 명명한 것은 꿈속에서 회암(晦庵)[41] 선생을 뵈었

---

38 원문의 음탁(飮啄)은 마실 것과 먹을 것, 곧 음식을 이르는 말이다.

39 연화산(蓮花山)은 울산광역시 울주군 두동면에 있는 높이 532.4m의 산으로, 옛 이름은 여나산(餘那山)이었다.

40 주돈이(周敦頤, 1017~1073)의 호. 주돈이는 중국 북송(北宋)의 성리학자로, 자는 무숙(茂叔)이며, 호남성(湖南省) 도영현(道營縣) 출신이다. 지방관이 되어 각지에서 공적을 세운 후 만년에 여산(廬山) 기슭의 염계서당(濂溪書堂)에서 은퇴하여 염계선생이라 불렸다. 저서에는 《태극도설(太極圖說)》과 《통서(通書)》가 있으며, 〈애련설(愛蓮說)〉에는 그의 고아한 인품이 잘 드러나 있다. 남송의 주자(朱子)는 염계가 정호(1032~1085)와 정이(1033~1107) 형제를 가르쳤기 때문에 도학(道學)의 개조라고 하였다.

41 중국 남송(南宋)의 유학자 주희(朱熹, 1130~1200)의 호이다. 최남복(崔南復)의 《도와집(陶窩集)》 권8, 〈부록(附錄)〉의 〈행장(行狀)〉에 정자의 이름을 수옥(漱玉)이라 한 것은 정자를 지은 초기에 꿈속에서 창주부자(滄洲夫子, 중국 복건성 고정에 창주정사를 지어 제자들을 가르쳤던 朱子를 가리킴)를 만나 정자의 이름을 요청하였는데, 잠을 깨고 나서 '옥정(玉亭)'이라는 두 글자만 기억이 났으므로 《주자대전(朱子大全)》 중의 구절을 따서 수옥정(漱玉亭)이라고 하였음을 밝히고 있다. 이 내용은 최남복의 시 〈연사잡영(蓮社雜詠)〉(《陶窩集》 권1) 중의 〈수옥정(漱玉亭)〉에도 잘 나타나 있는데, "꿈속에 창주(滄洲) 댁을 찾아뵈었더니 정자 이름 석 자를 내려 주셨네. 깨고 나서 첫 글자를 잊어버렸기에 유고에서 '수옥(漱玉)'이라는 말을 취하였네(夢拜滄洲宅 錫亭三字號 覺來忘第一 漱玉取遺稿)."

기 때문이네.

헌창(軒牕)에 낮이 길어 독서하는 날이 많고

숲길에 구름이 걷혀도 은둔하려는 맹세는 바뀌지 않네.

너의 영근(郢斤)[42]을 멈추고

나의 파창(巴唱)[43]을 들어 보라.

어영차! 들보 동쪽을 바라보니

바람이 연화대(蓮花臺)에서 예불하는 종소리를 보내네.

동안(同安)[44]의 다락에서 지낸 밤을 돌이켜 생각해 보건대

한마음으로 깨우쳐야 참된 진리를 깨닫네.

들보 남쪽을 바라보니

작은 배가 태을담(太乙潭)에서 더디게 돌아가네.

한 곡조 어부가는 천년의 뜻을 담았는데

정인(情人)이 보이지 않으니 푸른 바위에 기대었네.

들보 서쪽을 바라보니

강선대(降仙臺) 아래에 오솔길이 푸르네.[45]

---

42 영(郢) 땅의 작은 도끼로, 대단히 뛰어난 솜씨를 의미한다. 영(郢)은 중국 주대(周代) 초(楚)나라의 도성(都城)으로, 지금의 호북성(湖北省) 강릉(江陵) 북쪽에 있는 도시를 가리킨다.

43 파인(巴人)의 노래로, 파인은 촌뜨기 또는 시골의 교양 없는 사람을 가리키므로 파창(巴唱)이란 아무나 부를 수 있는 속된 노래를 뜻한다.

44 중국 송(宋)나라 때 천주(泉州)에 딸린 현(縣) 이름. 《주자어류(朱子語類)》 권104의 〈자론위학공부(自論爲學工夫)〉에 따르면, 주희(朱熹)가 동안현 주부(主簿)로 있던 24세 때의 어느 날, 밤에 들려오는 종소리를 듣고 있다가 한 번 울리는 소리가 미처 끝나기도 전에 마음은 이미 다른 데로 달려가곤 하는 것을 발견하고, 비로소 학문을 할 때는 반드시 마음을 오로지 한 군데에만 집중해야 한다는 사실을 알았다고 하였다.

더위잡고 오르면 비록 기이한 경치가 있기는 하지만
들불이 잿빛으로 태웠는데 풀이 또 무성하네.

들보 북쪽을 바라보니
높다란 달관대(達觀臺)가 눈길 미치는 아득한 곳을 굽어보네.
구름 그림자와 하늘빛은 모두가 진기(眞機)이니
솔개와 물고기의 행동거지(行動擧止)[46]가 즐겁기 그지없네.

들보 위쪽을 쳐다보니
집 뒤의 청산은 높이가 만 길이네.
오랫동안 구름의 모습을 마주하고 시를 읊지 않으니
마음에 가득히 머물러 있다가 모두 잊어버리네.

들보 아래쪽을 굽어보니
조용히 들어보면 새벽 잠자리에 깊은 냇물이 쏟아지네.
비가 되어 인간 세상을 떠나게 하지 말아서
삼첩(三疊) 거문고 소리와 조화를 이루어야 하리니.

엎드려 바라건대 상량한 뒤에는

여윈 선비[47]는 길이 건강하고
속세의 손님은 오지 마시라.

---

45 원문의 취미(翠微)는 산의 중턱, 혹은 먼 산에 아른아른 보이는 검푸른 빛을 가리킨다.
46 원문의 부앙(俯仰)은 아래를 굽어보고 위를 쳐다보는 것, 곧 행동거지이다.
47 원문의 구유(癯儒)는 산택(山澤) 사이에 은거하는 수척하고 청렴한 학사를 가리킨다.

달빛 아래 문을 두드리는 승려[48]와 다시 매화를 감상하자는 약속을 하고 책 속에서 마주한 성인에게서 사탕수수를 맛보는[49] 과정을 더욱 깨닫게 되리.

기거(起居)가 편안하여 신선의 고을이 이곳에 있음을 기뻐하고

시비(是非)가 이르지 않아 늘그막의 절조를 잘 마무리하기를 기대하노라.

棲鹿門一壑之幽 志往素履

倣虎溪三笑之事 社結白蓮

自謂淸福主人

足容遠方來者

惟我

琴酒興味

泉石膏肓

春秋已迫桑楡 圖書外更無長物

經濟都付水竹 名利上有何餘望

悉先人詩禮之敎 處樂堂而可愧

慕君子質實之義 築陶窩而自娛

---

[48] 이 구절은 중국 당(唐)나라 가도(賈島)가 하루는 나귀를 타고 거리에 나가 돌아다니다가 "새는 못가의 나무에서 잠자고, 중은 달빛 아래 문을 두드리네(鳥宿池邊樹 僧敲月下門)."라는 시구를 지어서 '두드릴 고(敲)'와 '밀 퇴(推)' 자(字) 사이에서 수없이 고심하였다는 고사를 염두에 둔 표현이다.

[49] 원문의 담자(啖蔗)는 감자(甘蔗, 사탕수수)를 맛보듯 싫증나지 않음을 나타낸다. 점입가경(漸入佳境)과 같은 뜻으로, 갈수록 흥미가 더해진다는 말이다. 중국 진(晉)나라 고개지(顧愷之)가 사탕수수의 꼬리 부분부터 맛보는 것을 보고 어떤 사람이 그 이유를 물으니 "점점 더 좋은 맛에 이르고자 하기 때문이다(漸至佳境)."라고 대답하였다는 고사가 있다.

未免暴棄者流

那堪老大之悔

昧古人爲己之學 抱經獨悲

求道家納甲之方 養生有術

欲知仁智之樂 正合山水間卜居

無用聖明之時 何妨巖穴中藏跡

七里垂釣 千載仰子陵高風

九曲有詩 何處是武夷精舍

卽於華陰深處

晚得物外名區

碎玉鳴金 水自東來而西轉

抽簪拱笏 山亦後高而前奇

環以桃花遷 臥龍橋 宿鷺洲 太乙潭 到底勝景

錯置香爐巖 花筆峯 滴翠臺 降仙壁 益覺淸心

久矣被佛象所蟠

居然爲我家之有

鬼護神守 事若待於今時

地秘天慳 物豈獨乎無主

縛茅茨於小麓 賦詠遂初

鬱松桂於中阿 歌成招隱

山僧峽老之共來 助宵絢晝茅

遊人韻士之所樂 聞風橉月戶

開小樓於兩傍 不是燕子楊花

爲燠室於中間 謾詠翬飛松茂

乃追廬山故事

更招鄕里同人

多范寧脫俗之資 奉邀止淵居士
和慧遠戒酒之句 許入東溟禪師
桓刺史之風流 舊使自在
陶徵士之清趣 明府何辭
豈憚一時之勤勞
要享百年之至樂
納蒼翠於小檻 溫凉得宜
點朱紅於古經 閒寂可愛
飲啄自足於樵釣 永矢爰居而爰處
杖屨逍遙於巖臺 無非可坐而可詠
旣素願之得遂
庶晚學之進修
山是蓮華 慕仰濂溪夫子
亭名漱玉 夢拜晦菴先生
晝永軒牕 自多讀書之日
雲鎖林逕 無渝遯世之盟
停爾郢斤
聽我巴唱

兒郎偉　抛梁東　　風送蓮臺禮佛鍾
緬憶同安樓上夜　　一心警省悟眞工

　　　　抛梁南　　小棹遲回太乙潭
一曲漁歌千載意　　情人不見倚蒼巖

　　　　抛梁西　　降仙臺下翠微蹊

攀躋縱有奇觀處　　野火纔燒草又萋

　　　　　拋梁北　達觀臺高臨極目
雲影天光摠眞機　　鳶魚俯仰無窮樂

　　　　　拋梁上　屋後靑山高萬丈
長對雲容不賦詩　　一心留住渾相忘

　　　　　拋梁下　靜聽曉枕幽泉瀉
莫敎作雨去人間　　三疊瑤琴聲共和

伏願上梁之後

癯儒長健
俗客不來
月下敲僧 更有看梅之約
卷中對聖 益覺啖蔗之工
起居載安 喜仙鄕之在此
是非不到 期晩節之善終

—《도와집(陶窩集)》 권6

· 최남복(崔南復), 〈백련서사개기축문(白蓮書社開基祝文)〉

삼가 생각건대, 산과 물은 사람을 기다려서 이름나게 되나니 영숙(永叔)[50]의 저산(滌山)[51]과 자후(子厚)[52]의 우계(愚溪)[53]가 그러하다 할 것입니다. 하물며 여기 한 골짜기는 경계(境界)가 깊고 넓으며 시내와 바위의 경치가 빼어난데도 궁벽한 한 모퉁이에 치우쳐 있고 오래도록 불교의 때에 물들어54 세상에 이름을 떨치지 못하였으니, 이는 곤륜산(崑崙山)55이 외황(外荒)56에 위치하여 오악(五岳)57의 반열(班列)에 들지 못함과 같습니다.

사물만 그런 것이 아니라 사람도 이러한 탄식이 있는데, 이제 도와거사(陶窩居士)가 자연 속의 참됨을 찾고 빼어난 형승지에서 맑은 소리의 지혜를 깨닫느라 십 년 동안 왕래하여 그림을 그리고 시도 지었으니, 이에 돌 하나 나무 한 그루에 이름을 얻지 못함이 없고 계곡물 소리와 산의 경치도 더욱 맑고 상쾌해졌습니다.

장차 길일을 택하여 서사(書社)를 세우고 경영하며 경서를 끌어안고 도(道)를 구하는 것으로 종신(終身)의 계책을 삼고자 하여, 백 년 동안 형진(荊榛)58만 우거졌던 땅을 하루아침에 거문고를 타고 시를 읊는 현송(絃誦)59 장소가 되어 좋은 땅을 가려 집을 세우고60 윤택하게 잘 다듬음61에

---

50 중국 북송(北宋)의 문장가 구양수(歐陽脩, 1007~1072)의 자(字)이다. 그는 길주(吉州) 여릉(廬陵) 사람으로, 호는 취옹(醉翁)·육일거사(六一居士)이고, 시호는 문충(文忠)이다. 한유(韓愈)에게 깊이 영향을 받았으며 매요신(梅堯臣)과 문장으로 천하에 이름이 났다. 저서에 《집고록(集古錄)》 등이 있다.
51 중국 안휘성(安徽城) 저현(滁縣)에 있는 산. 주성(州城)의 서남쪽에 취옹정(醉翁亭)이 있는데, 지사(知事)이던 북송(北宋)의 구양수(歐陽脩, 1007~1072)가 그 기(記)를 지었다.
52 중국 당(唐)나라 문장가 유종원(柳宗元)의 자(字)이다.
53 중국 호남성(湖南省) 영주(永州)에 있는 시내 이름. 원래 이름은 염계(冉溪)인데 당(唐)나라 때 유종원(柳宗元, 773~819)이 영주(永州)로 유배되었을 때 우계(愚溪)로 개명한 바 있다.
54 원문의 치진(緇塵)은 분주하게 돌아다녀서 옷이 먼지로 검게 되는 것이다.
55 중국의 서장(西藏)에 있는 산으로, 미옥(美玉)의 산지이다.
56 바깥 변경(邊境).
57 중국의 이름난 다섯 개의 높은 산으로, 태산(泰山 : 東岳, 山東省), 화산(華山;西岳, 陝西省), 형산(衡山;南岳, 湖南省), 항산(恒山;北岳, 山西省), 숭산(嵩山; 中岳, 河南省)을 가리킨다.
58 원문의 형진(荊榛)은 가시나무와 개암나무로, 잡목의 숲이나 황폐한 곳을 가리킨다.
59 거문고를 타고 시를 읊음이다.
60 원문의 장점(粧點)은 좋은 땅을 가려 집을 지음이다.

이르렀으니 신령 또한 유감이 없을 것입니다.

아, 이 산을 얻어 비둔(肥遯)[62]하는 것이 어찌 도와 혼자만의 행운이겠습니까? 도와를 만나 이름이 드러나는 것은 어쩌면 이 산에게도 다행일 것입니다. 감히 유모(柔毛)[63]로써 이 역사(役事)의 시작을 진술하고 아뢰나니[64] 신께서도 보우(保佑)하사 뒷날의 어려움[65]이 없게 하여 주옵소서.

恭惟山水 待人而名 永叔之滁山 子厚之愚溪 是也 矧玆一壑 境界幽曠 泉石殊絶 以其僻在一隅 久染緇塵 不能擅名於世 有如崑崙之處外荒 而不能與五岳之列 物豈獨然 人亦有是歎 今者 陶窩居士 探眞搜勝 託知淸音 十年往來 載圖載詩 於是 一石一木 莫不有名 而泉聲山色 益淸爽矣 將以吉辰 營立書社 抱經求道 擬爲終老計 百年荊榛之地 爲一朝絃誦之所 粧點修潤之至 神亦無憾者矣 於乎 得玆山而肥遯者 豈獨陶窩之幸 得陶窩而擅名者 抑亦玆山之幸 敢以柔毛 陳告始役 神其保佑 俾無後艱

— 《도와집(陶窩集)》 권6

· 최남복(崔南復), 〈백련산수기(白蓮山水記)〉

아미산(峨眉山)[66]이 남쪽으로 6, 7리를 뻗어서 연화산(蓮花山)[67]이 되는

---

61 원문의 수윤(修潤)은 윤택하게 잘 가다듬음이다.
62 마음이 너그럽고 욕심이 없어 세상을 피함.
63 옛날 제사를 지낼 때 희생(犧牲)으로 쓰던 양(羊)의 별칭. 《예기(禮記)》 공영달(孔穎達)의 소(疏)에, "양은 살이 찌면 털이 가늘어져서 부드러워지기 때문에 유모라고 한다."라고 하였다.
64 원문의 진고(陳告)는 처음부터 죽 이야기하여 알리는 것이다.
65 원문의 후간(後艱)은 앞으로 올 간고(艱苦), 즉 어려움이다.
66 울산광역시 울주군 두서면 전읍리와 미호리에 걸쳐 있는 높이 603m의 산.
67 울산광역시 울주군 두동면 은편리에 있는, 높이 532.4m의 산. 옛 이름은 여나산(餘那

데, 이것이 서사(書社)의 주산(主山)⁶⁸이 된다. 봉우리가 높았다가 낮아진 곳을 속칭 여부(廬阜)⁶⁹ 고개라고 부른다.

오른쪽 줄기는 서쪽으로 수백 보를 뻗었다가 남쪽으로 돌아서 석종봉(石鍾峯)과 강선대(降仙臺)가 된다. 또 꺾어서 동쪽으로 석표(石標)가 하늘에 삐죽한데, 이름은 화필(花筆)이라 한다. 늘 새벽에는 햇살이 먼저 비쳐서 노을 그림자가 매우 붉으므로 이제 고쳐서 자하(紫霞)⁷⁰라 한다. 가운데에 옥녀(玉女)⁷¹가 단아하게 앉은 듯한 형상이 있어서 매우 기묘하기에 승려들이 부처바위[佛巖]라 불렀는데, 이제 고쳐서 옥녀동(玉女洞)이라 한다.

그다음은 부도봉(浮屠峯)인데, 정자에 앉아 그것을 살피면 뾰족한 모습이 상봉대(翔鳳臺) 위로 반쯤 드러나 마치 책상 위의 작은 향로와 같아서, 이제 고쳐서 향로(香爐)라 한다. 이곳이 바로 장천사(障川寺)의 뒤쪽 기슭이다.

왼쪽 줄기는 동쪽으로 뻗어 달관대(達觀臺)⁷²가 되고, 남쪽으로 낮아져 적취대(滴翠臺)가 된다. 적취대의 앞쪽 땅 끝 쪽에 남향으로 정자를 세웠는데, 오른쪽 곁에 백련사(白蓮寺) 옛터가 있으므로 이름을 백련이라 이름을 지었다. 옛터는 편편하고 널리 펴져서 거리가 과녁 몇 개 정도인데, 밭이 몇 경(頃)⁷³이 있고 또 도사(道士)의 초막이 있다. 정자의 동쪽으로는 연

山)이었다.
68 풍수설(風水說)에서 집터·묏자리 등의 운수 기운이 매였다고 하는 산.
69 여산(廬山)을 가리킨다. 중국 동진(東晉)의 혜원법사(慧遠法師)가 이 산 호계(虎溪) 동림사(東林寺)에서 백련사(白蓮寺)를 맺고 수도하였는데, 최남복이 그 지명을 차용한 것이다. 최남복은 이곳에서 독서와 강학을 통해 혜원법사의 풍류를 재현하고자 하였다.
70 원문의 자하(紫霞)는 자하봉(紫霞峰)으로, 장천사(障川寺) 뒤쪽의 봉우리이다.
71 선녀(仙女)의 이칭(異稱).
72 최남복의 백련구곡 중 제7곡에 있던 석대(石臺)이다. 최남복은 제7곡을 읊은 시의 자주(自註)에서 "달관대 아래에는 위와 아래에 2개의 돌다리가 있다. 세속에서 일컫기를, 이 다리를 칠성교라고 하는데 지금은 이것을 와룡교라고 고쳐 부른다."라고 하였다.
73 면적의 단위. 약 30평 정도의 넓이이다.

화산이 둘러서 인사하고 손을 모은 듯하여 정자의 울타리가 된다. 그 아래에는 옥련암(玉蓮菴)이 있어서 물 건너편의 풍경 소리가 들린다.

산이 약간 남쪽으로 갔다가 또 서쪽을 향하여 마치 벌의 허리처럼 가로로 떨어지니 속칭 '사자(獅子)목'이라 불렀는데, 이제 고쳐서 녹문(鹿門)[74]이라 하고 그것을 바위에 새긴다. 그 가운데에는 한 줄기의 벼랑길이 있어서 사람들이 다닐 수 있다. 남쪽으로부터 와서 빈곳을 채워주는 둥그스름한 봉우리가 있으니 이것을 사군(使君)이라 일컫는다. 녹문은 수십 길을 솟아올라 축융봉(祝融峯)[75]이 되었다. 정자와 더불어 마주하며 이삼십 명이 앉을만 하였는데 낭음대(朗吟臺)라 이름하였다. 낭음대 아래에는 또 제비집과 같은 돈대를 쌓았는데 이름을 비하(飛下)[76]라 한다. 낭음대 서쪽으로 한 층 낮은 곳이 상봉대(翔鳳臺)가 된다. 여기에서부터 산세가 점점 깎여서 자하(紫霞)의 아래에 이르러 물을 만나서 끝난다. 내 몸 가득히 푸른 벼랑이 병풍처럼 두르고 책상처럼 늘어져 있으니, 기거하고 먹고 마시면서 서로 더불어 접하게 된다.

물의 근원은 천마산(天麻山)과 치술령(鵄述嶺) 두 산에서 나와 합쳐진 물이 서남쪽으로 20리를 가서 녹담(鹿潭)[77]에 이르는데, 녹담의 아래가 호계(虎溪)이다. 정자와의 거리는 1리가 되지 않는다. 빠르게 흐르는 물이 달관대 아래에 이르면 반석이 평평하게 펼쳐져 있고 세찬 여울이 맑고 얕은데, 돌이 삐죽하여 옆으로 흐르니 저절로 아래와 위쪽의 다리를 만든다.

---

[74] 원문의 녹문(鹿門)은 녹문산(鹿門山)으로, 중국 호북성 양양(襄陽)에 있는 산이다. 후한(後漢)의 방덕(龐德)이 이 산에 은거한 이후 은둔의 성지가 되었다고 한다.
[75] 중국 호남성 형산(衡山)의 서북에 있는 봉우리. 형산 72봉 중 가장 높은 봉우리이다.
[76] 나는 듯이 내려온다는 뜻으로, 주자(朱子)의 시 〈취하축융봉(醉下祝融峰)〉에서 인용한 것이다. 그 원문은, "나는 만 리 먼 길을 거센 바람을 타고 왔는데, 깎아지른 절벽과 층층 구름이 내 가슴을 씻어 주네, 탁주 석 잔을 마시니 호기가 일어나서, 낭랑하게 읊으며 축융봉을 나는 듯이 내려오네(我來萬里駕長風 絶壑層雲許盪胸 濁酒三杯豪氣發 朗吟飛下祝融峰)."라고 되어 있다.
[77] 녹우담(鹿友潭)이라 하며, 최남복이 백련구곡(白蓮九曲)의 제9곡으로 설정한 곳이다.

위의 것을 부용(芙蓉)이라 하고, 아래 것을 와룡(臥龍)이라 하니, 그 모양을 취한 것이다.

그 아래 적취담(滴翠潭)은 적취대 아래 있으므로 붙인 이름이다. 못 옆에는 작은 돈대가 있어서 물 가까이에 사호석(四皓石)을 앉혀서 바둑판을 새길 만하다. 그래서 이름을 귤은(橘隱)이라 한다. 물이 쏟아져 얕은 여울이 되는데, 녹문의 북쪽에 바로 닿는다. 서쪽으로 돌아서 자하봉 아래에 이르러 맑은 못이 되니 이곳을 용천(龍泉)이라 부르는데, 역시 매우 빼어나다.

물이 또 구부러져 꺾여 동쪽으로 돌아 녹문의 남쪽을 지난다. 또 서쪽으로 장천사(障川寺)[78]의 누각[79] 아래로 달리고, 동쪽 취병(翠屛)은 녹문의 동쪽에 있고, 서쪽 취병(翠屛)은 자하봉의 북쪽에 있다. 층진 바위가 은은하게 비치고 형세는 고르게 서 있다. 태을담(太乙潭)[80]은 낭음대 아래에 있고 천운담(天雲潭)은 상봉대 아래에 있다. 정자는 거울 같은 수면에 닿아 있어서 네모난 거룻배를 띄울 만하다. 위쪽에는 반묘(半畝)의 모래밭이 있어서 곡수(曲水)를 끌어들인다. 손님이 찾아오면 술잔을 띄우고 시를 지을 수 있다. 이것이 그 대체적인 모습이라 하겠다.

산수는 모두 아홉 굽이인데, 정자는 다섯 번째 굽이에 있다. 소라껍데기 같은 산이 겹쳐 있고 물은 옥병처럼 원만하게 흘러간다. 푸른 산과 푸른 물이 서로 비추고 새들은 서로 화답한다. 산에 오르거나 물에 나아가면 비록 아름다움을 크게 자랑하고 사람을 놀라게 할 만한 그런 모습은 없

---

78 울산광역시 울주군 두동면 천전리 보안골 안의 명산등(名山嶝) 끝, 즉 현재 울산대곡박물관 인근에 있던 사찰. 통일신라시대에 창건되어 조선 후기까지 존속되었으나 지금은 없어졌다.
79 누각 이름은 침계루(枕溪樓)이다.
80 백련서사 앞에 있던 못. 최남복이 1808년(순조 8) 7월 16일, 짚으로 대나무 떼를 엮어서 뱃놀이를 하던 중에 아이들에게 〈어부사〉를 부르게 하고, 주자의 〈무이도가〉에서 차운한 작품을 지어 함께 노닐던 사람들에게 보여 주었는데 이것이 〈백련구곡도가(白蓮九曲櫂歌)〉이다.

더라도, 그윽하고 깊고 고요하고 맑아서 참으로 은자(隱者)가 소요하기에 적합하다.

정자는 3칸인데, 가운데는 따뜻한 방을 만들어서 글을 읽고 정신을 함양하는 장소로 삼아 수옥정(漱玉亭)이란 편액을 걸었다. 지난해 5월 21일 꿈에 창주(滄洲)에서 자양(紫陽)[81] 선생을 뵙고 정자 이름을 얻고자 부탁하였다. 깨고 나서 그 첫 글자는 잊어버리고 다만 옥정(玉亭) 두 자를 기억하였다. 그래서 《주자대전》 중에서 개선(開先)[82]의 작은 집 이름을 취하여 사모하는 마음을 붙였다. 양쪽 편은 누(樓)와 헌(軒)을 만들어 서쪽은 만대루(晚對樓)라 하고 동쪽은 우애헌(偶愛軒)이라 하였으니 〈무이잡영(武夷雜詠)〉[83]의 글을 취한 것이다. 모두 부윤 박종우(朴宗羽)[84] 공이 글씨를 쓴 것이다. 뒤쪽으로 덧붙여 두 칸짜리 숙소를 만들어서 이름은 역락(亦樂)이라 하고, 멀리서 찾아오는 사람을 수용하고자 한다. 한 칸은 주방인데 승려에게 지키도록 하였다. 전체적으로 이름 붙이기를 백련서사(白蓮書社)라 하고 앞쪽에 걸었다. 바로 전(前) 자사(刺史) 윤광안(尹光顔)[85] 공이 글씨를 써서 판에 새겨 보내 준 것이다.

---

[81] 중국 송대의 주희(朱熹, 1130~1200)를 가리킨다. 그가 말년에 자양서원(紫陽書院)에서 강의한 바 있기 때문에 불리는 이름이다.

[82] 여산 아래에 있는 절 이름. 중국 양(梁)의 소명태자(昭明太子)가 살던 곳이라고 전한다. 수옥정은 송나라 때 약우(若愚)가 창건하였다.

[83] 〈무이정사잡영(武夷精舍雜詠)〉의 약칭으로, 주자(朱子)가 1183년 무이구곡(武夷九曲)의 제5곡에 무이정사를 세우고 쓴 시이다. 그는 아울러 정사의 경영 내력을 기록한 〈무이정사기(武夷精舍記)〉도 지어 덧붙여 놓았다.

[84] 1745~?. 본관은 반남(潘南), 자는 의보(儀甫)이다. 1792년(정조 16) 생원시에 합격하였으며, 밀양부사·진주목사·경주부윤 등을 역임하였다. 최남복과 생원시 합격 동기이며 경주부윤으로 있을 때 최남복의 백련정 건립에 도움을 주었다.

[85] 1757~1815. 조선 후기 문신. 본관은 파평(坡平), 자는 복초(復初), 호는 반호(盤湖)이다. 1777년(정조 원년) 생원이 되었고, 1786년 문과에 급제하였다. 대사간·대사성·충청도관찰사·경상도관찰사 등을 역임하였다. 경상도관찰사 재임 시기에 최남복의 백련정 건립에 도움을 주었다.

정자는 집과의 거리가 30리이고 반구대(盤龜臺)의 상류에 있다. 곤궁하고 궁핍한 선비86로서는 스스로 시작하지도 못하였다. 시로써 집을 짓는 일을 시작하지도 못하였다는 뜻을 드러내고, 먼저 〈산수기(山水記)〉를 짓되 끄트머리에 그것이 한스럽다는 것을 덧붙였다. 자사(刺史)인 윤 공이 그 사실을 듣고 칠원현감(漆原縣監)87인 족제(族弟) 성회(聖晦) 최심건(崔心健)88에게 그것을 가져오도록 해서 살펴보고는 (경주)부의 관리에게 공문서를 보내서 그들로 하여금 힘을 보태도록 하였다. 또 산을 구입할 돈 2천 냥을 보냈다. 3월에 공사를 시작하여 8월에 완공하였다.

옛날 환이(桓伊)89 자사(刺史)가 여산(廬山)에서 백련결사(白蓮結社)가 이루어진 소식을 듣고 서신을 보내 가입을 원하고 돈을 내어 도와주었다. 윤 공의 뜻이 이와 같은 것인가? 여기에 시승(詩僧) 만우(萬羽)가 있으니 혜원(慧遠) 법사에 해당할 것이다. 그 밖에 세속을 벗어나 맑게 살아가는 사람으로 서사(書社)에서 계를 모으는 데 함께한 자가 6, 7인이다. 윤 공은 얼굴을 보이지 않거나 글을 쓰지 않을 수 없을 터이고, 팽택령(彭澤令)의 그윽한 운치를 부윤 박 공이 굳이 사양할 필요는 없을 것이다.

峨眉山南行六七里 爲蓮花山 是社之主峯 峯之起伏處 俗號廬阜峴 右臂 西張數百步 南轉而爲石鍾峯降仙臺 又折而東 石標出霄 名曰花筆 每曉日光先照 霞影爛紅 今改爲紫霞 中間有玉女端坐形 甚奇妙 僧呼爲佛

---

86 원문의 조대(措大)는 가난하고 뜻을 얻지 못한 선비를 이른다.
87 원문의 지현(知縣)은 현(縣)의 수령을 이른다. 지(知)는 맡는다는 뜻이다.
88 1764~1808. 본관은 경주, 자는 성회(聖晦), 호는 우리(迂里), 문창후(文昌侯) 최치원(崔致遠)의 후손이다. 활산(活山) 남용만(南龍萬)의 문하생으로, 1792년(영조 8) 문과(병과)에 급제한 후 승문원정사(承文院正字)·성균관전적(成均館典籍)·의릉령(懿陵令)·자여도찰방(自如都察訪)·칠원현감(漆原縣監) 등을 지냈다.
89 중국 진(晉)나라 때의 인물로, 강주자사(江州刺史)로 있을 때 여산(廬山)의 서쪽 서림사(西林寺)에 머물던 승려 혜영(慧永)의 요청을 받고, 승려 혜원(慧遠)을 위해 여산의 동쪽에 동림사(東林寺)를 지어 준 인물이다.

巖 今改爲玉女洞 其次浮屠峯 坐亭觀之 則尖影半吐於翔鳳臺上 如案上
小爐 故今改爲香爐 此則障川寺後麓也 左臂 東出爲達觀臺 低南爲滴翠
臺 滴翠之前 地盡頭 立亭向陽 以右傍有白蓮寺舊址 故名曰白蓮 舊址平
衍開曠 遠可,數帿 有田數頃 又有道士草廬 亭之東 蓮華山環揖端拱 爲
亭藩垣 其下有玉蓮菴 隔水聞磬 山稍南 又向西橫落如蜂腰 俗號爲獅子
項 今改爲鹿門 刻之于石 中有一條遷路 通行人 有圓峯 自南而來 以補空
缺處 是謂使君 鹿門崛起數十丈 爲祝融峯 與亭相對 可坐數三十人 名曰
朗吟臺 朗吟之下 又築臺如燕巢 名曰飛下 朗吟西 低一層爲翔鳳臺 自此
岡勢漸殺 至紫霞之下 遇水而止 全身蒼壁 屛環几列 起居飮食與相接也
水源出自天麻瑪瑙兩山 合流西南行二十里 至鹿潭 鹿潭之下 是虎溪 去
亭未一里 奔流至達觀臺下 盤石平鋪 激湍淸淺 石出橫流 自作上下橋 上
曰芙蓉 下曰臥龍 取其形也 其下滴翠潭 在滴翠臺下故名 潭上有小臺 近
水可坐四皓石 刻某枰 名曰橘隱 水瀉爲淺灘 直衝於鹿門之北 西轉至紫
霞之下 而爲澄潭 是謂龍泉 亦殊絶 水又曲折東轉 過鹿門之南 而又西走
障川寺樓下 東翠屛在鹿門之東 西翠屛在紫霞之北 層巖隱映 面勢均停
太乙潭在朗吟之下 天雲潭在翔鳳之下 亭臨鏡面 可容方舸 上有白沙半
畝 引開曲水 有時客來 汎觴賦詩 此其大略然也 山水凡九曲 亭在第五曲
螺鬟重疊 玉壺圓通 蒼翠交映 禽鳥相和 登臨 雖無衒媚驚人之態 幽邃靜
淨 正合隱者盤旋 亭三間 中爲燠室 以爲讀書養精之所 扁以漱玉亭 去年
五月二十一日 夢拜紫陽先生於滄洲 請得亭號 覺來忘其第一字 只記玉
亭二字 故取大全書中 開先小菴之名 以寓慕 兩頭爲樓軒 西曰晩對 東曰
偶愛 取武夷雜詠中語 皆大尹朴公宗羽所書 後閣中接爲二間寮 名曰亦
樂 以容遠方來者 一間茶廚 使僧守之 總而名之曰 白蓮書社 揭之前簷 卽
前刺史尹公光顔所書 而鏤板以送者也 亭去家三十里 在盤龜上流 窮措
大力量 不自經始 以詩成屋未就之意 先作山水記 尾之以恨 刺史尹公聞
之 使族弟㮽原知縣心健聖晦 取而觀之 文移府吏 使之給力 又送買山錢

二千 三月始役 八月訖功 昔桓刺史伊 聞廬山蓮社成 貽書願入 出錢以助
之 尹公之意 其以是夫 此間有詩禪萬籾 可以當慧遠 其他絶塵淸勝之人
同社修稧者六七人 尹公不可以不面不書 彭澤令幽致 大尹朴公不必固
辭矣

— 《도와집(陶窩集)》 권6

· 최남복(崔南復), 〈연사[90]참동만계시서(蓮社參同晩稧詩序)〉

내가 반구천 상류의 백련동천(白蓮洞天)에서 아름다운 산수를 얻었는
데, 세월이 이미 오래되었다. 그러나 재물이 없고 힘이 부족하여 집을 지
을 겨를이 없었다. 지금은 저녁 해가 뽕나무와 느릅나무에 비치는 늘그
막[91]이라 오래 기다릴 겨를이 없는데도, 책을 읽고 품성을 기르겠다는 애
초의 마음을 저버린 것이 부끄러웠다. 그래서 평소 아끼고 좋아하는 틈틈
이 거칠게나마 연연(戀戀)하게 여기는 마음이 있었다.

이 백련서사는 본래 산인(山人)과 도류(道流)가 있었던 곳이라 그 마음
씀이 뒤섞여 있기는 하다. 그러나 옛날의 명성 있고 통달한 사람 중에도
이런 일을 행한 자가 있었다. 말해 보자면, 여산의 용천(龍泉)[92]과 호계(虎
溪)[93]는 그 승경이 빼어난 곳인데 백련사 옛터가 있었다. 산남(山南)[94]의 육

---

90 백련서사(白蓮書社)를 가리킨다.
91 원문의 상유만경(桑榆晩景)은 만년(晚年), 즉 늘그막을 가리킨다. 《태평어람(太平御覽)》
권3에서, 《회남자(淮南子)》를 인용해, "해가 서쪽으로 기울어서 햇빛이 나뭇가지 끝을
비추는 것을 상유(桑榆)라 일컫는다(日西垂景在樹端謂之桑榆)."라고 하였다.
92 최남복이 경영한 백련구곡에서 제4곡은 용천의 바위로 설정되어 있다. 중국의 여산
(廬山)에는 혜원(慧遠, 334~416)이 머물렀던 용천정사(龍泉精舍)가 있었다.
93 최남복이 경영한 백련구곡에서 제8곡은 호계산(虎溪山)의 주변에 있었다. 원래 호계
(虎溪)는 중국 여산(廬山)의 계곡으로, 혜원(慧遠)의 백련결사(白蓮結社)와 관련이 있다.
94 육수정(陸修靜)이 머물렀던 여산(廬山)의 남쪽을 가리킨다.

수정(陸修靜)⁹⁵이 글을 보내고 재물을 모아 산을 사고 결사(結社)⁹⁶하여 도의를 논하기를 청했는데, 팽성의 유유민, 예장의 뇌차종, 안문의 주속지, 신채의 필영지, 남양의 종병, 팽택령 도원량, 자사 환이, 혜원법사 등 모두 아홉 명이었다. 예장의 범녕이 돈이 없어 따를 수 없다고 하자 혜원법사가 서신을 보내 초청하였다. 이에 속세를 등진 청아하고 빼어난 인물들로서 약속도 없이 찾아온 사람이 모두 123명이었고, 이 일은 오랜 세월 동안 아름다운 이야기로 전해 온다.

지금 그 지명이 우연히 서로 같고 흥취를 붙임도 다름이 없으니, 다행히 여러 벗에 힘입어 진(晉)나라의 풍류로 하여금 홀로 아름다움을 독차지할 수 없게 한다면, 나는 장차 이제부터는 푸른 산과 흰 구름의 사람이 될 수 있을 것이고, 뒷날 납극(蠟屐)⁹⁷을 신고 방문하면 삼소교(三笑橋) 들머리에서 술통을 차고 거문고를 켜면서 〈무이도가(武夷櫂歌)〉를 연주하여 화답하리라.

또 계(禊)를 모으고 우의를 강론하며 동문(洞門)⁹⁸의 바위에 성명을 쓰고 깊이 새겨서 후세 사람들이 지금을 보는 것이 또한 지금 사람들이 옛날을 보는 것처럼 하게 한다면 어찌 기이하지 않겠는가? 이에 회포를 적은 것이 있어서 아래에 기록하였다. 감히 시라고 하기는 어렵지만 삼가 화답한 시와 가르침을 청하여 산중의 옛일⁹⁹에 견주고자 하노라.

---

95 406~477. 중국 남송 때의 도사(道士)로 초기 《도량(道場)》의 편찬자이다.
96 중국 동진(東晉)의 혜원(慧遠)이 혜영(慧永)·유유민(劉遺民)·뇌차종(雷次宗) 등 18명과 여산(廬山)의 동림사(東林寺)에서 백련사(白蓮社)라는 정토 신앙 단체를 결성한 데서 온 말이다. 이 모임에 사영운(謝靈運)·도연명(陶淵明)·육수정(陸修靜) 등도 참여하였다.
97 밀납을 칠한 나막신, 혹은 나그네를 가리킨다.
98 골짜기의 문으로, 백련구곡(白蓮九曲) 제7곡 근처의 도화동문(桃花洞門)을 가리킨다.
99 원문의 산중고사(山中故事)는 산속에 있었던 옛 일화로서, 중국 동진(東晉)의 승려 혜원(慧遠)이 중심이 되어 여산 동림사(東林寺)에서 맺은 백련결사(白蓮結社)를 가리킨다.

余得泉石於盤龜上流白蓮洞天 歲月已久 而以財乏力詘 未遑縛茅 今則桑楡晚景 注泊無幾 讀書養性 愧負初心 故粗暴區區於平日愛好之間 此則山人道流化緣規模 非不知用意淆雜 而古之名達 亦有行之者 請言之 廬山之中 龍泉虎溪 其勝殊絕 有白蓮寺舊址 山南陸修靜 發文鳩財 買山結社 請論道義 彭城劉遺民[100] 豫章雷次宗 鴈門周續之 新蔡畢穎之 南陽宗炳 彭澤令陶元亮 刺史桓伊 法師慧遠 凡九人 豫章范寧 以無錢不能從 遠師作書以招之 於是 絕塵淸勝之人 不期而至者 百有二十三人 傳之千古 以爲美談 今地名偶同 寄興無異 幸賴諸益之力 使晉代風流 不獨專美 則余將自此靑山白雲之人也 他日蠟屐之訪 佩酒橫琴於三笑橋頭 彈出武夷櫂歌而和之 且欲修禊講誼 列書姓名于洞門之石 而深刻之 使後之人視今 亦今人之視昔 豈不奇哉 仍有述懷 錄之在下 非敢謂詩 奉請和敎 擬以爲山中故事云爾

―《도와집(陶窩集)》 권5

---

100 문집에 '유일민(劉逸民)'으로 되어 있는데, 이는 '유유민(劉遺民)'의 오사(誤寫)로 보인다.

3. 시(詩)

· 최남복(崔南復), 〈수옥정[101]을 낙성하다[102](漱玉亭落成)〉

아홉 굽이가 깊고 깊은데 한 가닥 길이 휘감아 돌고
안개와 놀이 많은 이곳이 바로 정자라네.
가랑비에 구름 낀 병풍바위는 참모습을 드러내고
하늘을 적시는 거울 같은 물은 정면을 열었네.
늘그막에 기이한 곳에 의탁하여 옛 자취를 생각하고
처음부터 담박한 듯하여 그윽한 회포가 기껍네.
한가로이 노닐다가 장수(藏修)[103]하는 뜻을 저버릴까 두려우니
홀로 아름다운 구슬을 품고 세월의 빠름을 느끼네.

九曲深深一逕回 烟霞多處是亭臺
雲屛細[104]雨眞容出 水鏡涵天正面開
晚托瓌奇思晦跡 初如淡泊愜幽懷
優遊恐負藏修志 獨抱瑤徽感歲催

— 《도와집(陶窩集)》 권1

---

101 수옥정(漱玉亭)은 백련정(白蓮亭)의 다른 이름이다.
102 백련정 시판에 적힌 제목은 '수옥정운(漱玉亭韻)'이다. 지은 시기는 무진년(1808) 가을이라고 적혀 있다.
103 글을 읽고 배움에 노력함, 곧 학문을 배우고 익힘이다.
104 '細'는 백련정 시판에 '洗'로 되어 있다.

• 최남복(崔南復), 〈백련구곡도가. 아울러 소서를 쓰다(白蓮九曲櫂歌 幷小序)〉

무진년[105] 가을 칠월 열엿샛날에 짚을 엮어서 뗏목을 만들어 태을담(太乙潭)[106]에 띄우고 아이들에게 어부사(漁父詞)[107]를 이어 부르도록 하였다. 소용돌이치는 물을 거슬러 굽어드니 아득히 생각나는 사람을 보지 못하는 탄식이 있었다. 손을 씻고 주자(朱子)의 무이도가(武夷櫂歌)[108]에 차운해서 스스로 흥을 풀고, 또 함께 노닐던 여러 군자들에게 받들어 고하였다.

연꽃의 상서로운 빛깔에는 신령함이 숨겨져 있고
그 속에 건곤(乾坤)이 있어 만상(萬象)이 깨끗하네.
홀로 고깃배에 기대어 노를 치며 노래하니
천년 동안 푸른 물가에 전해지는 소리를 거슬러 오르네.
* 연화산[109] 가운데 별천지가 있어서 참으로 은거하는 사람이 이리저리 돌아다니기에 적합하다.

일곡(一曲)은 층대(層臺)인데 그림배가 겹쳐 있고
금빛 노을과 옥 같은 이슬이 갠 시내에 방울지네.
국사봉(國師峯)[110]은 보이지 않고 높은 방아가 남았는데

---

105 무진년(戊辰年)은 1808년(순조 8)이다.
106 백련서사 앞에 있던 못.
107 조선시대 12가사(十二歌詞)의 하나로서, 어옹(漁翁)의 즐거움을 그린 작품이다. 고려 때부터 전해 오던 12장의 장가 〈어부가(漁父歌)〉를 조선 명종 때 이현보(李賢輔)가 9장으로 개작하였는데, 이 중 8장이 전해지고 있다.
108 중국 송(宋)의 주자(朱子)가 복건성(福建省)에 있는 무이산(武夷山)의 아홉 굽이를 노래로 읊은 것으로, 〈무이구곡가(武夷九曲歌)〉라고도 한다.
109 울산광역시 울주군 두동면에 있는 높이 532.4m의 산으로, 옛 이름은 여나산(餘那山)이다.

천둥 그친 맑은 하늘에 붉은 연기가 일어나네.

* 장천사[111]의 물이 나가는 곳에 국사봉이 있고, 그 아래에는 물절구가 있다.

이곡(二曲)은 침계루(枕溪樓)[112]인데 자하봉(紫霞峯)[113]을 받아들이고
오랜 시간 절을 하니 그 얼굴이 우뚝하네.
도인(道人)과 선사(禪師)는 잠 못 들고 향을 사르고 앉으니
맑은 풍경 소리 속에 수풀이 만 겹이네.

* 장천사의 침계루는 자하봉의 아래에 있다.

삼곡(三曲)은 달리는 물이니 배 뒤집힘을 경계하는데
푸르고 서늘한 바위에 앉으니 하루가 일 년인 듯하네.
은사를 초대하여 글을 이루니 앞길이 혼미한데
세속에 홀로 서니 뜻이 가련하네.

* 부도동(浮屠洞)[114]에는 위아래에 돌로 된 못이 있다. 지금 그 이름을 고쳐서 구도동(求道洞)[115]이라고 부른다.

사곡(四曲)은 용천(龍泉)에 있는 만 길의 바위인데
이끼와 철쭉이 엉클어지고 늘어져 비치네.

---

110 호박소 동쪽에 있는 둔덕의 이름, 곧 국시듬이다.
111 울산광역시 울주군 두동면 천전리 보안골 안의 명산등(名山嶝) 끝, 즉 현재의 울산대곡박물관 인근에 있던 사찰이다. 통일신라시대에 창건되어 조선 후기까지 존속되었으나 지금은 남아 있지 않다.
112 장천사에 있던 누각(樓閣).
113 장천사의 뒤쪽에 있는 봉우리.
114 절이 있던 골짜기라는 뜻으로, 이곳에 장천사가 있었기 때문에 불린 이름이다. 우리 말로는 '절골'일 것이다.
115 도(道)를 구하는 골짜기라는 뜻으로, 최남복이 이곳에 정자를 짓고 스스로 은자의 도를 구하려고 하는 뜻을 드러내려고 하였다.

신선이 신비한 금빛 속에 엄연하게 앉으니
밤기운은 헛되이 달빛 비친 못에 환하네.
* 자하봉은 용천 위에 있는데, 가운데에 선녀가 단아하게 앉은 듯한 형상이 있다. 선장암이라고 부르기도 한다.

오곡(五曲)은 높다란 바위굴로 형세가 매우 깊숙한데
서재가 우뚝하게 성근 숲에 걸려 있네.
그 속의 참된 즐거움을 누가 알리오?
석 자의 거문고는 태고(太古)의 마음을 머금었네.
* 정자가 제5곡에 있는데, 한가롭고 넓어서 아낄 만하다.

육곡(六曲)은 쇠잔한 암자로 푸른 물굽이에 싸였는데
새벽종 소리가 덩굴풀 더미에서 울려 나오네.
감히 깨우치고 살펴[116] 참으로 잘 깨달았다고 말하리오?
다만 내 마음이 잠시도 한가하지 못함을 부끄러워하네.
* 영귀문 밖에는 한 줄기 맑은 개울과 옥련암이 서로 마주하고 있다.

칠곡(七曲)은 이어진 산줄기로 바위가 여울에 삐죽한데
창룡(蒼龍)이 서린[117] 모습을 물속에서 보네.
어찌하여 인간 세상에 비를 일으키지 않고
한 해가 다 가도록 무심히 푸르고 차가운 속에 누웠는가?
* 달관대 아래에는 위와 아래에 2개의 돌다리가 있어서 세속에서 칠성교라고 하는데, 지금 와룡교라고 고쳐 부르기도 한다.

---

116 원문의 경성(警省)은 자신에 대해 깨우치고 살핌이다.
117 원문의 은영(隱映)은 겉으로 환히 드러나지 않게 비치는 모양이다.

팔곡(八曲)은 바위 언덕으로 잡초 길이 열려 있는데
이슬꽃 피는 시절에 나그네가 다시 돌아오네.
물의 근원 다한 곳에 다시 뽕과 삼이 엉킨 들판 펼쳐지니
도리어 가을바람이 비를 몰아올까 두렵네.
* 호계의 동쪽에는 들 경치가 조금 열려 있다.

구곡(九曲)은 소요(逍遙)라고 하는 가파른 절벽인데
넓고 평평한 언덕이 긴 시내를 기르고 있네.
맑고 깨끗한 보배로운 거울이라서 속물에 걸림이 없으니
구름 그림자와 별빛이 한 하늘에 함께하네.
* 녹우담 위에는 절벽이 있는데, 이것을 소요라고 한다.

戊辰秋七月旣望 縛草爲筏 泛于太乙潭 使兒輩聯唱漁父詞 溯洄宛轉
逈有懷人不見之歎 盥手次武夷櫂歌韻以自遣 且以奉告同遊諸君子

蓮華瑞色秘神靈 中有乾坤萬象淸
獨倚漁舟歌扣枻 滄洲千載溯遺聲
* 蓮華山中別有天 正合隱者盤旋

一曲層臺疊畵船 金霞玉露滴晴川
國師不見留雲磋 雷薄晴空起紫烟
* 障川寺水口 有國師峯 下有水春

二曲溪樓納紫峯 長時拱揖偃蹇容
道禪不寐焚香坐 淸磬聲中樹萬重
* 川寺枕溪樓 在紫霞峯之下

三曲奔流戒覆船 蒼凉坐石日如年
賦成招隱迷前路 獨立風埃意可憐
　＊浮屠洞有上下石塘 今改爲求道洞

四曲龍泉萬丈巖 蘚莓躑躅映鬆髿
仙人儼坐金光秘 夜氣虛明月一潭
　＊紫峯在龍泉上 中有玉女端坐形 或云仙丈巖

五曲雲局勢轉深 書巢落落掛疎林
箇中眞樂人誰識 三尺琴含太古心
　＊亭在第五曲 間廣可愛

六曲殘庵繞碧灣 曉鍾鳴出薜蘿關
敢言警省眞工悟 只愧吾心不暫閒
　＊詠歸門外 一帶淸溪玉蓮庵相對

七曲蜿蜿石出灘 蒼龍隱映水中看
胡爲不作人間雨 竟歲無心臥碧寒
　＊達觀臺下 有上下石橋 俗云七星 今改爲臥龍

八曲巖阿草逕開 露花時節客重回
窮源更得桑麻野 卻怕西風送雨來
　＊虎溪東 野色稍開

九曲逍遙壁嶄然 平坡浩浩畜長川
淸虛寶鑑無塵累 雲影星光共一天

* 鹿友潭上 有絶壁 是謂逍遙

— 《도와집(陶窩集)》 권1

- 최남복(崔南復), 〈백련서사에서 장수[118]하려고 만계를 결성하고 지은 시. 서문이 있다(白蓮書社 藏修晩稧韻 有序)〉[119]

아름다운 부용(芙蓉)[120]이 물가에 피어나는데
숨어 살려는 일이 늦어지니 가난함이 부끄럽네.
늘그막이라 빼어난 산수(山水)[121]에 병이 더욱 깊고
한가한 날이라 잦은 행차를 수고롭게 여기지 않네.
도원(桃源) 깊은 곳에 집을 지은 옛일[122]에 비의(比擬)하고
백련서사(白蓮書社)의 맹약에 참가한 사람을 다시 부르네.
재물을 구함[123]은 앞사람[124]도 하였던 일이거니와
시냇가 바위에 적은 시를 소친(素親)[125]에게 부치고 싶네.

---

[118] 원문의 장수(藏修)는 글을 읽고 배움에 노력함, 곧 학문을 배우고 익힘이다.
[119] 이 시의 서문은 《도와집(陶窩集)》 권5에 〈연사참동만계시서(蓮社參同晩稧詩序)〉란 제목의 독립된 글로 실려 있다. 따라서 만계(晩稧)의 정식 이름은 '연사참동만계'이다.
[120] 연(蓮)의 이칭(異稱). 여기에서는 연꽃 모양의 바위를 가리킨다.
[121] 원문의 연하(煙霞)는 안개와 노을로, 고요한 산수의 경치를 비유한다.
[122] 여기서 옛일은 중국 동진(東晋)의 고승 혜원(慧遠, 334~416)이 여산(廬山)의 동림사(東林寺)에서 혜영(慧永)·유유민(劉遺民)·뇌차종(雷次宗) 등 18명과 정토 신앙 단체인 백련사(白蓮社)를 결성한 것을 가리킨다. 이 모임에는 사영운(謝靈運)·도연명(陶淵明)·육수정(陸修靖) 등도 참여하였다.
[123] 원문의 걸전(乞錢)은 어떤 일을 위해 재물을 구함이다. 최남복은 〈연사참동만계시서(蓮社參同晩稧詩序)〉에서 중국 진(晉)나라 때 있었던 일처럼 여러 사람의 백련서사를 건립하는 데 도움을 주기를 바라고 있다.
[124] 원문의 전수(前修)는 덕을 닦은 전대(前代)의 어진 사람이다.
[125] 원문의 소친(素親)은 오래전부터 사귄 교분이다.

窈窕芙蓉出水濱 幽棲計晏愧家貧
老年益痼烟霞勝 暇日無勞杖屨頻
擬結桃源深處屋 更招蓮社約中人
乞錢也是前修事 磯上題詩寄素親

— 《도와집(陶窩集)》 권1

- 최남복(崔南復), 〈병이 나서 수옥정에 누웠는데 칠순의 이동급[126] 노인이 찾아오셨기에 기쁨보다 감격이 많아서 시축 중의 '인륜의 도리를 읊다(人道吟)' 시에 차운하다(病臥漱玉亭 李丈東汲 以七耋之年委訪 感多於喜 次軸中人道吟)〉

우리의 마음[127]이 희경(羲經)[128]을 징험(徵驗)하니
태극과 음양은 각기 이름을 드러내네.
오묘함과 참됨은 본디부터 엉기어 이(理)를 이루고
형상과 기운은 인연 따라 일어나 정(情)이 되네.
함부로 내달리다 깊은 못에 떨어지게 하지 말고
거듭 갈아서 옛 거울의 밝음을 살펴야 하네.
비록 위미(危微)[129]함은 달라도 마음은 한가지이니

---

126 이동급(李東汲, ?~?)은 경주 인근에 살았던 인물로 추정되나 구체적인 사실은 알기 어렵다.
127 원문의 방촌(方寸)은 사방 한 치로, 사람의 마음을 가리킨다.
128 《주역(周易)》의 별칭. 복희씨(伏羲氏)가 처음으로 팔괘(八卦)를 만들었기 때문에 이르는 말이다.
129 위태롭고 은미함. 여기에서는 《서경(書經)》 〈대우모(大禹謨)〉에서 순(舜)이 우(禹)에게 "사람의 마음은 오직 위태롭고 도의 마음은 오직 은미하니, 오직 정미하고 오직 전일하여야 진실로 그 가운데를 잡을 것이다(人心惟危 道心惟微 惟精惟一 允執厥中)."라고 말한 것을 가리킨다.

더욱 지수(持守)[130]할 줄 알아서 오직 정미를 살펴야 하네.

吾人方寸驗義經 太極陰陽各著名
元是妙眞凝底理 傍緣形氣發爲情
莫敎胡走深淵墜 須見重磨古鏡明
雖異危微心則一 克加持守察惟精

―《도와집(陶窩集)》권1

· 최남복(崔南復), 〈백련서사에서 족형 제익의 시에 장난삼아 차운하다(蓮社 戲次族兄濟翼韻)〉

늙은 할미처럼 첨거(襜車)[131]를 타고 수석(水石)을 찾았으니
풍류가 역사서[132]에 실릴 만하네.
와룡교(臥龍橋)[133] 위에서는 폭포 살피기를 함께하고
옥녀봉(玉女峯)[134] 깊은 곳에서는 그늘에서 쉬기 좋네.
백발의 나이에도 서로 어울림이 젊은 날과 같은데
붉은 노을 속에 억지로 권하며 즐거운 마음을 돕네.
내일 아침이면 닭과 개도 구름을 타고 가리니[135]

---

130 이미 이룩된 것을 유지하여 지킴.
131 휘장을 두른 수레.
132 원문의 평림(評林)은 중국 명(明)의 능치륭(凌稚隆)이 집교(輯校)한 《사기평림(史記評林)》을 가리킨다.
133 최남복이 경영한 백련구곡(白蓮九曲)의 제7곡에 있던 다리.
134 최남복이 경영한 백련구곡(白蓮九曲)의 제4곡에 있던 산봉우리.
135 회남왕(淮南王) 유안(劉安)이 득도(得道)하여 신선이 되자 그가 기르던 닭과 개도 하늘로 따라 올라갔다는 고사를 가리킨다. 곧, 족형인 제익이 유안처럼 신선의 풍모가 있다며 높이 평가한 말이다.

속된 선비의 가소로운 시가 어찌 감히 미치랴?

老婦禮車水石尋 風流足可載評林
臥龍橋上同看瀑 玉女峯深好憩陰
白髮相從如少日 紅霞强勸助歡心
明朝鷄犬升雲去 俗士嘲詩豈敢侵

— 《도와집(陶窩集)》 권1

· 최남복(崔南復), 〈백련서사에서 이근오[136] 기랑[137]을 기다리다(蓮社待李騎郞觀吾)〉

어찌하여 석천(石川)[138]에 사는 선생은
약속을 저버리고 다만 서신만 보내는가?
그윽한 골짜기에는 봄이 먼저 이르렀건만
서편 숲에는 햇살이 참으로 성기네.
아마 술통[139]에 빠져 있을 것으로 알지만

---

[136] 1760~1834. 본관은 학성(鶴城), 자는 성응(聖應), 호는 죽오(竹塢)이다. 임진왜란 때의 의병장 이겸익(李謙益)의 후손으로, 1789년(정조 13)에 진사시에 입격하고 다음 해에 증광문과에 급제하였다. 승문원부정자·성균관전적·병조정랑을 역임하고, 병조정랑 당시에 관직을 버리고 향리에 은거하였다. 후에 사헌부지평에 제수되었으나 취임하지 않았다. 문집으로는 《죽오집(竹塢集)》이 있다. 한편, 《죽오집》에 실린 〈행장(行狀)〉에 따르면, 이근오가 병조정랑에 제수된 것은 갑자년(1804)이고, 사헌부지평에 제수된 것은 기묘년(1819)이다. 따라서 이 시는 그 사이에 지은 것임을 알 수 있다.

[137] 조선시대 때 병조(兵曹)의 정랑(正郞)과 좌랑(佐郞)을 가리킨다.

[138] 이근오가 은거하던 곳의 지명으로, 지금의 울산광역시 울주군 웅촌면 석천리이다.

[139] 원문의 녹의(綠蟻)는 좋은 술을 가리킨다. 술이 잘 익어 생기는 거품을 개미에 비긴 것으로, 두보(杜甫)의 시 〈정월삼일귀계상유작간원내제공(正月三日歸溪上有作簡院內諸公)〉에 "개미 같은 거품이 뜨니 섣달의 맛이네(蟻浮仍臘味)."라는 구절이 있다.

혹시 나귀[140]가 병든 것은 아닌가?
난간에 기대어 한참 동안 턱을 괴고 있다가
쓸쓸히 자허부(子虛賦)[141]를 읊조리네.

如何石川子 負約只存書
幽壑春先到 西林日正疎
知應沈綠蟻 無或病靑驢
倚檻支頤久 悄然賦子虛

— 《도와집(陶窩集)》 권2

- 이정익(李鼎益),[142] 〈도와 경지 최남복의 백련정 시에 차운하다(次崔陶窩景至南復 白蓮亭韻)〉

옥처럼 서 있는 연화봉(蓮花峯)이 거울 면처럼 둘렀는데,
조그만 언덕 깊은 곳에 자연스러운 정대(亭臺)가 있네.
오랫동안 속세의 눈으로는 예사롭게 보며 지나쳤는데
마침내 바위의 자태가 그윽이 열리도록 하였네.
늙은 너럭바위에 산은 더 오래되고,

---

140 원문의 청려(靑驢)는 털빛이 검푸른 준마(駿馬)이다.
141 중국 한(漢)의 사마상여(司馬相如)가 지은 부(賦). 이 글은 자허(子虛)·오유(烏有)·무시(亡是)라는 가공(架空)의 세 인물이 문답을 전개한 것인데, 후세에 허무한 일을 말할 때 흔히 자허·오유라 하였다. 여기에서는 이근오가 약속을 어기고 오지 않음을 아쉬워하는 마음을 나타내고 있다.
142 1753~1826. 본관은 여주(驪州), 자는 중겸(仲謙), 호는 감화(甘華)이다. 회재(晦齋) 이언적(李彦迪)의 8세손이다. 1804년(순조 4) 사마시에 합격하였으나 관직에 나가지 않았다. 많은 시문을 남겼는데, 증손 이능오(李能吾) 등이 간행한 《감화집(甘華集)》이 있다.

꽃이 환한 봄 나무에 세상 생각이 없어지네.
백 년토록 골짜기 주인이 장수(藏修)¹⁴³한 곳인데
속세에서 백발만 재촉한 내가 부끄러워지네.

玉立蓮峯鏡面廻 小邱深處自然臺
久經俗眼尋常視 終使巖姿窈窕開
石老盤陀山太古 花明春樹世無懷
百年洞主藏修地 愧我塵間白髮催

― 《감화집(甘華集)》 권1

· 이근오(李覲吾), 〈백련서사에서 최경지와 이별하다. 나에게 오언율시 한 수를 주기에 말 위에서 화답하여 주다(白蓮社別崔景至 贐余五言一律 馬上和而贈之)〉

말 머리 쪽에 여러 봉우리가 삐죽하고
숲속에는 한 오솔길이 통하네.
저정(滁亭)¹⁴⁴은 아침저녁으로 다르게 보였지만
백련서사¹⁴⁵는 예나 지금이나 한결같네.
만약 도연명(陶淵明)의 취향을 안다면
어찌 자미(子美)¹⁴⁶의 무지함을 상관하랴?

---

143 글을 읽고 배움에 노력함, 곧 학문을 배우고 익힘이다.
144 저주(滁州)에 있는 정자, 즉 취옹정(醉翁亭)을 가리킨다. 취옹정은 중국 송나라 때 구양수(歐陽脩, 1007~1072)가 저주의 태수로 있으면서 승려 지선(智僊)에게 짓게 하고 취옹정이라 명명(命名)하였다.
145 원문의 연사(蓮社)는 백련서사(白蓮書社)를 가리킨다.
146 중국 당(唐)나라 시인 두보(杜甫, 712~770)의 자(字)이다.

세 사람이 서로 어울려[147] 웃은 곳[148]에서
헤어지면서[149] 바쁘다고 이야기하네.

馬首群峯出 林間一逕通
滁亭朝暮異 蓮社古今同
若識淵明趣 何妨子美聾
相携三笑處 分手說怱怱

―《죽오집(竹塢集)》권1

· 이근오(李覲吾), 〈치암 남경희,[150] 도와 경지 최남복, 용암 익지 최기영, 최천용과 백련서사에 모여 이야기하다(與南癡庵景義 崔陶窩景至南復 崔龍庵翊之祈永 崔天庸 會話白蓮社)〉

봄이 다한 산중에 여름 절서(節序)가 돌아오니
깊게 우거진 소나무와 계수나무가 층대를 감싸네.
뜬 구름과 흐르는 물에 마음은 다툼이 없는데

---

147 상휴(相携)는 서로 도와 부축함, 서로 따름이다.
148 원문의 삼소처(三笑處)는 호계삼소(虎溪三笑)에서 유래하는 말이다. 호계는 중국의 여산(廬山)에 있는 계곡으로, 동진(東晉) 때 고승 혜원법사는 동림사에 있으면서 백련결사(白蓮結社)를 맺고 수행에 힘써 속세를 나가지 않기로 결심하고 30년 동안 호계를 건너지 않았다. 어느 날 도연명과 육수정이 찾아와 배웅하면서 이야기에 열중한 나머지 호계를 건넜다. 호랑이가 으르렁대는 소리를 듣고서야 세 사람은 서로 마주보고 껄껄 웃었다 하여 생긴 말이다.《노산기(廬山記)》에 전하는 이야기이다.
149 원문의 분수(分手)는 헤어짐이다.
150 남경희(南景羲, 1758~1812)의 자는 중은(仲殷), 호는 치암(癡庵), 본관은 영양(英陽)이다. 1777년(정조 원년) 증광시(增廣試) 문과(文科)에 병과(丙科)로 급제하고, 1788년부터 승문원박사, 성균관전적, 사헌부감찰, 병조좌랑, 사간원정언을 지냈으며, 1791년 사직한 뒤에는 경주의 보문리로 돌아와 은거하였다. 문집으로《치암집(癡庵集)》이 있다.

푸른 절벽과 붉은 벼랑에 눈이 갑자기 환해지네.
숲속에 깃들어 살며 스스로 만족하는데
티끌 같은 세상의 명리를 또 어찌 마음에 품겠는가?
돌아가려다 가지 않고 이에 머물러 자려는데
해가 서산에 기울지 않았다고 우는 새가 재촉하네.

春盡山中夏序回 陰陰松桂護層臺
浮雲流水心無競 翠壁丹厓眼忽開
林下棲遲知自適 人間名利又何懷
欲歸不去仍淹宿 日未西時啼鳥催

— 《죽오집(竹塢集)》 권1

· 계오(戒悟),[151] 〈삼가 백련서사 생원 최남복의 시에 차운하다(謹次白蓮書社生員崔南復韻)〉

동녘 하늘[152]이 밝기 전에 긴 은하수는 기우는데
산창(山窓)에서 주역(周易)을 읽노라니 밤기운이 명랑하네.
촛불이 어둑한 가운데 글자 수를 따지니[153] 정신은 변화가 있고

---

[151] 1773~1849. 조선 후기의 승려. 자는 붕거(鵬擧), 호는 월하(月荷), 속성은 권씨(權氏)이다. 11세에 출가하여 팔공산에서 월암(月庵)의 제자가 되었으며, 그 후 침허(枕虛)로부터 구족계(具足戒)를 받고 우기(祐祈)의 법을 이었다. 20세에 당(堂)을 열어 학인을 지도하였고, 유학자들과 교유하면서 필체나 시문으로 이름을 떨치기도 하였다. 초서(草書)로 쓴 《천자문(千字文)》 판각이 유명하다. 77세를 일기로 가지산 석남사 연등정사(燃燈精舍)에서 입적하였다. 문집으로 《가산고(伽山藁)》가 있고, 언양 석남사에는 그의 《초천자판(草千字板)》이 남아 있다.
[152] 원문의 동우(東隅)는 해가 뜨는 곳이다.
[153] 원문의 심수(尋數)는 심행수묵(尋行數墨)의 준말로 글자 수나 줄 수에 얽매여 글 짓는

성의(誠意)와 정심(正心), 격물(格物)154을 공부하니 학문은 맑음이 필요하네.

선기(璿璣)155는 일정한 길이 있어 내왕(來往)을 추측하는데

태극(太極)은 형체가 없어 경중(輕重)을 제멋대로 하네.

고요한 곳에서 자신을 찾아 온갖 찌꺼기156를 끊지만

귓가에는 오히려 구슬을 가지고 노는157 소리가 들리네.

東隅未啓永河傾 讀易山窓夜氣明
尋數燭微精有變 誠心格物學要淸
璿璣常道推來往 太極無形任重輕
靜處求身査滓絶 耳邊猶入弄丸聲

― 《가산고(伽山藁)》

데 고심하거나 독서하는 데 문자에만 집착하여 문자 밖의 참뜻을 깨닫지 못함을 가리킨다. 이는 주자(朱子)가 〈진동보에게 답하는 편지(答陳同父書)〉에서 "나물 뿌리를 씹어 먹고 남과 서로 간섭하는 일 없이 몇 권의 읽지 못한 책을 이해하여 시골의 선비들과 글의 자구나 따지는 것 또한 한 가지 일거리입니다(咬菜根 與人無相干涉 了却幾卷 殘書 與村秀才子 尋行數墨 亦是一事)."라고 한 데에서 비롯되었다. 그러나 여기서는 반대로 글자를 따져 가며 열심히 공부하는 것으로 해석된다.

154 원문의 성심격물(誠心格物)은 《대학(大學)》의 팔조목 중에서 성의(誠意)·정심(正心)·격물(格物)을 가리킨다.

155 선기옥형(璿璣玉衡)의 준말. 북두칠성의 제1성에서 제4성까지를 선기(璿璣), 제5성부터 제7성까지를 옥형(玉衡)이라 하며, 천체를 측량하는 기구의 이름이다. 선기는 천체를 관측하는 데 쓰이는 기계를 말하며, 옥형이란 옥으로 만든 저울대를 의미하니 결국 선기옥형은 옥으로 만든 천체 관측기를 가리킨다. 순임금이 제위에 오른 후 제일 먼저 선기옥형을 정비하였다고 한다. 여기에서는 천체의 운행 자체를 의미한다.

156 원문의 사재(査滓, 渣滓)는 찌꺼기로, 잡스러운 생각을 뜻한다.

157 원문의 농환(弄丸)은 태극(太極) 같은 구슬을 가지고 노는 것으로, 역리(易理)를 탐구함을 뜻한다. 중국 송(宋)의 학자 소옹(邵雍, 1011~1077)은 〈자작진찬(自作眞贊)〉에서 "태극을 연구하는 여가에 한가로이 갔다가 한가로이 오는구나(弄丸餘暇 閑往閑來)."라고 하였는데, 그 주석에서 "환은 태극이다(丸 太極也)."라고 하였다.

• 계오(戒悟), 〈도와 최 상사[158] 공은 계오와 함께한 바가 있었으나 불행하게도 죽었다. 5년이 지나 장천사에 볼일이 생겨서 수옥정에 올랐는데 슬픔을 이기지 못하여 앞의 운에 맞추어 회포를 서술하였다(陶窩崔上舍公 與悟有所取 不倖卒 後五年 有事障川寺 登漱玉亭 不勝悲愴 拈前韻 敍懷)〉

나그네가 빈 정자에 앉아도 학은 돌아오지 않는데
골짜기 구름은 옛 바위와 누대를 한가로이 감쌌네.
지난날에 도옹(陶翁)[159]에게는 살아갈 날이 남아 있더니
오늘 아침에 혜원(慧遠)[160]은 한바탕 웃음을 터뜨리네.
가을비가 비로소 개고 나니 초승달이 빛나는데
저녁 산에 노을빛이 이어지니 옛 친구가 생각나네.
남긴 시를 홀로 읊조리다 마음이 구슬퍼져서
석양에 눈물 훔치며 절에서 내려가기를 재촉하네.

客坐虛亭鶴不回 溪雲閒鎖舊岩臺
陶翁前日餘齡在 惠遠今朝一笑開
秋雨初晴新月色 暮山連紫故人懷
獨吟遺響心惆悵 掩淚斜陽下寺催

— 《가산고(伽山藁)》

---

158 원문의 상사(上舍)는 생원(生員)·진사(進士)를 일컫는 말이다.
159 도연명(陶淵明)과 도와(陶窩) 최남복(崔南腹)을 동시에 가리킨다.
160 335~417. 중국 동진(東晉) 때 여산(廬山)에 거주하던 승려으로 백련사(白蓮社)를 결성하여 수행하였는데, 도연명(陶淵明)·육수정(陸修靜)과 함께하였던 호계삼소(虎溪三笑) 고사로도 유명하다. 여기서는 계오(戒悟) 자신을 가리킨다.

· 류방식(柳邦植), 〈삼가 원시에 차운하다(敬次元韻)〉

아홉 굽이 맑은 개울에 길은 돌아드는데
녹문산(鹿門山)¹⁶¹ 깊은 곳에 높은 누대(樓臺)가 있네.
구름이 붉은 골짜기를 감싸니 산의 모습은 가려지고
비가 푸른 이끼를 씻어 내니 바위의 얼굴은 열리네.
지팡이 짚고 소요(逍遙)함은 세속을 벗어난 즐거움이고
거문고와 바둑의 쇄락(灑落)함은 그 속의 회포라네.
함께 어울린 지 반 달인데 참된 뜻이 많으니
문득 속세의 세월이 재촉하는 것을 잊네.

신미년(순조 11, 1811) 가을에 문인 류방식이 받들어 짓다. 병신년(1896) 여름에 증손 진목이 나중에 새겼다.

九曲淸溪路轉回 鹿門深處有高臺
雲含紫洞山容隱 雨洗蒼苔石面開
杖屨逍遙塵外樂 琴碁灑落箇中懷
從遊半朔多眞意 却忘人間日月催
辛未秋 門人柳邦植拜稿 丙申夏 曾孫震睦追刊

— 백련정(白蓮亭) 시판(詩板)

---

161 원문의 녹문(鹿門)은 백련정 주변에 최남복이 지은 지명이다. 최남복은 '사자(獅子)목'이라 불렀던 그곳 이름을 녹문이라 고치고, 그 글자를 바위에 새겼다. 녹문은 본래 중국 호북성 양양(襄陽)에 있는 산 이름인데, 후한 때 방덕(龐德)이 녹문산에 은거한 이후부터 은둔의 성지가 되었다고 한다. 당나라 때 시인 맹호연(孟浩然, 689~740)도 녹문산에 은둔하였다. 최남복이 쓴 녹문 석각은 현재 울산대곡박물관에 전시되어 있다.

· 최세병(崔世秉),[162] 〈엎드려 원시에 차운하다(伏次元韻)〉

쌓인 돌에 우는 개울은 아홉 번 꺾여 도는데
깊어서 폭포 되고 솟아서 석대(石臺)가 되었네.
땅은 응당 기다림이 있어 일찍이 아껴서 숨겼을 터인데
하늘이 어찌 생각 없어 이곳을 더구나 깎아서 열었으랴?
십 년 동안 경영하느라 늙은 몸[163]을 수고롭게 하였으나
하루아침에 우뚝 솟으니 가슴속이 상쾌하네.
한가로이 노닒이 혹시 어버이의 가르침을 더럽히지 않을까 싶어
선친(先親)의 뜻을 이을 생각은 많은데 날짜 가는 것이 두렵네.

불초 아들 세병이 손을 씻고 삼가 짓다. 신사년(1941) 중추에 현손 장식[164]이 나중에 새겼다.

疊石鳴泉九折回 深而爲瀑屹爲臺
地應有待曾慳秘 天豈無心剩骶開
十載經營勞杖屨 一朝突兀爽襟懷
優遊倘或忝庭訓 肯搆思多恐日催
不肖子世秉 盥手謹稿 辛巳仲秋月 玄孫章植追刊

— 백련정(白蓮亭) 시판(詩板)

---

162 1779~1860. 자는 주언(周彦), 호는 석거수(石居叟)이다. 도와(陶窩) 최남복(崔南復)의 아들이다.
163 원문의 장구(杖屨)는 노인이 출타할 때 쓰는 지팡이와 가죽신으로, 노인, 즉 존장자(尊長者)를 가리킨다.
164 최장식(崔章植, 1885~1961)의 자는 기욱(基昱), 호는 의산(宜山)이다. 최세병(崔世秉, 1779~1860)의 현손이다.

• 윤치겸(尹致謙),[165] 〈백련정. 원시에 차운하다(白蓮亭 次原韻)〉

반구대 서쪽 아래로 몇몇 산봉우리를 돌아드니
천년 동안 아끼던 비경(秘境) 속에 또 이 누대가 있네.
서리 기운이 처음 닥치면 붉은 다락이 엷어지고
기러기 소리가 멀어지면 푸른 산이 열리네.
육근(六根)을 청정(淸淨)[166]하게 하는 바람은 겨드랑이에서 일고
이치에 따라 찼다가 이지러지는 달은 품속으로 들어오네.
물상 밖에는 본디 한가로운 세계가 많으니
사군(使君)은 부석(鳧舃)[167]을 재촉하지 않아도 되네.

盤龜西下數峰回 慳秘千年又此臺
霜氣初來紅樓淺 鴈聲遙落碧山開
六根淸淨風生腋 於理盈虛月入懷
像外自多閒世界 使君鳧舃不須催

— 백련정(白蓮亭) 시판(詩板)

---

165 조선 후기의 문인. 자는 중익(仲益), 본관은 해평(海平)이다. 1807년(순조 7) 문과에 급제하여 경주부윤·한성부윤 등을 지냈다. 이 시는 1835년(헌종 1년, 을미년) 가을 경주부윤으로 재임할 때 지은 것이다.
166 원문의 육근청정(六根淸淨)은 진리를 깨달아 물욕이 없어서 육근이 깨끗함을 가리킨다. 육근은 불교 용어로서, 사람을 미혹하게 하는 근원, 곧 안(眼)·이(耳)·비(鼻)·설(舌)·신(身)·의(意)의 여섯 가지이다.
167 오리 신발. 중국 후한(後漢)의 왕교(王僑)가 방술(方術)이 있어서 오리로 변하여 날아다녔다는 고사(故事)에서 나오는데, 오리를 그물로 잡으니 오리는 간 곳 없고 오리 신발만 남았다고 한다.

· 최태수(崔泰壽),[168] 〈삼가 원시에 차운하다(敬次元韻)〉

향로봉(香爐峯) 아래로 옥련담(玉蓮潭)을 돌아드니
하늘이 도옹(陶翁)에게 이 정대(亭臺)를 세우게 하였네.
맑은 시내를 좋아하여 연도(沿道)로 들어온 게 아니라
그윽한 맛을 찾아 흉금을 열기 위함이네.
함양(涵養)한 뭇 생령은 지금의 자취로 남아 있고
찼다가 이지러지는 한결같은 이치는 옛 생각을 더듬게 하네.
다만 유수 같은 세월에 늙어 감을 깨닫나니
똑똑한 사람이나 어리석은 사람이나 모두 이 속에서 허덕이네.

경인년(1890) 2월에 종손 태수가 받들어 짓다.

香爐峯下玉蓮回 天與陶翁築此臺
非愛淸溪沿路入 爲尋幽味許襟開
羣生涵養居今迹 一理盈虛溯古懷
但覺年光流水老 賢愚盡是此中催
庚寅仲春 族從孫 泰壽拜稿

— 백련정(白蓮亭) 시판(詩板)

---

[168] 1820~1890. 조선 후기의 문인.

• 김상우(金相宇),[169] 〈수옥정. 원시에 차운하다(漱玉亭 次原韻)〉

집을 둘러보다 생각이 나서 몇 바퀴 도는데
이곳이 도옹(陶翁)[170]이 떠난 뒤의 정대(亭臺)라네.
늘그막에 문장과 경술의 학문을 그만두고
깊고 큰 동천(洞天)[171]의 개척에 탐닉하였네.
천 길 벼랑에는 평생(平生)의 뜻이 우뚝하고
한 굽이 시내에는 낙탁(落拓)[172]한 회포가 울리네.
또 계술(繼述)[173]할 수 있는 어진 후손이 있어
책을 안고서 머리카락 세는 줄을 잊네.

繞軒起想數三回 此是陶翁去後臺
晚卷文章經術學 爲耽窈廓洞天開
千尋壁立平生志 一曲溪鳴落拓懷
又有賢孫能繼述 抱書忘却鬢華催

—《응재유고(凝齋遺稿)》권2

---

169 1888~1962. 본관은 영천(靈川, 현재의 고령), 자는 경일(景一), 호는 응재(凝齋)·단산(丹山)이다. 송호(松湖) 김연(金演)의 10세손으로, 창강(滄江) 김택영(金澤榮)과 심재(深齋) 조긍섭(趙兢燮)의 문하에서 수학하였다. 문집으로《응재유고(凝齋遺稿)》가 있다. 문집에 따르면 이 시는 48세 때인 을해년(1935)에 지었다.
170 백련정(白蓮亭)을 지은 도와(陶窩) 최남복(崔南復)을 가리킨다.
171 신선이 사는 골짜기, 곧 별천지이다.
172 성품이 호탕하여 풍류를 즐기고 구속받지 않음.
173 선대(先代)의 뜻과 공업(功業)을 이어 나감.

- 김상우(金相宇), 〈옥여 최장식의 수옥정 중건을 축하하다(賀崔玉汝章植漱玉亭重建)〉[174]

옛날의 황폐하고 기울어졌던 옛 모습을 시원하게 일소(一掃)하고
다시 정자의 문미(門楣)를 얽으니 참으로 상쾌하고 환하네.
천 층의 검푸른 벼랑은 마치 겉모습을 바꾼 듯하고
아홉 굽이의 우는 개울은 청신함이 곱절이네.
선영(先靈)이 있다면 응당 기뻐할 텐데
잔력(孱力)[175]은 빼어나지 않지만 곧 정성 때문이네.
계술(繼述)은 정녕 이 밖에도 많으니
오래도록 글 읽는 소리가 끊이지 않네.

灑然一掃舊荒傾 更搆亭楣正爽明
蒼壁千層如改觀 鳴川九曲倍新淸
先靈若在應爲悅 孱力非優乃以誠
繼述丁寧多此外 長時不絶讀書聲

— 《응재유고(凝齋遺稿)》 권2

- 김상우(金相宇), 〈다시 백련정에서 노닐다(再遊白蓮亭)〉[176]

한바탕 웃으며 서로 환담하자니 밤은 길지 않아서

---

174 이 시는 김상우가 56세 때인 계미년(1943)에 지었다. 백련정 시판에서, 최장식은 최세병(崔世秉)의 시를 신사년(1941)에 새겼다고 하였으므로 백련정의 마지막 중건 시기는 1941년 무렵으로 추정된다.
175 후손의 미미한 힘.
176 이 시는 김상우가 59세 때인 병술년(1946)에 지었다.

어느새 달이 뜨고 새벽 구름이 서늘하네.
세상의 기미를 헤아리기 어려워서 깊은 물가에 임한 듯이 하는데
수염은 무슨 까닭에 점점 서리를 뒤집어쓰는가?
낙사(洛社)[177]가 또 송(宋)나라 시대만의 것이 아니거늘
무릉(武陵)[178]이 어찌 진(秦)나라 고을에만 매인 것이랴?
예를 극진히 하며 자주 만나 서로 뜻을 도우니
늙은 잣나무는 푸르고 국화는 또 향기롭네.

一笑相歡夜未長 於焉月上曉雲凉
世機難測如臨水 鬚髮何由漸戴霜
洛社也非專宋代 武陵豈是係秦鄉
禮勤會數相將意 老柏黃花蒼復香

— 《응재유고(凝齋遺稿)》 권2

· 김정묵(金正默),[179] 〈백련정을 찾아가다. 두동면 천전리에 있다 (過白蓮亭 在斗東川前里)〉

물은 청산(靑山) 때문에 좋고

---

[177] 중국 송(宋)나라 때 구양수(歐陽脩)와 매요신(梅堯臣) 등이 낙양(洛陽)에서 결성한 시사(詩社)이다.
[178] 무릉도원(武陵桃源)의 준말로, 도연명(陶淵明)의 〈도화원기(桃花源記)〉에 나오는 지명이다. 그 글의 주인공은 중국 진(秦)나라 사람이다.
[179] 1894~1974. 본관 경주(慶州), 자 정원(正元), 호 우산(又汕). 아버지는 상봉(相鳳), 어머니는 연안송씨(延安宋氏)이다. 8대조 세봉(世奉)이 진양(晉陽)에서 언양(彦陽) 방기(芳基)로 이거했고, 증조 지현(志賢)이 방기에서 미연(米淵)으로 이거했다. 미연에서 태어났다. 《우산유고(又汕遺稿)》가 전한다.

산은 녹수(綠水)로 인하여 신령하네.
청산과 녹수 사이에
백련정이 그림처럼 솟아 있네.

水以靑山好 山因綠水靈
靑山綠水間 畫出白蓮亭

―《우산유고(又汕遺稿)》 권1

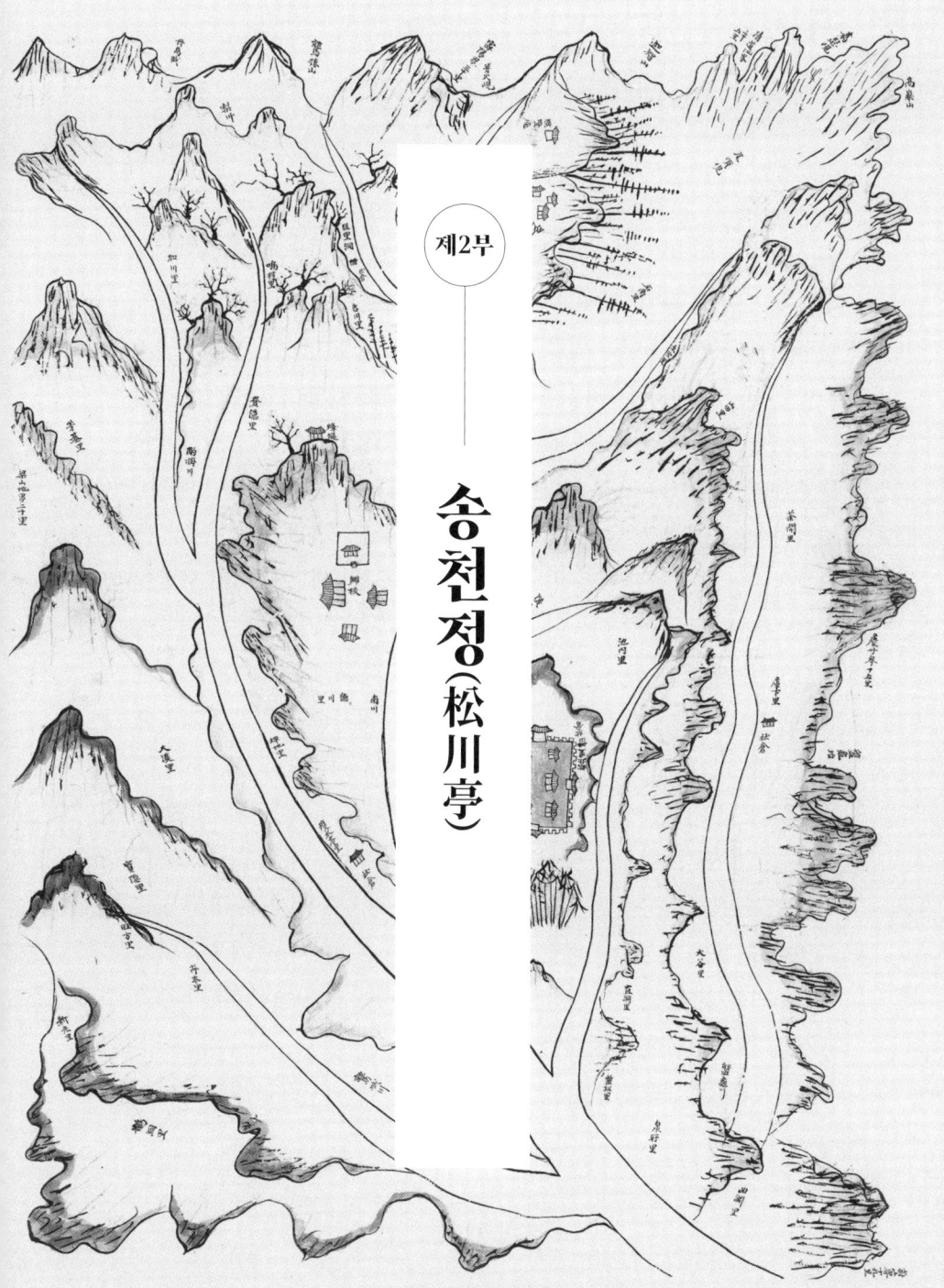

제2부

송천정(松川亭)

1. 개요

송천정은 1946년 송곡(松谷) 김정태(金正泰, 1888~1966)가 세운 정자로, 울주군 두동면 천전리 대현마을에 있다. 지금도 이 정자에는 계파(桂坡) 최윤(崔潤)이 쓴 송천정(松川亭) 편액과 아정(亞汀) 박맹진(朴孟鎭)이 쓴 역열헌(亦悅軒) 현판이 걸려 있다.

또 주인 김정태의 〈송천소와원기(松川小窩原記)〉(1946년), 김상우(金相宇)의 〈송천소와기(松川小窩記)〉(1947년), 이우락(李宇洛)의 〈송천정상량문(松川亭上樑文)〉(1948년), 최현채(崔鉉埰)의 〈송천정기(松川亭記)〉(1949년), 김정태의 〈송천십경(松川十景)〉과 〈팔잠언(八箴焉)〉을 비롯하여 여러 사람들의 한시까지 현판에 온전하게 남아 있어 송천정에 관한 여러 사실들을 자세히 파악할 수 있다.

김정태는 1912년 곡연(曲淵)마을에서 이곳으로 옮겨 와 살다가 1945년 11월부터 정자를 짓기 시작하였다. 이듬해 8월 정자 건물을 준공하고 송천소와(松川小窩)라 명명하였다. 소나무[松]는 아침저녁으로 보는 것이요, 시내[川]는 근거하는 땅이요, 소나무는 세모(歲暮)가 되어도 울창하여 그 높은 절의(節義)를 취할 수 있고, 시내는 밤낮으로 흐르니 그 호기(灝氣)를 당길 만하며, 소나무에 달이 비치어 시내 가득히 영롱할 때 몇 명의 벗들과 술을 권하며 가영(歌咏)하면 그 정취(情趣)가 진진하여 이 세상이 어느 세상인지를 잊고, 이 즐거움이 어떤 즐거움인지를 알지 못할 지경이라고 해서 송천(松川)이라 이름 지었다고 하였다.[1]

한편 〈송천정상량문(松川亭上樑文)〉에는 "잘못을 바로잡는 벗들과 서로

---

[1] 김정태(金正泰), 〈송천소와원기(松川小窩原記)〉 현판 참조.

모이니 계림(鷄林)과 학성(鶴城)에서 오고, 물줄기를 거슬러 올라 때때로 어울리니 반구대(盤龜臺)와 백련사(白蓮社)가 가까이 있네(輔益相會來自鷄林鶴城 溯洄時從 近有盤龜蓮社)."라는 대목이 있어 이곳이 경주와 울산의 선비들이 모여서 회합하는 곳이었음을 짐작할 수 있다.

한편, 정자의 시판(詩板)에는 〈송천정원운(松川亭原韻)〉이라는 제목 아래 18명의 시가 수록되어 있다. 이 가운데 주인(主人) 김정태(金正泰), 도릉(桃陵) 박영건(朴榮鍵), 호은(湖隱) 이장훈(李章勳), 수강(守岡) 박일건(朴一鍵), 운초(雲樵) 이현락(李玄洛), 의산(宜山) 최장식(崔章植), 강석(江石) 이재락(李在洛), 우전(雨田) 이곤녕(李坤寧), 동포(東圃) 양달휘(楊達輝), 단산(丹山) 김상우(金相宇), 운산(雲山) 이동진(李東璡), 아정(亞汀) 박맹진(朴孟鎭), 해창(海蒼) 윤세병(尹世炳) 등은 '산수계십삼원(山水契十三員)'이라 명기되어 있다. 이들 13명은 특별히 '산수계(山水契)'를 맺어 시사활동(詩社活動)을 알 수 있으며, 이어 일봉(一峯) 이정혁(李正赫), 서암(棲巖) 최현채(崔鉉琛), 가산(可山) 이우락(李宇洛), 양파(陽坡) 이중구(李仲久), 오암(鰲巖) 손제익(孫濟翼)의 시도 함께 보인다.

또 〈차송천정운(次松川亭韻)〉이라는 제목으로 문파(汶坡) 최준(崔浚), 계파(桂坡) 최윤(崔潤), 해산(奚山) 이영우(李英雨), 효강(曉崗) 손상호(孫相鎬), 창우(蒼愚) 손희익(孫熙翼), 야로(野老) 김훈종(金勳鍾), 반유(伴遊) 유현우(柳賢佑), 국오(菊塢) 이원봉(李源鳳), 창은(蒼隱) 손병권(孫秉權), 괴서(槐西) 최영학(崔泳鶴), 최영신(崔泳信), 효정(曉亭) 박인화(朴仁華), 관가헌(觀稼軒) 김철경(金澈經), 반산(胖山) 김기남(金基南), 손필조(孫弼祚), 호두(浩斗) 김승(金勝), 만취(晩翠) 정병찬(鄭柄璨) 등 17명 시와, 같은 제목이지만 별개의 시판에 문암(文巖) 손후익(孫厚翼)의 시 1수가 실려 있어 이들이 모두 김정태와 함께 어울렸던 문우(文友)였음을 짐작할 수 있다.

이 밖에도 주인 김정태는 〈송천정원운(松川亭原韻)〉에서, 송천정은 지은 뜻이 이곳을 장수지소(藏修之所)로 삼아 책을 읽으면서 자식들을 교육하고, 벗들과 함께 친교하는 장(場)으로 삼고자 하는 뜻을 드러내었고, 〈팔잠언(八箴焉)〉을 통해 자신이 가진 삶의 자세를 보여 주며 〈송천십경(松川十景)〉에서 주변 경승을 읊어 당시 정자 주변의 아름다운 정취를 지금도 우리가 짐작할 수 있도록 하였다.

한편, 송천정은 일제강점기에 지은 정자로, 남향한 팔작 목구로 함석 기와 지붕을 얹은 장여 수장집[민도리]집이다. 건물을 받친 둥근 기둥은 자연석의 초석 위에 서 있으며, 툇마루에는 난간이 있으나 소탈한 평난간이다. 대청은 없고 온돌방만 2칸 있으며 전면은 툇간이 있고 후면에는 큰방 뒤에 딸린 반침(半寢)을 만들었다. 현재 이곳은 긴 세월 동안 유지 보수의 어려움을 겪고 전체 건물이 매우 쇠락한 상태에 놓여 있다.

2. 문(文)

· 이우락(李宇洛),[2] 〈송천정상량문(松川亭上樑文)〉

시냇가에 울창하게 서서 홀로 추운 겨울을 견디니 석인(碩人)과 비교해도 같은 지조(志操)요
샘의 근원에서 솟아나 밤낮으로 쉬지 않고 그윽한 마을을 감싸고 길이 흐르네.
이것을 당우(堂宇)의 문미(門楣)에 거니
사람과 땅의 이름에 들어맞네.[3]

아, 주인 송곡(松谷) 노인은

나면서부터 천부(天賦)의 아름다운 자질을 갖추고
어려서부터 글방 선생의 엄한 가르침을 받았네.
돈후하고 주신(周愼)[4]함은 백고(伯高)[5]의 풍도에 못지않고
어려운 일을 돕는 데는 또한 연협(燕俠)[6]의 의리가 있었네.

---

[2] 1881~1951. 본관은 학성(鶴城), 자는 서팔(瑞八), 호는 가산(可山)이다. 문집으로 《가산집(可山集)》이 있다.
[3] 정자 주인 김정태(金正泰)의 호가 송곡(松谷)이고, 정자가 있는 곳이 천전리(川前里)이므로, 송천정이란 이름이 사실과 잘 부합한다는 뜻이다.
[4] 주도면밀하고 신중함, 곧 행동을 빈틈없이 함.
[5] 중국 후한(後漢) 때 경조(京兆) 사람인 용술(龍述)의 자(字)이다. 《후한서(後漢書)》〈마원전(馬援傳)〉에 마원이 그의 자제들에게 "용백고의 돈후(敦厚)하고 주신(周愼)함을 본받기를 바란다."라고 한 대목이 있다.
[6] 중국 전국시대 말기의 협객(俠客)인 형가(荊軻, ?~B.C. 227)를 가리킨다.

시절이 입신양명에 맞지 않으므로 일찍이 상호봉시(桑弧蓬矢)[7]의 뜻을 버리고

은거하여 경독(耕讀)함을 옳게 여겨서 다만 동백산(桐柏山)[8]의 수양을 돈독히 하였네.

언덕의 나무가 고요하지 못함[9]에 감취(甘脆)[10]를 올릴 수 없음을 애통해하고

버들 장막이 장차 나뉨[11]에 밥 짓기를 같이하지 못함을 슬퍼하였네.

좁은 길과 골짜기를 몇 후(堠)[12]나 찾아다니다가

물과 대나무가 있는 한 구역을 정하여 차지하였네.

북쪽 땅에서 농사짓고 가축을 키웠으나 수전노(守錢奴)가 되지는 않고

산의 남쪽에서 배 띄우고 수레 몰면서 뜻을 즐기는 선비를 흠모하였네.

간혹 노를 젓고 간혹 김을 매니 진실로 도공(陶公)[13]의 원취(園趣)[14]에 부

---

[7] 원문 봉상(蓬桑)은 상호봉시(桑弧蓬矢, 뽕나무로 만든 활과 쑥대로 만든 화살)의 준말로, 남자가 천하를 경략(經略)하려는 뜻을 세움을 이른다. 고대에 아들이 태어나면 뽕나무로 활을 만들고 쑥대로 화살을 만들어서 천지 사방에 활을 쏘아, 남아로 태어났으면 응당 사방을 돌아다닐 뜻을 품어야 함을 표상하였다. 《예기(禮記)》 〈사의(射義)〉에서 "남자가 태어나면 뽕나무 활 여섯 개와 쑥대 화살 여섯 개로 천지 사방에 쏘았으니 이는 남자가 큰 뜻을 갖는 의미라 한다."라고 하였다.

[8] 원문의 동백(桐柏)은 중국 하남성(河南省)에 있는 산으로, 회하(淮河)의 발원지이다. 이곳은 당(唐) 덕종(德宗) 때의 은사(隱士) 동소남(董召南)이 은거하여 의를 행하고 부모를 잘 봉양한 곳이다. 한유(韓愈)는 고시(古詩) 〈차재동생행(嗟哉董生行)〉에서, "아 동생(董生)이여, 낮에는 밭을 갈고 밤에는 고인(古人)의 글을 읽네. 종일 쉬지 않고 산에서 나무하고, 물에서 고기를 잡네. 부엌에 들어가서 맛있는 음식을 만들고, 당(堂)에 올라가서 부모에게 문안 드리네. 부모는 근심하지 않고, 처자(妻子)는 탄식하지 않네."라고 칭송한 바 있다.

[9] 이 구절은 "나무는 고요히 있고자 하나 바람이 그치지 않고, 자식은 봉양하고자 하나 부모는 기다려 주지 않는다(樹欲靜而風不止 子欲養而親不待)."라는 대목의 변용이다.

[10] 맛나고 연한 음식.

[11] 형제가 분가(分家)함을 뜻한다.

[12] 흙을 쌓아 만든 이정표로, 후자(堠子)라고도 한다. 예전에 지역의 경계나 이수(里數)를 표시하는 표지로서 5리마다 단후(單堠), 10리마다 쌍후(雙堠)를 세웠다.

[13] 〈귀거래사(歸去來辭)〉를 읊고 전원으로 돌아간 중국 진(晉)나라의 도연명(陶淵明)을 가

합되고

된죽이든 묽은 죽이든 능히 공씨(孔氏)의 정명(鼎銘)[15]을 좇았네.

평평한 시내의 꽃과 돌은 감히 부귀한 장원(莊園)에 비길 만하고

아홉 굽이의 바람과 노을은 저절로 빼어난 경치가 되었네.

특별한 곳에서 승지(勝地)를 가릴 것 없어서

그저 거처 옆에 모옥(茅屋)을 지었네.

대청 한 칸과 방 두 칸에는 도서를 간직할 만하고

낮은 섬돌과 긴 담에는 화초를 벌여 놓기 적당하네.

산이 두르고 물줄기가 품어서 참으로 등림(登臨)[16]하는 정치(情致)가 좋고

번잡에서 벗어나고 궁벽에 가까워서 마침내 거마(車馬)의 시끄러움이 없네.[17]

수레는 반드시 바른 길을 찾으니 땅에 가득한 가시나무를 두려워하지 않고

배는 위태로움을 범하지 않는데 어찌 하늘에 닿는 물결을 근심하겠는가?

충분히 갖추고 충분히 아름답고

거처할 만하고 편히 쉴 만하네.

풍월(風月)의 주인이 되어 늘 향사(香社)[18]의 노인들과 만나고

리킨다.
14 전원생활의 풍치.
15 공자(孔子)의 선조인 정고보(正考父)의 사당에 있는 정(鼎)에 새겨진 명문(銘文)을 가리킨다. 그 명에 "대부(大夫)가 되면 고개를 숙이고, 하경(下卿)이 되면 등을 구부리고, 상경(上卿)이 되면 몸을 구부린다(一命而僂 再命而傴 三命而俯)."라고 하였다. 여기에서도 몸가짐이 겸손하다는 의미로 사용되었다.
16 높은 곳에 올라가거나 물가로 나아감.
17 이 구절은 송천정 주인이 세속에서 벗어나 유유자적하게 생활하는 모습을 나타내고 있다. 도연명이 〈음주(飮酒)〉 20수 중 5번째 시 첫 구절에서 "사람 사는 마을 가까이 초려를 지었으나, 수레와 말의 시끄러움이 없네(結廬在人境 而無車馬喧)."라고 한 것과 비슷한 의취(意趣)이다.
18 중국 당(唐)의 시인 백거이(白居易, 772~846)가 만년에 향산(香山)의 승려 여만(如滿)과

손님의 술통을 늘 채워 놓고 날마다 구중(裘仲)[19]의 길을 열어 두네.
청량한 새벽에는 문을 열고 앉아서 연하(烟霞)의 기운을 마시고
어두워지는 저녁에는 명아주지팡이를 짚고 가서 상마(桑麻)[20]의 이야기를 듣네.
총명을 가리고 끊었으나 저절로 광성자(廣成子)[21]의 방책을 이루고
한가로이 살며[22] 읊조리고 노래하니 진실로 위간(衛澗)[23]의 은자이네.
물에서 고기 잡고 산에서 나물 캐니 참으로 반곡(盤谷)[24]을 거닒과 같고
꽃에 물 대고 대나무를 쪼개니 바로 낙원에서 오락가락하는 듯하네.
잘못을 바로잡는 벗들과 서로 모이니 계림(鷄林)[25]과 학성(鶴城)[26]에서 오고
물줄기를 거슬러 올라 때때로 어울리니 반구대(盤龜臺)와 백련사(白蓮社)[27]

결성한 향화사(香火社)를 가리킨다. 송천정에 걸린 시판(詩板)을 보면 당시에 김정태를 포함해 모두 13명이 산수계(山水契)를 결성하여 서로 어울렸음을 알 수 있는데, 시판에 적힌 순서대로 옮기면 박영건(朴榮鍵), 이장훈(李章勳), 박일건(朴一鍵), 이현락(李玄洛), 최장식(崔章植), 이재락(李在洛), 이곤녕(李坤寧), 양달휘(楊達輝), 김상우(金相宇), 이동진(李東璡), 박맹진(朴孟鎭), 윤세병(尹世炳)의 순이다.

19 중국 전한(前漢)의 애제(哀帝) 때 은사(隱士). 곤주자사(袞州刺史) 장후(蔣詡)가 왕망(王莽)의 섭정(攝政)에 반감을 품고 병을 핑계로 귀향하여 두릉(杜陵)에 은거하였는데, 문을 닫아걸고 뜰 앞 대숲 밑에 세 개의 길을 만들어 놓고는 벗인 구중(裘仲)·양중(羊仲)과만 교유하였다고 한다.
20 뽕과 삼 등 농사에 관한 일.
21 중국의 황제(黃帝) 시대에 공동산(崆峒山)의 석실(石室) 속에서 살았다는 신선.
22 원문의 과축(蝸軸)은 은퇴하여 한가롭게 지내는 것이다. '과(蝸)'는 안식처이고 '축(軸)'은 살아가는 터전으로, 《시경(詩經)》의 〈위풍(衛風)-고반(考槃)〉에서 유래한 말이다.
23 중국 위나라의 시내란 뜻으로, 앞에서 나온 〈고반(考槃)〉이 위풍(衛風)이기 때문에 일컫는 말이다.
24 한유(韓愈)는 〈송이원귀반곡서(送李愿歸盤谷序)〉에서, 반곡(盤谷)은 태항산(太行山)의 남쪽에 있는데 샘은 달고 땅은 비옥하며 초목이 우거진 곳으로 은자가 머물 만하다고 하였다.
25 경주(慶州)의 옛 이름.
26 울산(蔚山)의 별칭.
27 백련서사(白蓮書社)를 가리킨다. 1784년(정조 8) 최남복(崔南復)이 처음 지었는데, 뒤에

가 가까이 있네.

  달 밝은 대숲 사이의 집을 남들이 알지 못한다 하여 어찌 슬퍼하고
  구름 어둑한 계수나무 사이의 거처는 누구와 더불어 이 즐거움을 함께 할까?
  짧은 노래를 이루어
  긴 들보 올림을 돕고자 하네.

  들보 동쪽을 바라보니
  긴 시내는 끊임없이 흘러 날마다 다함이 없네.
  공자(孔子)께서 '가는 것이 이와 같다'[28]고 탄식하셨으니
  우리는 쉬지 않는 공정(工程)을 알아차려야 하리.

  들보 남쪽을 바라보니
  늘어선 멧부리들이 발[簾]에 닿아 푸른 남기(嵐氣)로 방울지네.
  봄에는 붉고 가을에는 누렇게 철 따라 아름다움을 보이니
  와유(臥遊)[29]할 수 있거늘 어찌 반드시 수레와 가마를 타겠는가?

  들보 서쪽을 바라보니
  먼 마을의 초가지붕이 눈에 들어 흐릿하네.
  방초(芳草) 우거진 언덕 가에 봄비 그치고

    백련정(白蓮亭) 또는 수옥정(漱玉亭)이라고도 불리었다. 원래 울산광역시 울주군 두동면 천전리에 있었으나 대곡댐이 건설되면서 2005년 울주군 두동면 봉계리 초락당 한 의원 안에 옮겨져 있다.
28 공자가 《논어(論語)》〈자한(子罕)〉에서 "흘러가는 것이 이와 같구나. 밤낮으로 쉬지 않는구나(逝者如斯夫 不舍晝夜)."라고 한 데서 온 말이다. 공자가 잠시도 쉬지 않고 끝없이 흐르는 물을 보고 그것이 바로 도체(道體)의 본연임을 탄식한 말이다.
29 누워서 노닌다는 뜻으로, 집에서 명승이나 고적을 그린 그림을 보며 즐기는 것이다.

취중에 앞 시내를 건너는 파피리 소리 들리네.

들보 북쪽을 바라보니
숫돌 같은 큰길에 날마다 수레가 달리네.
평탄한 길을 가는 유인(幽人)³⁰은 본래 길정(吉貞)³¹하나니
갈림길로 달리고 지름길을 취하면 도리어 엎어지게 되리.

들보 위쪽을 쳐다보니
아침저녁으로 구름과 연기가 온갖 형상을 물들이네.
만고에 푸름은 본디 하늘이 그러한데
허공 속에서 하찮은 것들이 부질없이 흔들리네.

들보 아래쪽을 굽어보니
넓고 비옥한 들이 마을을 감싸고 있네.
가을이 되면 집집마다 곳간이 차는 것이 가장 기쁘니
우레 같은 질장구 소리가 온 마을에 진동하네.

엎드려 바라건대 상량한 후에는

땅의 신령이 남몰래 도와주고³²
태평한 운수가 길이 돌아오리.
기초는 단단해져 산천과 더불어 같이 보존되며

---

30 어지러운 세상을 피하여 그윽한 곳에 숨어 사는 사람.
31 바른 도리를 지키면 길하게 됨.
32 원문의 음즐(陰騭)은 하늘이 겉으로 드러나지 않게 사람을 안정시킴이다.

비바람에 흔들리지 않아 운잉(雲仍)[33]이 있어 이어 가고 수리하리.
먼 곳으로부터 찾아와서 항상 장자(長者)[34]의 수레가 많고
옛 덕을 따라 늘 성인(聖人)의 모언(謨言)[35]을 익히리.

중원갑(中元甲)[36] 무자년(1948) 정월 보름에 학성인(鶴城人) 이우락(李宇洛)이 짓다.

鬱鬱澗畔 獨守歲寒 比碩人而同操
混混泉源 不捨晝夜 抱幽村而長流
揚此堂宇之楣
合乎人地之號

猗歟主翁松谷

生全天賦之美
早受塾師之嚴
敦厚周愼 不減伯高之風
急難奔扶 亦有燕俠之義
時非立揚 早抛蓬桑之志
隱是耕讀 只敦桐柏之修

---

33 운손(雲孫 : 8세손)과 잉손(仍孫 : 7세손)으로, 먼 후손을 가리킨다.
34 덕망이 있고 경험이 많은 어른.
35 모범으로 삼을 만한 말.
36 삼원갑(三元甲) 중 두 번째. 술가(術家)에서 180년을 1주(周)로 삼고, 그 1주를 셋으로 나누어 상원갑, 중원갑, 하원갑으로 구분하는 것을 가리킨다. 그러나 그 기준에 대해서는 여러 가지 설이 있는데, 이 기문을 쓴 이우락은 1948년을 중원갑에 해당하는 것으로 인식하고 있다.

皐樹不靜 痛甘脆之莫供

楊幔將分 慨炊爨之難共

穿搜蹊峽數堆

卜據水竹一區

北地田牧 肯作守錢之虜

山陽舟車 可欽樂志之士

或掉或耔 允合陶公之園趣

是饘是粥 堪述孔氏之鼎銘

平川花石 敢擬富貴之庄

九曲風烟 自爲奇絶之景

不須別地擇勝

聊可臨居結茅

一堂兩室 圖書可藏

短砌長垣 葩卉宜列

帶峙襟流 實適登臨之致

超紛近僻 終無車馬之喧

軌必尋正 不畏滿地荊榛

舟不犯危 豈憂接天濤浪

儘苟完而苟美

庶攸芋而攸寧

風月爲主 恒會香社之耆

賓樽常盈 日開裴仲之逕

擺局淸晨 坐吸烟霞之氣

携藜日夕 徃聽桑麻之談

聰明蔽絶 自得廣成遣方

薖軸嘯歌 是眞衛潤隱侶

釣水採山 展矣徜徉盤谷
灌花剖竹 依如優洋樂園
輔益相會 來自鷄林鶴城
溯洄時從 近有龜臺蓮社
月明篁舘 人不知其何傷
雲冥桂棲 誰與同兮此樂
歌成短引
助擧脩樑

    抛樑東 長川滾滾日無窮
宣尼發歎如斯逝 看取吾人不息工

    抛樑南 列嶽當簾翠滴嵐
春紫秋黃隨献媚 臥遊何必引興藍

    抛樑西 遠落茆薈入眺迷
芳草堤頭春雨歇 醉聽葱笛渡前溪

    抛樑北 大道如砥日走輻
履坦幽人元吉貞 奔岐取捷反傾覆

    抛樑上 朝暮雲烟繐萬象
萬古蒼蒼天自如 中空些物謾搖蕩

    抛樑下 環村曠漠沃肥野
秋來最喜家家廩 土鼓如雷動滿社

伏願上樑之後

坤靈陰騭
泰運長回
基礎載鞏 與山川而俱存
風雨不撓 有雲仍而嗣葺
來自遠方 常多長者車轍
率由舊德 每講聖人謨言
中元甲 戊子正月望日 鶴城李宇洛撰

— 송천정(松川亭) 현판(懸板)

· 김정태(金正泰),[37] 〈송천소와원기(松川小窩原記)〉

임자년(1912) 봄에 내가 곡연(曲淵)에서 가족을 이끌고 고헌산(高巚山) 아래의 천전리(川前里)로 들어오면서 그 산세를 보았더니 사위(四圍)의 가운데가 트여 있는데, 골짜기에 가까운 듯하면서도 겨우 몇 걸음만 더 나아가면 곧 들이었고, 들에 가까운 듯하면서도 그 속으로 조금만 들어서면 곧 골짜기였다. 또 물이 달고 땅이 비옥하며 풍속이 옛것에 가까움이 많아서 자못 거처할 만하였다.

이에 처자(妻子)와 함께 몸소 땔나무를 하고 마소를 기르면서 모든 바깥 세계의 일에는 담담하였다. 그저 자식을 가르치고 손자를 훈육하며 근본을 지키고 분수를 편안히 여기는 것으로써 나 자신이 살아가는 방책으로 삼았으나, 거처가 매우 누추하여 간혹 친한 벗이 찾아와도 그 적료(寂寥)

---

37 1888~1966. 자(字)는 중일(仲一), 호는 송곡(松谷)이다.

함을 떨쳐 낼 공간이 없음은 안타까운 일이었다. 이에 겨우 재목을 모아 작년 11월에 일을 시작하여 올해 8월에 마쳤다. 난방이 되는 것과 되지 않는 것이 각각 두 칸인데, 기와 대신 짚으로 지붕을 이고 돌로 담장을 쌓았으니 대체로 졸렬한 집이다.

요즘 세상을 돌아보건대, 거처는 가히 무릎을 들일 수 있으면[38] 족한 것이다. 그런데 어찌 편액을 걸고 또 기문을 쓸 것인가? 그러나 사실만을 끌어모아서 편액을 단다면 지나치게 과장하고 자랑한다는 혐의에서 벗어날 수 있으리라.

이에 송천소와(松川小窩)라 이름 붙였으니 대개 소나무는 밤낮으로 바라보는 것이요, 시내는 땅에 근거해 있는 것이다. 더욱이 해[歲]가 저물어도 울울창창하여 그 높은 절개를 취할 수 있고, 밤낮으로 도도하게 흘러서 그 맑은 기운을 담을 수 있으며, 소나무에 걸린 달이 시내에 가득하여 영롱하게 변해 갈 때 두어 명의 친한 벗을 맞이하여 서로 술잔을 권하며 노래하고 읊조릴 때면, 그 흥취가 진진하여 이 세상이 어떤 세상인지를 알지 못하고 이 즐거움이 어떤 즐거움인지를 알지 못하게 되니, 또한 율리옹(栗里翁)[39]이 말한 갈천씨(葛天氏)의 백성[40]이라 할 만하다. 저 산봉우리와 벼랑과 골짜기, 연기와 구름, 대나무 같은 것들은 아침저녁으로 기상이 만 가지로 변화하니 또한 소인(騷人)[41]과 일사(逸士)[42]가 살피고 취할

---

38 원문의 용슬(容膝)은 무릎이나 겨우 들이밀 수 있는 정도라는 뜻으로, 방이나 장소가 몹시 비좁음을 나타낸다.
39 중국 동진의 시인 도연명(陶淵明, 365~427)을 가리킨다. 그가 강주(江州) 심양군(潯陽郡) 시상현(柴桑縣) 율리(栗里)에서 태어났기 때문에 일컫는 말이다. 또는 46세 때 은거한 심양(潯陽)의 남촌(南村)을 율리로 보기도 한다.
40 태평 시대의 백성. 갈천씨는 중국 상고(上古)의 제왕으로서 높은 도덕을 지녀 아무것도 하지 않으면서도 천하를 잘 다스렸다고 한다. 도연명의 〈오류선생전(五柳先生傳)〉에 "술 마시고 시 읊으며 그 뜻을 즐기니 무회씨의 백성인가, 갈천씨의 백성인가?(酣觴賦詩 以樂其志 無懷氏之民歟 葛天氏之民歟)."라는 대목이 있다.
41 시인과 문사(文士)를 통틀어 이르는 말. 중국 초(楚)나라의 굴원(屈原)이 지은 〈이소(離

만하므로 이에 간략하게 기록한다.

병술년(1946) 9월[43] 하완(下浣)[44]에 주인 송곡(松谷) 김정태(金正泰)가 쓰다.

歲壬子春 余自曲淵 挈家入高巚山下川前之里 見其山勢 四圍中間開豁 疑其稍近於峽 而纔出數步便是野 疑其稍近於野 而纔入其中則便是峽 且泉甘而土肥 風俗多近於古 頗可居 於是同妻孥 躬樵牧 於一切方外事泊如也 惟以課兒訓孫 守本安分 爲自家計 而嘗恨其居甚陋 有或親朋至 無資以暢其寥寂 玆僅鳩材 始役於昨十一月 而今八月竣工 燠凉各二間焉 不瓦而茅 因石而墻 盖拙搆也 睄言斯世 居可容膝足矣 而抑何扁之 而又記之爲也 然撫實而扁之 不害於夸耀之嫌也 乃名之曰 松川小窩 盖松是日夕所覩物也 川是所據地也 況歲晩欝欝 其高節可取也 晝夜滾滾 其灝氣可把者 而當其松月滿川 玲瓏宛轉 邀與數三知己 擧瓠相屬 歌而咏 而津津其趣 不知此世之爲何世 亦不知此樂之爲何樂 其亦栗里翁所謂葛天民者歟 若夫峰巒崖壑 烟雲竹樹 朝暮氣象 有萬不齊者 亦騷人逸士之所可覽取也 玆以略記焉

丙戌重陽月下浣 主人松谷金正泰識

— 송천정(松川亭) 현판(懸板)

騷))에서 유래한 말이다.
42 세상을 등지고 숨어 사는 선비.
43 원문의 중양월(重陽月)은 중양절(음력 9월 9일)이 있는 음력 9월을 가리킨다.
44 하순(下旬)과 같은 말이다.

· 김정태(金正泰), 〈여덟 가지 잠언(八箴焉)〉

○ 내가 하늘로부터 얻은 바를 온전하도록 하되 다른 사람을 위한다는 명분을 저버려서는 아니 된다.
○ 안과 밖에서 행동함에 반드시 효제(孝悌)·충신(忠信)해야 한다.
○ 반드시 안에서 바깥의 일을 말하지 말고 밖에서 안의 일을 말하지 말아야 한다.
○ 나날이 인의(仁義)·예지(禮智)·염치(廉恥)에 힘을 다해야 한다.
○ 제사를 받들고 손님을 접대함에 정성과 예의로써 해야 한다.
○ 이 집에 거처하면서 쇄소(灑掃)·응대(應對)·진퇴(進退)·읍양(揖讓)[45]에는 반드시 공손하고 삼가야 한다.
○ 살아가고 처신하면서 가문의 명성을 무너뜨리지 말아야 한다.
○ 능히 부지런하고 검소하게 이 집을 지켜서 그 부조(父祖)를 그리워하고, 그 부조를 그리워하는 것을 대대로 전하면 아마 이 집은 영원할 것이다.

○ 以全吾所得乎天者 而無負爲人之名焉
○ 居於內外 而必孝悌忠信焉
○ 必居內而不言外 居外而不言內焉
○ 日用極力仁義禮智廉恥焉
○ 奉祭祀接賓客 以誠以禮焉
○ 居是堂 而灑掃應對進退揖讓必恭謹焉
○ 爰居爰處 不隳家聲焉
○ 克勤克儉守是堂而慕其父祖 慕其父祖而世世傳之 則庶斯堂之不朽也焉

— 송천정(松川亭) 현판(懸板)

---

[45] 읍양(揖讓)은 읍하는 동작과 사양하는 동작. 즉 예를 다하여 사양하는 것이다.

· 김상우(金相宇),⁴⁶ 〈송천소와기(松川小窩記)〉

친구 김정태(金正泰) 군이 일찍이 고헌산(高巚山) 아래의 천전리(川前里)에 우거하면서 그 시내와 산이 맑고 아름다운 것⁴⁷을 아껴 늘그막을 다 보낼⁴⁸ 계책으로 살림집 옆에 작은 정자 하나를 지었다. 그 제도는 방 2칸에 당이 2칸인데 수많은 소나무와 하나의 시내 사이에 자리 잡고 있다. 느긋하게 글을 읽고 친구를 맞이하는 장소로 삼고 이름하기를 송천소와(松川小窩)라 하였다. 내게 그 기문을 청하면서 자기의 뜻한 바를 보여 주었는데, 거기에 말하기를, "이 마을은 골짜기에 가까운 듯하나 겨우 몇 걸음만 나가면 곧 들이고, 들에 가까운 듯하나 돌아서 들어오면 바로 골짜기이다."라고 하였다.

이는 그 지세가 얕지도 않고 깊지도 않아서 그윽하고 한가함을 말하는 것이다. 또, "이 세상을 살아가면서 거처는 무릎을 들일 만하면 족하거늘 하필 편액을 달아야 하겠는가? 그러나 사실을 끌어 모아⁴⁹ 편액을 다는 것은 그 아름다움을 과장하고자 하는 것이 아니다. '송(松)' 자는 세밑의 절개⁵⁰에서 취한 것이고 '천(川)' 자는 쉬지 않는다는 뜻에서 취하였다. 소나무에 걸린 달빛이 시내에 가득하여 영롱하게 변해 갈 때 두어 명의 지기(知己)를 맞이하여 술잔을 들어 서로 권하며 노래하고 읊조리노라면 자연스런 정취가 맑게 넘쳐나서 세상에 어떤 즐거움이 이것을 대신할 수 있을

---

46 1888~1962. 본관은 영천(靈川, 현재의 고령), 자는 경일(景一), 호는 응재(凝齋)·단산(丹山)이다. 송호(松湖) 김연(金演)의 10세손으로, 창강(滄江) 김택영(金澤榮)과 심재(深齋) 조긍섭(趙兢燮)의 문하에서 수학하였다. 문집으로 《응재유고(凝齋遺稿)》가 있다.
47 원문의 명미(明媚)는 산수의 경치가 맑고 아름다움이다.
48 원문의 종로(終老)는 만년(晩年), 즉 늘그막을 보내는 것이다.
49 원문의 척실(摭實)은 사실을 뽑아 모은 것이나 사실에 근거함을 뜻한다.
50 원문의 세만지절(歲晩之節)은 한 해가 저물 무렵의 절개란 뜻으로, 《논어(論語)》〈자한(子罕)〉의 "날씨가 차가워진 후에야 소나무와 잣나무가 늦게 시듦을 안다(歲寒然後 知松栢之後凋)."라고 한 데서 유래한 말이다.

지 알지 못한다."라고 하였다. 대개 정자가 있으면 편액이 있지 않을 수 없는데 거처하는 곳과 보는 것에 근거하여, 날이 추워져도 시들지 않는다는 생각과 늙어갈수록 더욱 공교할 수 있다는 뜻을 가탁하였으며 또한 그 운치를 덧붙여 말한 것이다.

이 정자의 기문으로 그대가 뜻한 바를 다하였으니 내가 또 무슨 군말을 더하겠는가? 그러나 어쩔 수 없다면 한마디 입바른 소리를 하고자 한다. 대저 천하의 근심은 스스로를 크다고 여김에 있으니, 이로 인해 그 몸을 망치고 그 집안을 무너뜨리게 된다. 지금 그대가 늘 바라보는 곳에 작은 편액을 단 것은 누웠다 일어났다 하면서 그것을 볼 때마다 항상 부족[51]한 듯이 스스로 작게 여기고자 함이니 대체로 지극히 겸손[52]한 것이다. 겸손이란 덕목은 어디를 가든지 이로움을 받지 않음이 없으나, 이것이 어찌 다만 자기 자신을 잘 지키는 방도일 뿐이겠는가? 장차 대대로 전하여도 아무 폐단이 없을 것이다.

정해년(1947) 원월(元月)[53] 상완(上浣)[54]에 단산(丹山) 영천(靈川)[55] 김상우가 쓰다.

金友正泰君 嘗寓居于高巘山下川前之里 愛其溪山之明媚 爲終老計 而築一窩于居第之傍 其制室二間堂二間也 其位萬松一川之間也 綽然 爲讀書邀朋之所 而署之曰 松川小窩 問其記于予 示以己之所志者 有曰 是里也 疑近於峽 而縱出數步 便是野 疑近於野 而旋入處卽是峽 此言其

---

51 원문의 감연(欿然)은 서운한 모양이란 의미로, 뜻에 차지 않는 모양이다.
52 원문의 겸목(謙牧)은 겸손하게 처신함이다.
53 정월(正月)과 같다.
54 상순(上旬)과 같다.
55 경북 고령(高靈)의 별호이다.

地勢之非淺非深 而幽且閒也 又曰 處斯世 居可容膝 足矣 何必扁之以額
然撫實以扁 非誇美也 松取其歲晚之節 川取其不息之意 而至若松月滿
川 玲瓏宛轉 邀與數三知己 擧酒相屬 歌而又詠 天趣淸溢 不知世間何樂
可以代此 蓋其有窩 則不得不有扁 而據所居所睹 可以托寒後凋之想矣
可以加老益工之意矣 又加以說韻致矣 是窩之記 君之所志悉矣 予又何
贅哉 然無已則有一言題之者 夫天下之患 在於自大 以此而喪其身敗其
家 今君以少額于常目之所 偃仰顧眄之際 恒有欿然自小之意 盖謙牧之
至也 謙之爲德 無往而非受益之道也 此豈但持己之善而已哉 將傳之世
世 而無弊云

丁亥元月上浣 丹山靈川金相宇識

— 송천정(松川亭) 현판(懸板)

· 최현채(崔鉉琛),[56] 〈송천정기(松川亭記)〉

친구 김정태는 우리 무리 중에 좋은 선비이다. 계파(桂坡)[57]의 글씨를 얻어 그의 연거(燕居)[58]에 송천이라는 편액을 달고 내게 기문을 청하였다. 내가 말하기를, "소나무는 산을 지키는 성품을 굳게 하고 시내는 바다로 나아가는 기운을 흐르게 하니, 모두 인자(仁者)와 지자(智者)[59]가 좋아하는

---

[56] 1875~1958. 집청정을 세운 최신기(崔信基, 1673~1737)의 종칠세손(從七世孫)이며, 1932년 집청정을 중건할 때 〈집청정중건기(集淸亭重建記)〉를 지었다.
[57] 일제강점기 경주 지역에서 서예와 거문고 등으로 유명하였던 최윤(崔潤, 1886~1970)의 호(號)이다.
[58] 한가한 거처의 뜻으로, 여기에서는 송천정(松川亭)을 가리킨다.
[59] 이 구절은 《논어(論語)》〈옹야(雍也)〉의 "공자가 말씀하기를, '지자(智者)는 물을 좋아하고, 인자(仁者)는 산을 좋아한다.'라고 하였다(子曰 知者樂水 仁者樂山)."는 대목에 나오는 말이다.

것이다. 이런 까닭으로 고금의 숨은 선비들이 호(號)로써 표방한 것이 소나무나 시내인데, 지금 그것을 합하여 이름 붙인 것은 '경산(景山)의 송백이 꼿꼿함'⁶⁰에서 취한 것인가? '사간(斯干)의 무성함'⁶¹에서 취한 것인가? 〈천보(天保)〉의 '바야흐로 가리킨다'⁶²는 것은 그것이 성대하게 자라남을 헤아릴 수 없음⁶³을 말한 것이고, 몽수(蒙叟)⁶⁴가 관하(灌河)를 말한 것은 그것이 한꺼번에 넘침을 크게 여긴⁶⁵ 것이니, 이것들 중 하나에 근거해 생각해 보면 타당한 설이 있는가?"라고 하였다.

친구가 빙그레 웃으며 말하기를, "바람과 서리에 흔들려 온갖 나무들이 잎을 벗어도⁶⁶ 우뚝하게 서서 시들지 않는 것은 장부의 조절(操節)이고,⁶⁷

---

60 이 구절은 《시경(詩經)》〈상송(商頌)-은무(殷武)〉의 "저 경산에 오르니 송백이 꼿꼿하네. 이에 자르고 이에 옮겨서, 반듯하게 깎아서 이에 바로잡네. 소나무 서까래는 밋밋함이 있고, 여러 기둥에는 굵직함이 있어, 침전이 완성되니 크게 편안하네(陟彼景山 松柏丸丸 是斷是遷 方斲是虔 松桷有梴 旅楹有閑 寢成孔安)."라는 대목에서 차용한 것이다.

61 이 구절은 《시경(詩經)》〈소아(小雅)-사간(斯干)〉의 "줄줄 흐르는 물가와 그윽한 남산. 대나무가 우거지고 소나무가 무성하네. 형과 동생이 서로 사이좋아 서로 시기하는 말이 없네(秩秩斯干 幽幽南山 如竹苞矣 如松茂矣 兄及弟矣 式相好矣 無相猶矣)."라는 대목에서 차용한 것이다.

62 이 구절은 《시경(詩經)》〈소아(小雅)-천보(天保)〉의 "하늘이 그대를 보정케 하니 흥하지 아니함이 없네. 산 같고 언덕 같으며, 산마루 같고 산능선 같네. 냇물이 바야흐로 이르는 것 같아서 불어나지 아니함이 없도다(天保定爾 以莫不興 如山如阜 如岡如陵 如川之方至 以莫不增)."라는 대목에서 차용한 것이다.

63 "그것이 성대하게 자라남을 헤아릴 수 없다(言其盛長之未可量也)."라는 대목은 주자(朱子)의 《시경집전(詩經集傳)》의 해당 구절을 그대로 인용한 것이다.

64 본래 장자(莊子)를 가리키는 말이지만, 그가 지은 《장자(莊子)》를 의미하기도 한다.

65 《장자(莊子)》〈추수(秋水)〉의 원문은 이것과 조금 달라서, "가을의 홍수가 한꺼번에 넘쳐 온갖 강물이 황하로 흘러들자 물의 흐름이 멀리까지 퍼져서 양쪽 강가며 모래톱 둘레를 보아도 소와 말을 분별할 수 없을 정도였다(秋水時至 百川灌河 涇流之大 兩涘渚崖之間 不辯牛馬)."라고 되어 있다.

66 이 구절은 왕유(王維)가 지은 〈춘계문답(春桂問答)〉의 "봄 계수나무에게 묻노니, 도리(桃李)는 바야흐로 꽃이 한창 피어 봄빛이 이르는 곳마다 가득 찬데, 어찌하여 홀로 꽃이 없는가? 봄 계수나무가 답하길, 봄꽃이 능히 얼마나 오래가는가? 바람과 서리에 흔들려 떨어질 때, 홀로 빼어남을 그대는 모르는가?(問春桂 桃李正芬華 年光隨處滿 何事獨無花 春桂答 春華詎能久 風霜搖落時 獨秀君知不)."라는 대목을 원용한 것이다.

근원에서 생기 있는 물이 세차게 멀리 흘러서[68] 더러운 찌꺼기를 붙이지 않는 것은 선비의 염릉(廉稜)[69]이네. 따뜻한 봄과 시원한 가을, 달이 하늘 높이 올라 만뢰(萬籟)[70]가 모두 고요할 때에 난간에 기대어 고요히 앉으면 소나무 그림자가 뜰에 있어 황홀하기가 마치 도정절(陶靖節)[71]이 소나무를 어루만지는 것 같고,[72] 시냇물 소리가 방으로 들어올 때에 우리 공자께서 시내에 서 계신 것[73]을 상상하면, 마치 내가 유하(游夏)[74]의 뒤를 따라 성인(聖人)의 좌우에 있는 것 같기 때문이네."라고 하였다.

내가 일어나 옷깃을 여미며 말하기를, "그대는 이루었구려. 원량(元亮)[75]은 진(晉)나라의 징사(徵士)[76]로서 전오(典午)[77]의 말기에 오호(五胡)[78]가 중

---

67 이 구절은 《논어(論語)》〈자한(子罕)〉의 "날씨가 추워진 후에야 송백이 늦게 시듦을 알 수 있다(歲寒然後知松柏之後凋也)."는 대목을 원용한 것이다.
68 이 구절은 주자(朱子)의 시 〈관서유감(觀書有感)〉 제1수의 "반묘(半畝)의 네모난 연못이 한 개의 거울처럼 열렸는데, 하늘빛과 구름 그림자가 함께 배회하네. 묻노니 저것은 어찌하여 이처럼 맑은가? 근원에서 활수가 흘러나옴이 있기 때문이라네(半畝方塘一鑑開 天光雲影共徘徊 問渠那得淸如許 爲有源頭活水來)."라는 대목을 차용한 것이다.
69 청렴하고 곧음.
70 천뢰(天籟)·지뢰(地籟)·인뢰(人籟)가 합쳐진 만물의 모든 소리를 가리킨다.
71 도연명(陶淵明)을 가리킨다. 정절은 그의 시호(諡號)이다.
72 이 구절은 도연명(陶淵明)이 지은 〈귀거래사(歸去來辭)〉의 "저녁 빛이 어두워지며 서산에 해가 지려 하는데, 나는 외로운 소나무를 어루만지며 서성이고 있네(影翳翳以將入 撫孤松而盤桓)."라는 대목을 변용한 것이다.
73 이 구절은 《논어(論語)》〈자한(子罕)〉의 "공자가 냇가에서 말씀하기를, '가는 것이 이와 같구나. 밤낮없이 쉬지 않는구나(子在川上曰 逝者如斯夫 不舍晝夜)."라는 대목을 변용한 것이다.
74 공자(孔子)의 제자 중 자유(子游)와 자하(子夏)를 가리킨다. 이들은 모두 문장에 뛰어났던 인물이다.
75 도연명(陶淵明)의 자(字)이다.
76 학식과 덕행(德行), 혹은 절행(節行)이 뛰어난 산림(山林)의 유일(遺逸)로서 천거되어 조정에 나온 선비를 가리킨다.
77 중국 진(晉)나라를 가리킨다. 전(典)은 관장한다는 뜻으로 사(司)와 같고, 오(午)는 십이지(十二支) 중 말[馬]에 해당하므로 진나라의 국성(國姓)인 사마(司馬)가 된다.
78 중국의 동한(東漢)에서 남북조시대에 이르기까지 서북방으로부터 중국 본토에 이주한 다섯 민족인 흉노(匈奴)·갈(羯)·선비(鮮卑)·저(氐)·강(羌)을 가리킨다.

화(中華)를 어지럽혔으나 역성혁명이 일어난 상황에도 절개를 온전히 하여 문사(文詞)에 원망하고 탓하는 병통이 없었으니 그 현명함은 가히 스승으로 삼을 만하고, 공자는 만세의 스승이지만 또 한 번 핀 꽃에 생각이 많으셨으니 만약 이로써 본다면 사물에 닿아 감흥이 일어난 것이다. 그러므로 옛사람이 국과 담[79]에서 요순(堯舜)을 보았는데, 하물며 물[水]은 성인께서도 탄미한 것이니 국과 담에 비할 바가 아닐 것이오. 이 정자에 거처하면서 성인의 글을 읽고 성인의 도를 구한다면 도가 어찌 밖에 있겠는가? 동자(董子)[80]가 말한 '도의 큰 근원은 하늘에서 나온다.'는 것은 이륜(彛倫)[81]을 말한 것이니, 어버이에게 효도하는 마음으로 자식을 사랑하고 형제와 우애하는 뜻으로 친척과 화목하고 친척과 화목한 도리를 이웃과 마을에까지 미치게 한다면 성인의 도는 그대 칠 척 몸에 갖추어질 것이다. 저 세도(世道)의 오르내림 따위는 모두 강호(江湖)에 붙여 두고 자신의 평소 행실을 닦는다면 비둔(肥遯)[82]이 절로 편안하여 느긋하게 시냇가에서 기다려도 늦지 않을 것이다. 친구는 힘쓰시게나."라고 하였다.

기축년(1949)[83] 유두절[84]에 서암(棲巖) 월성(月城) 최현채(崔鉉琛)가 쓰다.

---

79 원문 갱장(羹墻)은 국과 담으로, 경모(敬慕)하고 추념(追念)함을 이르는 말이다. 《후한서(後漢書)》〈이고전(李固傳)〉에 "옛날 요(堯)임금이 죽은 뒤에 순(舜)임금이 3년 동안 사모하여, 앉았을 적에는 요임금이 담에서 보이고 밥 먹을 적에는 요임금이 국에서 보였다(昔堯殂之後 舜仰慕三年 坐則見堯於牆 食則覩堯於羹)."라는 대목이 있다.
80 중국 전한(前漢)의 유학자인 동중서(董仲舒, B.C. 176~B.C.104)를 가리킨다.
81 사람으로서 떳떳하게 지켜야 할 도리.
82 《주역(周易)》〈천산둔(天山遯)〉괘 상구(上九)의 효사(爻辭)에 나오는 말이다. "상구는 여유 있는 물러남이니 이롭지 않음이 없다(上九 肥遯 無不利)." 또 〈소상(小象)〉에서는 "여유 있는 물러남이니 이롭지 않음이 없는 것은 의심할 바가 없다(肥遯無不利 無所疑也)."라고 하였다.
83 원문의 도유적분약(屠維赤奮若)은 고갑자(古甲子)로, 기축(己丑)을 가리킨다.
84 우리나라 명절의 하나로, 음력 6월 15일이다.

金友正泰 吾黨之善士也 得桂坡之筆 而顔其燕居曰 松川 問記於余 余曰 松固守山之性 川流赴海之氣 皆仁智者樂也 是故 古今逸士之以號標榜者 或松或川 而今合而名之之義 取景山之丸歟 斯干之茂歟 天保之方至 言其盛長之未可量也 蒙叟之言灌河 大其時至之涇流也 想居一於此 而有其說歟 金友迫然而笑曰 風霜搖落 萬木葉脫 而亭亭不凋者 丈夫之操節也 源頭活水 滾滾長流 而不着滓穢者 士子之廉稜也 至若春暖秋凉 月到天心 萬籟俱寂之際 憑軒靜坐 則松陰在庭 怡若陶靖節之撫孤 川響入戶 想像吾夫子之在川 則此身如從游夏之后 而左右之於先聖也 余起而斂衽曰 吾子得之矣 元亮晋之徵士 典午之末 五胡亂華 而養高全節 於易姓之際 文詞不帶怨尤之病 其賢可師 夫子爲萬世師 亦一度花 悠悠我思 若或見之 觸物起感 故古人有見堯舜於羹墻 況乎水哉之物 聖人所歎美 則非羹墻之比也 居是亭而讀聖書求聖道 則道豈在外哉 董子曰 道之大源 出於天者 彝倫之謂也 以孝親之心愛子 友弟之義睦族 睦族之道推及隣里鄕黨 則聖人之道 備君七尺 若夫世道之汚隆 一付之江湖 而行吾素履 肥遯自靖 留待遲遲澗畔 爲未晚也 金君勉之哉

屠維赤奮若 流頭節 棲巖月城崔鉉琜記

— 송천정(松川亭) 현판(懸板)

3. 시(詩)

· 김정태(金正泰), 〈송천십경(松川十景)〉

안병산(案屛山)

몇 줄기 산 병풍에 푸른빛 그림이 들어오니
봄꽃과 가을 달에 새 지저귀는 소리가 들리네.
푸른 솔은 이미 늙고 기름진 풀 많으니
구름 희고 파릇한 산에 새끼 염소를 풀어놓네.

數笏山屛翠入圖 春花秋月聞禽嘈
蒼松已老多腴草 雲白山靑放子羔

용두봉(龍頭峰)

여러 봉우리가 아래로 달리다 용머리로 솟으니
하늘과 땅의 신령함이 신비스럽게 이곳에 머무네.
곳곳의 구름과 안개가 밤낮으로 깊어
옥련담(玉蓮潭) 위로 가득히 잠겼다가 떠오르네.

羣峰走下出龍頭 天地神靈秘此留
在處雲烟深日夜 玉蓮潭上物潛浮

옥련담(玉蓮潭)

용두봉 아래의 옥련담에는
천년토록 거슬러 오른 푸른 기운이 떠 있네.
속세의 자연은 즐거운 바가 무엇인가?
아침마다 갓끈 씻는 사내를 자주 보네.

龍頭峰下玉蓮潭 千載溯洄翠泛嵐
塵世林泉何所樂 朝朝頻見濯纓男

탄금대(彈琴臺)

이리저리 거닐다가 홀로 탄금대에 앉으니
흐르는 물과 푸른 산이 점차 들어오네.
아홉 굽이 시냇가는 깊고도 우뚝한데
약속한 학이 한바탕 소리 지르며 날아올라 배회하네.

逍遙獨坐彈琴臺 流水靑山轉入來
九曲溪上深且屹 一聲盟鶴上徘徊

칠성대(七星臺)

층진 바위가 높다랗게 하늘에 솟았는데
끊어진 벼랑의 푸른 솔이 오작교(烏鵲橋)에 기대었네.

대 아래 물은 달빛 속에서 북두성을 돌리는데
맑은 하늘은 담담하게 거니는 사람을 비추네.

層巖嶙嶙出雲霄 絶壁蒼松倚鵲橋
斗轉月中臺下水 晴空淡淡照人遙

월은봉(月隱峰)

월은봉의 높은 나무가 동쪽 하늘을 찌르니
빛이 무성한 데 들어가서 높은 산이 은은하네.
천지가 차고 비는 이치를 모두 살피며
소나무 단(壇)에 홀로 앉아 월궁(月宮)을 바라보네.

月峰高樹揷天東 映入扶疎隱隱崧
天地盈虛窮臏理 松壇獨坐望瑤宮

일출봉(日出峰)

천지가 개벽하고 산이 처음 개더니
고요한 밝은 빛이 우주를 밝히네.
봉우리 아래 맑은 못에 깊고 은은하게 비치니
푸른 벼랑에는 붉은 노을이 둘러 있네.

天開地闢嶽初晴 淡淡昶光宇宙明

峰下澄潭潭隱映 蒼厓翠壁紫霞縈

비학봉(飛鶴峰)

천년의 영험한 땅이 학으로 화(化)하니
금강산(金剛山)의 한 줄기가 떨어져서 감싸네.
흰 구름과 높은 나무가 길이 깃들인 땅이거니
저녁에 보니 앉아서 술잔을 올리는 듯하네.

千載靈區化鶴來 金剛一脉落而廻
白雲高樹長棲地 日夕看如坐揖杯

향로봉(香爐峰)

우뚝한 향로봉이 마치 항아리를 앉힌 듯한데
옛날 장사(壯士)라도 힘으로는 들 수 없네.
아껴서 보고 또 지어서 읊조리노라니
저녁달과 아침 연기가 늘 창문을 마주하네.

突兀香峰坐似缸 古人壯士力無扛
愛而看又題而詠 夕月朝烟每對窓

소산지(蘇山池)

경주⁸⁵의 남쪽 언덕을 소산(蘇山)이라 부르니
옛 나라 서라벌(徐羅伐)을 이 사이에 세웠다네.
평소⁸⁶에 세상일 잊은 이를 낚시꾼이라 부르는데
물고기 낚을 줄도 모르면서 돌아올 줄 모르네.

東都南畔道蘇山 舊國徐羅設此間
鎭日忘機名以釣 不知魚釣不知還

— 송천정(松川亭) 시판(詩板)

· 김정태(金正泰), 〈송천정원운(松川亭原韻)〉

소산(蘇山)[87]의 남쪽 기슭에 사정(沙汀)[88]이 있는데
물가에는 푸른 소나무가 있고 소나무 아래에는 정자로다.
별업(別業)[89]에서 때때로 어부를 따라 피리를 불고
평소 아침에는 들로 나가 농부처럼 일을 하네.
졸렬한 계책이지만 집을 지으며 고생함을 누가 아는가?

---

85 원문의 동도(東都)는 경주(慶州)를 가리킨다.
86 원문의 진일(鎭日)은 평소·평상시라는 뜻이다.
87 울산광역시 울주군 두서면 서하리에 있는 산으로, 봉수대가 있었다. 《신증동국여지승람(新增東國輿地勝覽)》〈경주부(慶州府)-봉수(烽燧)〉조에 "남쪽으로 삼남면의 부로산봉수대에 응하고 북으로는 경주시 내남면의 고위산봉수대에 응한다."라고 하였다. 지금은 폐허가 되어 안동권씨 집안의 분묘가 들어서 있으며, 그 둘레에는 옛 돌담의 흔적과 봉수꾼들이 사용하였을 것으로 추정되는 우물이 남아 있다.
88 모래강변[沙渚]의 뜻이다.
89 본집 외에 경치 좋은 곳에 따로 장만한 집으로, 별장(別莊)과 같다.

마음을 한데 모아 경전을 다시 읽고 싶네.
음풍농월(吟風弄月)은 여분의 일이고
아이 가르치고 쇄소(灑掃)하노라면 뜰에 손님이 가득하네.

蘇山南畔有沙汀 汀上蒼松松下亭
別業時從漁子簑 生涯朝出老農坰
誰知拙計勞拱築 更欲收心讀典經
弄月謳風餘外事 課兒灑掃客盈庭

— 송천정(松川亭) 시판(詩板)

· 박영건(朴榮鍵),[90] 〈차운하다(次韻)〉

물은 송천(松川)에 그득하고 달빛은 물가에 가득한데
뜬 티끌 없어진 곳에 정자 하나가 높네.
밤에 돌아오면 시서(詩書)의 문집을 많이 읽고
아침에 나가면 보리와 기장 밭을 깊이 가네.
후세에 남길 어진 모범은 천세에 남을 테고
지금까지 이룬 사업은 십 년이 경과했네.
내 일찍이 벗을 찾아 그 집을 보았더니
보배로운 나무의 가지마다 푸른빛이 뜰에 비치었네.

水滿松川月滿汀 浮埃遞絶一高亭
夜歸多讀詩書集 朝出深耕麥稷坰

---

[90] 1879~1958. 울산 출신의 문인. 본관은 흥려(興麗), 자는 인세(仁世), 호는 도릉(桃陵)이다.

遺後仁模千世及 至今成事十年經
吾曾訪友觀其室 寶樹枝枝綠暎庭

― 송천정(松川亭) 시판(詩板)

· 이장훈(李章勳),[91] 〈차운하다(次韻)〉

수많은 소나무가 주변을 감싸고 한 그루 버들이 물가에 있어서
청한하고 높은 절조가 숲속 정자에 흩어져 있네.
아침에는 주렴 밖으로 파릇한 아지랑이 낀 숲이 보이고
저녁에는 처마 앞으로 푸른 벼가 있는 들판이 들어오네.
친척과 벗이 올 때는 좋은 술을 자주 마시고
아이와 손자가 많은 날에는 경전 외는 소리를 기쁘게 듣네.
좋은 밤에 갠 달을 핑계 삼아 앉아 있노라니
오동나무는 거문고 마음을 품고 대나무는 뜰을 쓰네.

松萬周圍柳一汀 淸寒高操放林亭
朝看簾外蒼嵐藪 暮把軒前碧稻坰
親友來時頻酹酒 兒孫多日喜聽經
良宵霽月憑延坐 梧帶琴心竹掃庭

― 송천정(松川亭) 시판(詩板)

---

[91] 1880~?. 울산 출신 문인. 본관은 영양(永陽), 자는 윤선(允善), 호는 호은(湖隱)이다.

• 박일건(朴一鍵),[92] 〈차운하다(次韻)〉

소나무는 시냇가 돌에 서려 있고 돌은 물가를 둘렀는데
단장(丹粧)[93]한 초정(草亭) 한 채가 청신하고 기이하네.
마음은 분화[94]함을 싫어하여 오래 문을 닫고
즐거움은 운목(耘牧)[95]에 깊어서 요사이 벌판을 통행하네.
통에 가득한 술로 벗과 수작(酬酌)하고 친족과 어울리고
책상에 쌓인 경서로 아들을 가르치고 손자를 시험하네.
그 속의 참된 취락(趣樂)과 맛을 누가 아는가?
달 밝은 뜰에서 거문고를 연주하도록 허락받았네.

松盤川石石縈汀 粧點淸奇一草亭
志厭紛華長閉戶 樂深耘牧近通坰
酬朋叙族樽盈酒 敎子課孫案貯經
誰識箇中眞趣味 彈琴然諾月明庭

— 송천정(松川亭) 시판(詩板)

• 이현락(李玄洛),[96] 〈차운하다(次韻)〉

---

92 1884~?. 울산 출신의 문인. 본관은 흥려(興麗), 자는 문서(文瑞), 호는 수강(守岡)이다. 병사공(兵使公) 박이명(朴而明)의 후손이다.
93 원문의 장점(粧點)은 단장(丹粧)함이다.
94 원문의 분화(紛華)는 번잡하고 화려함이다.
95 김을 매고 가축을 기르는 것.
96 1882~1951. 울산 출신의 문인. 본관은 학성(鶴城), 자는 진백(振伯), 호는 운초(雲樵)이다. 울산 출신의 의병장 제월당(霽月堂) 이경연(李景淵)의 후손이다. 후송(後松) 이정효(李廷孝, 1832~1917)의 문하에서 수학하였다.

고헌산(高巘山) 북쪽의 두동천(斗東川) 물가에
이름난 지역을 단장하여 정자 하나를 세웠네.
숲속의 달빛이 주렴을 뚫으니 창은 산봉우리에 가깝고
벼 향기가 베개에 가득하니 난간은 들판을 엿보네.
늘그막[97]의 흥취는 시 속의 술이고
후세에 남길 계책은 책상 위 경전이네.
주인 노인의 청한한 뜻을 증명하려고 하는 듯이
앞마당에 굳센 소나무가 울창하게 서 있네.

巘山之北斗川汀 粧點名區起一亭
林月透簾窓近岫 稻香撲枕檻窺坰
殘年興致詩中酒 繼世裕謨案上經
欲證主翁淸閑意 勁松蒼鬱立前庭

— 송천정(松川亭) 시판(詩板)

· 최장식(崔章植),[98] 〈차운하다(次韻)〉

장천(長川) 서쪽 기슭 고헌산(高巘山)[99] 남쪽 물가에
한가한 늙은이 한 분이 정자 한 채를 세웠네.
돌을 포개어 담장을 쌓으니 담장 아래가 국화이고

---
97 원문의 잔년(殘年)은 여생(餘生)·늘그막의 뜻이다.
98 1885~?. 울산 출신의 문인. 본관은 월성(月城), 자는 기욱(基昱), 호는 의산(宜山)이다. 울산 출신 의병장 정무공(貞武公) 최진립(崔震立)의 후손이며, 도와(陶窩) 최남복(崔南復)의 6세손이다.
99 지리상으로 보아 소산(蘇山)의 착오인 듯하다.

마당을 쪼개어 채마밭을 만드니 채마밭 옆이 들판이네.
손님을 맞이할 좋은 약속으로 술통에 술이 가득하고
자식을 가르칠 깊은 계책으로 책상에 경전이 쌓여 있네.
물에서 낚시하고 산에서 경작하며 틈나는 한가한 날에는
붉은 매화 핀 창가에서 황정경(黃庭經)¹⁰⁰을 읽네.

長川西畔巘南汀 有一閒翁起一亭
累石爲墻墻下菊 割場成圃圃連坰
迎賓好約樽盈酒 敎子深謨案積經
釣水耕山餘暇日 紅梅窓上讀黃庭

— 송천정(松川亭) 시판(詩板)

・이재락(李在洛),¹⁰¹ 〈차운하다(次韻)〉

치술령(鴟述嶺) 서쪽의 장천(障川) 물가에
황량한 언덕을 개척하여 새 정자를 세웠네.
주섭(周燮)¹⁰²의 동강(東岡)¹⁰³처럼 가업을 지키고
자진(子眞)¹⁰⁴의 곡구(谷口) 같은 들판을 경작하네.

---

100 도교(道敎) 경전의 통칭. 도가에서 말하는 양생(養生)의 글이 여러 편 있었는데 황정경 1편만 남아 전한다고 한다. 또한, 황정경은 노자황정경(老子黃庭經)의 준말로서, 도교(道敎)의 경서를 지칭하기도 한다.
101 1886~1960. 울산 출신의 문인이며 독립운동가이다. 본관은 학성(鶴城), 자는 선칠(璇七), 호는 강석(江石)이다.
102 원문의 주섭(朱燮)은 주섭(周燮)의 오기(誤記)이다.
103 동쪽의 산언덕으로, 세상을 마다하고 은둔하는 곳을 뜻한다. 《후한서(後漢書)》〈주섭전(周燮傳)〉에, "선세(先世) 이후로 국가에 대한 공로와 임금의 은총으로 대를 이어 왔는데, 어찌하여 그대는 혼자 동강(東岡)의 언덕만을 지키려고 하는가?"라고 하였다.

대숲 길에는 때때로 오는 손님을 맞는 깃대를 세우고
관솔 등불로 밤에 옛사람의 경전을 읽네.
그 속에서 자연스러운 취향을 마음껏 누리니[105]
가을에는 차가운 못에 달빛이 비치고 봄에는 뜰에 풀이 돋네.

鴉鵝嶺西障水汀 荒坡開拓起新亭
守如朱爕東岡業 耕有子眞谷口坰
竹逕時迎來客旆 松燈夜讀古人經
箇中領得天然趣 秋月寒潭春草庭

— 송천정(松川亭) 시판(詩板)

· 이곤녕(李坤寧),[106] 〈차운하다(次韻)〉

고헌산(高巚山) 동쪽 기슭의 들녘에는 물이 휘도는데
별업(別業)인 솔숲 속의 집은 물가의 정자로다.
담소를 나누려고 손님을 맞이하는 죽경(竹逕)을 열어 놓고
한가함을 없애려고 약초를 심어 운초(芸草)[107] 밭을 손질하네.
가정에는 여덟 식구를 거느려 삼대(三代)를 잇고
책상에는 천금보다 소중한 경전 한 권이 놓여 있네.
이진(利塵)[108]과 명망(名網)[109]을 외면하고

---

104 중국 한(漢)나라 정박(鄭樸)의 호. 성제(成帝) 때 대장군 왕봉(王鳳)의 초빙에 응하지 않은 채 곡구(谷口)에 집을 짓고 살면서 곡구자진(谷口子眞)이라고 호를 지은 후 수묵(守黙)하며 수도(修道)하였다. 정자진(鄭子眞)으로 널리 알려졌다.
105 원문의 영득(領得)은 차지하여 마음껏 누림이다.
106 1887~?. 본관은 연안(延安), 자는 긍부(兢夫), 호는 우전(雨田)이다.
107 운(芸)은 향초의 이름이다.

시(詩)와 예(禮)를 전해 오는 오래된 가문이네.

巘山東畔野廻汀 別業松窩傍水亭
笑語邀賓開竹逕 閒消種藥理芸坰
家將八口綿三世 案重千金貯一經
有是利塵名網外 傳來詩禮舊門庭

― 송천정(松川亭) 시판(詩板)

· 양달휘(楊達輝),¹¹⁰ 〈차운하다(次韻)〉

산이 둘러지고 길이 굽은 푸른 시냇가에
십 년 동안 재산 모아 정자 한 채를 세웠네.
사립문 밖의 꽃과 숲은 수면에 떠 있고
처마 위의 바람과 달은 마을 들녘을 에워싸네.
반평생의 즐거움은 통에 가득 찬 술이고
백세의 깊은 맹세는 책상에 쌓인 경전이네.
여기에 거처하는 영손(令孫)¹¹¹이 대를 이어 고치면
뛰어난 시인과 굳건한 문장가가 매일 뜰에서 달리리라.

山回路轉碧溪汀 十載鳩財起一亭
戶外花林浮水面 軒頭風月繞村坰

---

108 이익의 티끌로, 명리를 위해 부지런히 쫓아다니는 모양을 비유한다.
109 명성을 추구하는 그물, 곧 명예의 덫을 가리킨다.
110 1884~?. 울산 출신의 문인. 본관은 청주(淸州), 호는 동포(東圃)이다.
111 남의 손자를 높여 부르는 말.

半年行樂樽盈酒 百世深盟案貯經
爰處令孫嗣以葺 雄詩健筆日趍庭

— 송천정(松川亭) 시판(詩板)

· 김상우(金相宇), 〈차운하다(次韻)〉

연화산(蓮花山) 아래 물가에
소쇄(瀟灑)¹¹²한 초정(草亭) 하나 높이 서 있네.
긴 세월에 천석(泉石)은 고질병¹¹³이 되었는데
몇 이랑의 상마(桑麻) 밭을 교외 들판에 만들었네.
중장통(仲長統)¹¹⁴이 좋은 벗과 술판을 벌일 만하고
또 위현(韋賢)¹¹⁵이 아들을 가르친 경전이 있네.
늘 아무것도 없는 속에서 사물이 생긴 뜻을 주목하여
풀과 나무를 없애지 않고 뜰에 살도록 하네.

---

112 기운이 맑고 깨끗함.
113 원문의 천석(泉石)은 물과 돌로 이루어진 자연의 경치를 말함. 자연을 사랑하는 마음이 고질병처럼 깊음을 비유하는 말을 천석고황(泉石膏肓)이라 한다.
114 179~219. 중국 후한(後漢) 때 사람으로 자는 공리(公理)이다. 그는 〈낙지론(樂志論)〉에서, "거주하는 곳에 좋은 토지와 넓은 집이 산을 등지고 물가에 임하여 도랑과 연못이 빙 둘러 있고 대와 나무들이 두루 벌려 있으며 채소밭이 앞에 마련되어 있고 과원이 뒤에 세워져 있다(使居有良田廣宅 背山臨流 溝池環匝 竹木周布 場圃築前 果園樹後)."라고 하였다.
115 B.C. 142~B.C. 61. 중국 전한(前漢)의 재상으로 아들인 위현성(韋玄成)과 평당(平當)·평안(平晏) 부자가 모두 재상을 지냈다. 《한서(漢書)》 권73 〈위현전(韋賢傳)〉에 위현의 넷째 아들인 현성이 명경(明經)으로 승상에까지 오르자, 추로(鄒魯)에서 "자식에게 대바구니에 가득한 황금을 남겨주는 것이 경서 하나만 못하네(子黃金滿籝 不如一經)."라고 하였다.

蓮花山下水之汀 蕭洒高臨草一亭
泉石百年爲痼癖 桑麻數畝闢郊坰
可陳長統良朋酒 又有韋賢敎子經
常目虛無生物意 不除卉木許于庭

— 송천정(松川亭) 시판(詩板)

· 이동진(李東璡),[116] 〈차운하다(次韻)〉

천석(泉石)은 그대로인데[117] 작은 물가를 다듬어
늘그막에 깃들어 살려고 정자를 세웠네.
봄에는 사립문의 짙은 숲에 새소리가 많아지고
저녁에는 들판의 익는 벼에 농사 이야기가 어우러지네.
궁벽한 곳의 산수(山水)는 성정(性情)을 기르기에 적합하고
정신을 맑게 하는 궤안(几案)은 경전을 갈무리할 만하네.
이 사이의 맑고 한가한 뜻을 누가 아는가?
바람 부는 처마 밑에 취해 누우니 뜰에 달빛이 가득하네.

泉石居然闢小汀 晚年棲息起斯亭
春多鳥語林濃戶 夕和農談秔熟坰
僻在烟霞宜養性 神淸几案可藏經

---

116 1888~1950. 울산 출신의 문인. 본관은 학성(鶴城), 보명(譜名)은 수원(樹元), 자는 춘경(春卿), 호는 운산(雲山)이다. 1939년 6대조 광훈(光勳)을 추모하는 경재정(敬梓亭) 창건 때 제호(題號)하고 기문(記文)을 썼다.

117 원문의 거연(居然)은 편안한 모양이다. 즉 사물에 동(動)하지 아니하는 모양이나 앉아서 꼼짝하지 않는 모양이다.

此間誰識淸閑意 醉臥風簷月滿庭

― 송천정(松川亭) 시판(詩板)

· 박맹진(朴孟鎭),[118] 〈차운하다(次韻)〉

장수(藏修)[119]하는 높은 발자취의 물가를 벗어나니
늙은 소나무와 맑은 시내에 정자가 조용하네.
소나무 사이에는 한 줄기의 꽃을 구경하는 길이요
시냇가에는 셋으로 나뉜 약초 씨 뿌린 밭이네.
여러 해 동안 약초를 심고 아울러 침을 놓으며
한가한 날에는 꽃을 보고 또 경전을 보네.
심고 보는 것이 장수하는 일에서 특별하지는 않지만
높은 발자취는 본디 뜰을 벗어나지 않네.

藏修卓躅脫澆汀 松老川晴澹澹亭
松間一抹看花路 川上三分種藥坰
種藥多年兼種石 看花暇日又看經
種看非特藏修事 卓躅元來不出庭

― 송천정(松川亭) 시판(詩板)

---

118 1895~?. 울산 출신의 문인. 본관은 밀양(密陽), 자는 내언(乃彦), 호는 아정(亞汀)이다. 송천정에 걸려 있는 역열헌(亦悅軒) 현판의 글씨를 썼다.
119 글을 읽고 배움에 노력함, 즉 학문을 배우고 익힘이다.

· 윤세병(尹世炳),[120] 〈차운하다(次韻)〉

열두 개 봉우리[121]와 아홉 굽이 물가에
높은 정자가 날아갈 듯이 솟아 푸르게 떠 있네.
창문 너머의 구름 기운[122]은 연꽃 줄기[123]에서 생겨나고
장막을 걷으니 황금 빛깔[124]은 벼 들판에서 떠오르네.
나그네는 지팡이를 놓고 한 수 읊조리는 것이 마땅하거늘
주인 노인은 도를 좋아하여 삼경(三經)에 주(註)를 다네.
대대로 이어 오는 맑은 풍표(風標)가 가범(家範)으로 전하니
대나무의 나부낌과 난초의 향기가 또 뜰에 가득하네.

六里峯巒九曲汀 翼然浮碧出高亭
隔窓雲氣生荷楬 捲幔金光挹稻坰
遊子放筇宜一詠 主翁好道註三經
清風百世傳家範 竹斐蘭芬又滿庭

— 송천정(松川亭) 시판(詩板)

---

120 1879~?. 부산 출신의 문인. 본관은 파평(坡平), 호는 해창(海菖)이다.
121 원문의 육리(六里)는 육첩(六疊)의 오기(誤記)인 듯하다. 6이 겹쳤으므로 육첩만봉(六疊峯巒)은 열두 봉우리를 나타낸다.
122 원문의 운기(雲氣)는 기상이 달라짐에 따라 구름이 움직이는 모양이다.
123 원문의 하갈(荷楬)은 연꽃 줄기이다.
124 금광(金光)은 금빛으로, 들판의 벼가 누렇게 익은 모습을 가리킨다.

· 이정혁(李正赫),[125] 〈차운하다(次韻)〉

아득히[126] 새집은 옛 물가를 누르는데
모래펄 언덕에는 소나무와 잣나무가 꼿꼿하게 서 있네.
돌아 흐르는 물은 천년의 터를 안고
넓고 편평한 산은 십 리 들판을 품었네.
나갈 때면 손자 아이가 있어 지팡이와 나막신을 들고 있고
돌아오면 심경(心經)[127]을 외는 친구와 어울리네.
봄 난초와 가을 국화 시절에 함께 어울리는데
시는 술동이 앞에 그득하고 달빛은 뜰에 가득하네.

縹緲新軒壓古汀 汀頭松栢立亭亭
洄流水抱千年坵 平遠山含十里坰
出有兒孫持杖屐 歸從賓友講心經
春蘭秋菊甘甞日 詩滿樽前月滿庭

― 송천정(松川亭) 시판(詩板)

---

[125] 1871~1952. 울산 출신의 문인. 본관은 청안(清安), 호는 일봉(一峯)이다. 선무원종공신(宣武原從功臣) 퇴사재(退思齋) 이응춘(李應春, 1540~1594)의 후손이며 구린(龜隣) 이용필(李容秘, 1849~1906)의 아들이다. 회당(晦堂) 장석영(張錫英)의 문하에서 수학하였다.
[126] 원문의 표묘(縹緲)는 어렴풋하여 뚜렷하지 않은 모양이다.
[127] 중국 송(宋)의 진덕수(眞德秀)가 경전과 도학자들의 저술에서 심성 수양에 관한 격언을 모아 편집한 책.

• 최현채(崔鉉埰),[128] 〈차운하다(次韻)〉

소쇄(瀟洒)[129]한 높은 난간이 모래톱에 우뚝한데
송곡(松谷) 친구가 제멋대로 노는[130] 정자라네.
편안한 아내는 구름 깊은 산에서 약초를 캐고
건장한 노비는 물 가까운 들판에서 부지런히 쟁기질하네
늙어 가니 후손에게 남길 계책도 다 없어지고
한가로우니 읽지 못한 경전을 다시 읽네.
공리(公理)의 산양(山陽)[131]이 이곳인가 싶어
지초와 난초, 회화나무[132]를 뜰에 가득 심었네.

危欄蕭洒出沙汀 松谷友生曳尾亭
逸妻採藥雲深岫 健奴勤耒水近坰
老去都消貽後策 閑來更讀未曾經
公理山陽疑此地 芝蘭玉樹滿栽庭

— 송천정(松川亭) 시판(詩板)

---

[128] 1875~1958. 경주 출신의 문인. 호는 서암(棲巖)이다. 1713년(숙종 39)에 처음으로 집청정을 세운 최신기(崔信基, 1673~1737)의 종칠세손(從七世孫)이다.
[129] 기운이 맑고 깨끗함.
[130] 원문의 예미(曳尾)는 꼬리를 이리저리 끄는 것으로, 벼슬 때문에 남에게 속박되기보다는 가난하더라도 집에서 편안히 사는 편이 나음을 비유한다. 《장자(莊子)》〈추수(秋水)〉에 초(楚)나라 임금이 장자에게 벼슬을 권하자 그가 거북은 죽어서 등딱지가 거북점을 치는 데 쓰여 신귀(神龜)로서 존중되기보다는, "비록 진흙 속에 꼬리를 끌고 있더라도 살아 있기를 바랄 것입니다(寧其死爲留骨而貴乎寧其生而曳尾塗中乎)."라고 말하였다.
[131] 공리(公理)는 중국 후한(後漢) 때 사람 중장통(仲長統, 179~220). 자이고, 산양(山陽)은 공리의 고향이다. 중장통은 어려서부터 학문을 좋아하고 문사(文辭)에 능하였으며, 직언(直言)을 즐겨 당시 사람들이 광생(狂生)이라 부를 정도로 비판 정신이 투철하였다. 저서가 적지 않았으나 지금은 〈낙지론(樂地論)〉 등 몇 개의 일문(逸文)만 남아 있다.
[132] 원문의 옥수(玉樹)는 옥처럼 아름다운 나무로, 회화나무를 가리킨다.

• 이우락(李宇洛),[133] 〈차운하다(次韻)〉

돌 희고 사초(莎草)[134] 푸른 한 작은 물가에
몇 칸짜리 소쇄(瀟洒)한 새 정자를 세웠네.
시내를 거슬러 올라가면 온갖 굽이에 진경(眞境)이 펼쳐지고
우물을 함께 쓰는 세 이웃이 비옥한 농토에 싸여 있네.
한가로운 마을은 이제 풍월주인이 되었고
맑은 책상에는 오직 성현의 경서만 쌓여 있네.
주인에게 물으니, 즐거움이 손님과 술, 한가로움에 있다고 하고
웃으며 뜰에 가득 심은 뭇 꽃들을 가리키네.

白石靑莎一小汀 數間蕭洒立新亭
緣溪百曲開眞境 同井三隣繞沃坰
閒社今爲風月主 淸兀惟積聖賢經
問翁樂在賓樽暇 笑指羣芳種滿庭

— 송천정(松川亭) 시판(詩板)

---

[133] 1875~1951. 울산 출신의 독립운동가. 본관은 학성이며 성균관 생원 이승혁(李升赫)의 후손이다. 시부(詩賦)와 경사(經史)에 통달하였고 서숙(書塾)을 세워 많은 문하생을 배출하였다. 1919년 '파리장서(巴里長書)'에 서명하였으며, 1919년의 파리장서사건과 1926년의 제2차 유림단사건(儒林團事件)으로 큰 고초를 겪었다. 1967년 간행한 문집 《가산집(可山集)》이 있다.
[134] 온대 지방 이상의 습지에서 자생하는 여러해살이풀로 땅속줄기가 있다. 열대에서 한대까지 건조한 바위틈에서 습지에 이르기까지 널리 분포하지만, 특히 온대 지방 이상의 습지에서 자란다. 줄기는 세모지며 속이 차 있고, 잎은 주로 뿌리에서 돋는다. 밑동의 잎집은 대부분 갈색이거나 자줏빛을 띤 갈색이다.

• 이중구(李仲久),¹³⁵ 〈차운하다(次韻)〉

소나무는 사방의 산에 가득하고 물은 개울에 가득한데
주인 노인은 무슨 일로 이곳에 정자를 세웠는가?
아내가 어질고 자식이 효성스러우니 집안에 화목함이 생겨나고
곡식이 여물고 고기가 살찌니 들판에 흥취가 있네.
술이 있으면 때때로 좋은 벗을 맞이하고
잠이 오지 않으면 밤마다 앞 시대의 경전을 외우네.
땅을 골라 집을 지은¹³⁶ 당시의 뜻을 알고 싶은데
세상 밖의 어지러움은 뜰에 이르지 못하네.

松滿四山水滿汀 主翁何事此爲亭
妻賢子孝和生室 秋孰魚肥興在垌
有酒時時邀勝友 無眠夜夜誦前經
欲知卜築當年意 世外紛擾不到庭

― 송천정(松川亭) 시판(詩板)

• 손제익(孫濟翼),¹³⁷ 〈차운하다(次韻)〉

앞 개울의 아홉 굽이 중 한 굽이 물가에
산골 늙은이 송곡(松谷)이 늘그막에 정자를 지었네.

---

135 1881~1959. 본관은 여강(驪江), 호는 양파(陽坡)이며 이덕문(李德聞)의 7세손이다. 1888년(고종 25) 식년시 병과에 합격하였다.
136 원문의 복축(卜築)은 살 만한 땅을 가려서 집을 지음이다.
137 1890~1964. 경주 출신으로 자는 도경(道卿), 호는 오암(鰲巖)이다.

산의 형세는 병풍처럼 둘러싸고 서로 자리에서 읍(揖)하고
돌뿌리는 대나무 홈통처럼 이어져 겨우 들판으로 통하네.
깊숙이 틀어박혀 사니 정히 진(秦)나라에서 도망한 사람 같고
홀로 깨어 있으니[138] 오히려 초사(楚辭)[139]를 읽음이 알맞겠네.
복숭아꽃이 물을 따라 흘러가는 날이면[140]
어부의 배가 신선의 뜰로 오는 길을 찾으리라.

前川九曲一灣汀 松谷山翁晚築亭
嶽勢環屛相揖座 石根修筧菫通坰
深居政合逃秦世 獨醒還宜讀楚經
擬待桃花流水日 漁舟覓路躡仙庭

— 송천정(松川亭) 시판(詩板);《경주향현록 상(慶州鄕賢錄 上)》

---

138 원문의 독성(獨醒)은 홀로 깨어 있다는 뜻으로, 중국 초(楚)의 시인 굴원(屈原)의〈어부사(漁父辭)〉에 "온 세상이 모두 혼탁한데 나 홀로 맑고, 사람들 모두 취하였는데 나 혼자 깨어 있네(擧世皆濁我獨淸 衆人皆醉我獨醒)."라는 대목이 있다.
139 원문의 초경(楚經)은 중국의 남쪽 장강(長江) 중류 지방에 있던 초(楚)나라의 시가(詩歌)를 모은《초사(楚辭)》를 가리킨다.《시경(詩經)》이 황하(黃河) 유역을 중심으로 한 북방의 문학을 대표하는 시가라면,《초사》는 남방의 문학을 대표하는 시가이다.
140 이 구절은 중국 진(晉)의 도연명(陶淵明)이 지은〈도화원기(桃花源記)〉에서 인용한 것이다. 동진(東晉) 태원연간(太元年間 : 376~396)에 무릉(武陵)의 한 어부가 배를 타고 가다가 도화림(桃花林) 속에서 길을 잃자 어부는 배에서 내려 산속의 동굴을 따라 나아갔는데, 마침내 어떤 평화경(平和境)에 이르렀다. 그곳에는 논밭과 연못이 모두 아름답고, 닭소리와 개 짖는 소리가 한가로우며, 남녀가 모두 외계인(外界人)과 같은 옷을 입고 즐겁게 살고 있었다. 그들은 진(秦)나라의 전란을 피하여 그곳까지 온 사람들이었는데, 수백 년 동안 바깥세상과의 접촉을 끊고 살았다고 한다. 그는 융숭한 대접을 받고 돌아오면서 그곳의 이야기를 입 밖에 내지 말라는 당부를 받았으나 이 당부를 어기고 돌아오는 도중에 표를 해 두었으나, 다시는 찾을 수 없었다고 한다.

• 김헌수(金憲洙),¹⁴¹ 〈차운하다(次韻)〉

언덕에는 영지가 있고 물가에는 난초가 있어
송천거사(松川居士)¹⁴²가 여기에 정자를 지었네.
저녁 바람에 꽃이 시들어도 향기는 골짜기를 감싸고
단비¹⁴³에 수원이 생기니 들판에 일이 있네.
머리 하얀 은자(隱者)는 사는 계책이 무엇인가?
푸른 등불 높은 책상에서 또 경서를 이야기하네.
속세의 온갖 일에 얽매인다고¹⁴⁴ 어찌 더럽혀지랴?
바위동산에 거문고 소리 울리고 뜰에는 옥가루가 쏟아지는데.

堆有靈芝蘭有汀 松川居士此爲亭
晩風花老香圍谷 時雨源生事在坰
白首幽人何活計 靑燈高几又談經
萬般塵累那能染 琴動巖園玉噴庭

— 송천정(松川亭) 시판(詩板)

• 최준(崔浚),¹⁴⁵ 〈송천정 시에 차운하다(次松川亭韻)〉

---

141 ?~?. 경주 출신으로 본관은 계림(雞林), 호는 소강(小江)이다.
142 송천정 주인 김정태를 가리킨다.
143 원문의 시우(時雨)는 때맞춰 내리는 단비이다.
144 원문의 진루(塵累)는 세속의 일에 얽매임이다.
145 1884~1970. 본관은 월성(月城), 호는 문파(文坡)이다. 최현식(崔鉉軾, 1854~1928)의 아들이며, 노블레스 오블리주를 실천한 '경주 최부잣집' 12대로 마지막 '최부자'로 알려져 있다. 많은 재산을 독립운동과 교육사업에 투자했고, 일제강점기 백산무역주식회사 사장으로 활동, 대한민국임시정부와 여러 독립운동 단체의 활동을 지원했다.

안개¹⁴⁶가 아득하게 먼 물가에서 일어나는데
이름난 곳에 게다가 또 이름난 정자가 있네.
장생(蔣生)¹⁴⁷은 솔밭에 특별히 세 갈래의 오솔길을 두고,
도자(陶子)¹⁴⁸는 버드나무로 바야흐로 한 들판을 열었네.
견권¹⁴⁹의 정이 깊어 비녀장¹⁵⁰을 우물에 버리고¹⁵¹
공효(功效)가 지극하여 부지런히 호미와 경서를 지니네.
우두커니 바라보니 경사(慶事)가 다함이 없고
다투어 자란 지란(芝蘭)이 싱그럽게 뜰에 가득하네.

漠漠風烟起遠汀 名區況復有名亭
蔣生別置松三逕 陶子方開柳一坰
繾綣深情投轄井 勤勞至效帶鋤經
佇看餘慶無窮在 競秀芝蘭郁滿庭

— 송천정(松川亭) 시판(詩板)

---

146 원문의 풍연(風煙)은 멀리 보이는, 또는 공중에 서린 흐릿한 기운으로 안개를 가리킨다.
147 장후(蔣詡, ?~?)를 가리킨다. 중국 한(漢)나라 때 연주자사(兗州刺史)였던 장후가 왕망(王莽)의 횡포를 보고 벼슬을 버리고 은거하였는데, 가시로 자신의 집을 가리고 살았다. 그의 집 곁에는 세 갈래의 오솔길이 있어 이 길로는 구중(求中)과 양중(羊中) 두 벗만이 왕래할 수 있었다.
148 도연명(陶淵明, 365~427)을 가리킨다. 문 앞에 버드나무 다섯 그루를 심어 놓고 스스로 오류선생(五柳先生)이라 하였다.
149 원문의 견권(繾綣)은 정의(情誼)가 살뜰하여 못내 잊히지 않거나 떨어질 수 없음의 뜻이다.
150 수레의 굴레머리에서 내리질러 바퀴가 벗어져 나가지 않게 하는 쇠.
151 원문의 투할(投轄)은 손님이 가지 못하게 손님이 타고 온 수레의 빗장을 우물에 던져 넣는다는 말이다. 《한서(漢書)》 권92 〈유협전(遊俠傳)〉에 따르면, 서한(西漢) 때 진준(陳遵)이라는 자가 있었는데, 그는 술을 몹시 좋아하여 집에 손님이 오면 항상 대문을 닫고 빗장을 걸고 손님들이 타고 온 수레의 굴대빗장을 우물에 던져 버려 돌아가지 못하게 하였다고 한다.

· 최윤(崔潤),¹⁵² 〈송천정 시에 차운하다(次松川亭韻)〉

꽃과 돌이 갈매기 노니는 물가에 있으니
깃들어 사는 고인(高人)이 정자를 지을 만하네.
가문의 명성을 떨치는 시냇물은 활발하게 흐르고
거문고 소리를 내는 소나무는 들판에 가득하네.
낮에는 항아리에서 나오는 술로 탑상에 손님을 머물게 하고
밤에는 등불에서 떨어지는 붉은빛으로 자손에게 경서를 가르치네.
먹물이 춤추는 문미(門楣)의 편액에 졸렬함이 나타나니
뒷날 신선의 뜰을 방문하면 부끄러움을 견뎌 내어야 하리.

夢中花石傍鷗汀 棲息高人可奠亭
川動家聲流活潑 松鳴琴韻滿郊坰
日生甕綠留賓榻 夜落燈紅敎子經
墨舞楣顔應見拙 他時堪愧訪仙庭

— 송천정(松川亭) 시판(詩板)

· 이영우(李英雨),¹⁵³ 〈송천정 시에 차운하다(次松川亭韻)〉

사방의 산이 하나의 물가를 둘러서 감싸는데

---

152 1886~1969. 본관은 월성(月城), 호는 계파(桂坡)이다. 독립운동가 문파(文坡) 최준(崔浚)의 동생이다. 서예와 거문고에 뛰어나 영남 일대에서 손꼽히는 풍류가로 알려져 있다. 1955년 영남의 풍류를 전승하기 위해 경주에 동도국악원을 열어 초대 회장을 역임하였다. 송천정의 현판에도 그의 서예 솜씨가 나타나 있다.
153 1865~?. 본관은 월성(月城), 호는 해산(奚山)이다.

듣자니 송곡(松谷) 노인[154]이 작은 정자를 세웠다고 하네.
지경(地境)이 고요하거늘 큰길에 붙어 있는 게 무슨 상관이랴?
창이 맑으니 앞쪽 들녘을 굽어볼 수 있어서 도리어 기쁘네.
자리에 가득 찬 청금(靑襟)[155]은 모두 어진 선비들이요
상자에 그득한 상질(緗帙)[156]은 모두 옛 경전이네.
쓸고 닦는 자식은 순종하고 또 아름다우니
그대 가정의 가르침 정도를 알겠네.

四山環抱一溪汀 聞說松翁起小亭
境靜何妨臨大道 窓明還喜俯前坰
靑襟滿座皆良士 緗帙盈箱揔古經
灑掃肯兒馴且美 知君敎在家庭

— 송천정(松川亭) 시판(詩板)

· 손상호(孫相鎬),[157] 〈송천정 시에 차운하다(次松川亭韻)〉

신령한 곳을 점찍어 얻은 신비한 세상의 물가에
이곳은 몇 칸짜리 정자와 참으로 어울리네.
세속 일에 뜻이 없는데 구름은 산굴에서 피어나고
농사 이야기에 마음이 있으나 해는 들판에 기우네.
문에 가득한 수레바퀴 자국은 자기와 친함을 다투고

---

154 원문의 송옹(松翁)은 송천정(松川亭)의 주인인 송곡(松谷) 김정태(金正泰)이다.
155 옷깃이 푸른색의 옷으로, 유생을 가리킨다.
156 엷은 누런색 헝겊으로 만든 서적·문서이다.
157 ?~?. 본관은 월성(月城), 호는 효강(曉岡)이다.

자리에 늘어선 아손(兒孫)은 경전을 잡고 풀이하네.
어떤 사람으로 무엇을 심으러 왔는지 물어보고서
남쪽에 와서 특별히 뜰에 들어와도 좋다는 허락을 받네.

點得靈區秘世汀 此間端合數間亭
塵事無情雲出岫 農談有意日斜坰
門盈車轍爭親己 座列兒孫解執經
試問何生來下種 南遊特荷許迎庭

— 송천정(松川亭) 시판(詩板)

· 손희익(孫熙翼),[158] 〈송천정 시에 차운하다(次松川亭韻)〉

소나무에서 우거짐을 취하고 물가에서 비침을 취하여
문미 끝에 편액을 거니 이 정자에 어울리네.
생각 없이 구름이 피어나니[159] 도연명(陶淵明)[160]의 골짜기요
뜻이 있어 오이가 자라니 소평(召平)의 밭이네.[161]

---

158 1891~1962. 본관은 월성(月城), 자는 사집(士緝), 호는 창우(蒼遇)이다.
159 원문의 운출무심(雲出無心)은 구름이 아무 생각 없이 흐르는 것으로, 사람이 유유히 사는 모습을 가리킨다. 도연명(陶淵明)의 〈귀거래사(歸去來辭)〉에 "구름은 무심히 골짜기를 돌아 나오고, 날다 지친 저 새 돌아올 줄 아네(雲無心以出岫 鳥倦飛而知還)."라는 대목이 있다.
160 원문의 정절(靖節)은 도연명의 시호이다.
161 이 구절은 《사기세가(史記世家)》〈소상국세가(蕭相國世家)〉의 "소평(召平)이라는 자는 원래 진나라의 동릉후였는데, 진나라가 망하자 평민으로 몰락하였고, 집이 가난하여 장안성 동쪽에서 오이를 심었다. 그가 심은 오이는 맛이 좋아서, 세간에서는 동릉과라고 칭하였는데, 이것은 소평의 이름에서 말미암은 것이었다(召平者 故秦東陵侯秦破 爲布衣 貧種瓜於長安城東 瓜美故世俗謂之東陵瓜 從召平以爲名也)."라는 대목을 원용한 것이다.

맑은 새벽에 잠에서 깨면 아이가 글자를 묻고

한가한 날에 어정거리노라면¹⁶² 손님이 경전을 의론하네.

여기에 살면서 어찌 밖에서 구하리오?

한 해가 다하도록 거두어 간직하며 뜰을 나가지 않네.

茂取其松暎取汀 楣端扁揭合斯亭
雲出無心靖節岜 瓜長有意召平坰
睡起淸晨兒問字 盤桓暇日客論經
爰居爰處何求外 終歲收藏不下庭

— 송천정(松川亭) 시판(詩板)

· 김훈종(金勳鍾),¹⁶³ 〈송천정 시에 차운하다(次松川亭韻)〉

소나무 늙고 시내 맑은 한 굽이 물가에

어버이의 뜻을 이어¹⁶⁴ 날아갈 듯한 정자 몇 칸을 지었네.

한가한 날에는 금서(琴書)를 벗하다가 난초와 대나무에 물을 주고

좋은 계절에는 풍국(楓菊)을 구경하고 달빛 비치는 들녘을 걷네.

숲속의 유생¹⁶⁵은 변한 모습이 없는데

책상머리에 백발 노인은 경전을 떠나지 않네.

삼현(三賢)¹⁶⁶의 지난 자취가 남은 반구대가 가까우니

---

162 원문의 반환(盤桓)은 어정어정 머뭇거리면서 그 자리에서 멀리 떠나지 못하고 서성이는 모습이다.
163 ?~?. 본관은 계림(雞林), 호는 야로(野老)이다.
164 원문의 긍구(肯搆)는 조상의 유업을 길이 계승함이다.
165 원무의 청금(靑襟)은 옷깃이 푸른 옷으로, 유생을 가리킨다.
166 반고서원(槃皐書院, 현재의 盤龜書院)에 배향(配享)된 포은(圃隱) 정몽주(鄭夢周, 1337~

군자의 유풍(遺風)[167]이 이 뜰에도 미치네.

松老川淸一曲汀 翼然肯搆數間亭
琴書暇日灌蘭竹 楓菊佳辰步月坰
林下靑襟無變態 案頭白髮不離經
三賢往跡龜臺近 君子遺風及此庭

— 송천정(松川亭) 시판(詩板)

· 유현우(柳賢佑),[168] 〈송천정 시에 차운하다(次松川亭韻)〉

늘그막에 이름난 곳의 한 물가를 차지하여
큰 덕을 지닌 사람이 이 정자에 머뭇거리네.[169]
처마에는 천 길 산자락의 푸른 아지랑이가 남아 있고
집은 십 리 들판의 붉은 노을을 누르고 있네.
한가한 날의 형해(形骸)[170]는 경치를 읊조리고
늘그막의 귀밑머리는 경전 구절에 늙어 가네.
모름지기 장차 소나무의 운치로 참된 취향을 이루고자 하는데
함부로 뜰에 들어오는 무뢰배(無賴輩)의 자취[171]를 어찌할 수 없네.

1392), 회재(晦齋) 이언적(李彦迪, 1491~1553), 한강(寒岡) 정구(鄭逑, 1543~1620)를 가리 킨다.
167 유속(遺俗), 곧 후세(後世)에까지 남겨진 교화(敎化)이다.
168 ?~?. 본관은 풍산(豊山), 호는 반유(伴遊)이다.
169 원문의 석인매축(碩人邁蹜)은 높고 큰 덕이 있는 사람이 머뭇거리며 은거함을 가리킨 다. 이는 《시경(詩經)》〈위풍(衛風)〉〈고반(考槃)〉의 "석인이 한가로이 머뭇거리도다(碩 人之軸)."라는 대목을 변용한 것이다.
170 사람의 몸과 뼈라는 뜻으로, 육체나 목숨을 비유한다.
171 원문의 만촉(蠻觸)은 오랑캐의 자취로, 무뢰(無賴)한 사람의 제멋대로 하는 행적을 뜻

晚卜名區水一汀 碩人邁軸在斯亭
簷遣碧靄千尋麓 軒壓彤霞十里坰
暇日形骸吟以景 殘年鬢髮老於經
須將松韻成眞趣 蠻蹢無從濫入庭

— 송천정(松川亭) 시판(詩板)

· 이원봉(李源鳳),[172] 〈송천정 시에 차운하다(次松川亭韻)〉

산은 물이 돌아가는 물가를 아끼고 비밀스럽게 간직하였는데
고상한 선비는 이름난 곳의 이 정자를 흡족히 여기네.
정자가 푸른 아지랑이를 마주하니 구름은 발에 스미고
창이 봄날을 맞으니 풀은 들녘에 이어지네.
소요하려는 늘그막의 계획은 통에 가득한 술이요
후손에게 남길 좋은 계책은 책상에 쌓아 둔 경전이네.
열 가지의 청아한 승경[173]을 주인이 마음대로 하니
요사한 기운[174]이 감히 빈 뜰로 들어오지 못하네.

山藏慳秘水廻汀 高士名區愜此亭
榭對青嵐雲漏箔 牕臨春日艸連坰
逍遙晚計樽盈酒 垂後嘉謨案貯經

한다.
172 1868~?. 본관은 진성(眞城), 호는 국오(菊塢)이다.
173 원문의 청표(清標)는 깨끗하고 뛰어난 기품과 고상함인데, 여기에서는 송천정 주변의 승경(勝景) 10곳을 가리킨다.
174 원문의 분침(氛祲)은 요악(妖惡)한 기운(氣運)이나 바다 위의 짙은 안개를 가리킨다.

十勝淸標翁獨擅 氛祲不敢入虛庭

— 송천정(松川亭) 시판(詩板)

· 손병권(孫秉權),[175] 〈송천정 시에 차운하다(次松川亭韻)〉

층진 벼랑과 끊어진 골짜기가 긴 개울을 굽어보는데
풍류와 정감을 지닌 고상한 선비가 이곳에 정자를 세웠네.
구름이 북쪽 언덕에 있으면 온통 세상일을 잊고
달빛이 서쪽 들녘에 있으면 그윽하게 시혼(詩魂)이 움직이네.
벗과 나누는 술잔은 백옥이라도 함께 사용하지만
자식을 가르치는 경전은 황금이라도 바꾸지 않네.
정신은 늙어 가면서 더욱 강건해져서
갠 날 창가에서 때때로 다시 황정경(黃庭經)[176]을 읽네.

層崖斷壑俯長汀 高士風情此起亭
世事渾忘雲北陸 詩魂暗動月西坰
兼行白玉酬朋酌 不換黃金敎子經
神精老去愈康健 晴窓時復讀黃庭

— 송천정(松川亭) 시판(詩板)

---

175 ?~?. 본관은 월성(月城), 호는 창은(蒼隱)이다.
176 중국 위진(魏晉) 시대에 만들어진 도가(道家)의 경서로, 양생(養生)과 수련(修練)의 원리를 담고 있는 선도(仙道) 수련의 주요 경전이다.

• 최영학(崔泳鶴),[177] 〈송천정 시에 차운하다(次松川亭韻)〉

모래가 깨끗하고 돌이 하얀 시냇가[178]에
송곡(松谷) 노인이 있어 이 정자를 세웠네.
사립문으로 들어오는 푸른 남기(嵐氣)[179]는 먼 산굴과 통하고
주렴을 비추는 붉은 해는 동쪽 들녘을 지나네.
선조에게 우뚝이[180] 내세울 것은 문미(門楣)에 빛나는 편액이고
후손을 넉넉히 할 계책은 책상에 쌓인 경전이네.
때때로 벗들과 술 마시고 시를 읊조리기에 족하니
몸소 심은 구기자와 국화가 절로 뜰에 가득하네.

沙明石白澗之汀 乃有松翁起此亭
入戶靑嵐通遠岫 暎簾紅日度東坰
當前突兀楣華額 裕後規謨案積經
時與朋儕觴詠足 手栽杞菊自盈庭

— 송천정(松川亭) 시판(詩板)

• 최영신(崔泳信),[181] 〈송천정 시에 차운하다(次松川亭韻)〉

---

177 1890~1968. 본관은 월성(月城), 자는 성일(性一), 호는 괴서(槐西), 정무공(貞武公) 최진립(崔震立)의 후손이다.
178 원문의 간지정(澗之汀)은 시냇가를 의미한다. 이는 《시경(詩經)》〈소남(召南)〉〈채빈(采蘋)〉의 '남간의 물가에서(南澗之濱)'라는 말을 변용한 것이다.
179 산속에 생기는 아지랑이 기운.
180 원문의 돌올(突兀)은 높이 솟아서 오뚝한 모양이다.
181 1891~1965. 경주 출신으로, 정무공(貞武公) 최진립(崔震立)의 후손이다.

숲속에서 나무하고 물가에서 낚시하려고
이 신선 세계를 가려 정하여 이 정자를 세웠네.
연하(煙霞)¹⁸²에 병이 깊어 일찍이 저자를 멀리하더니
가색(稼穡)¹⁸³에 마음이 있어 늘그막에 들판에 깃들었네.
따뜻한 봄바람 부는 날에는 화보(花譜)¹⁸⁴를 엮고
깊은 가을밤 등불 아래에서 벽경(壁經)¹⁸⁵을 외네.
세속 밖에서 깊이 쇄락(灑落)¹⁸⁶하기를 마음으로 바라니
사철 뜰에는 시내를 채운 솔바람이 가득하네.

採扵林下釣扵汀 卜是仙區創是亭
癖在煙霞曾遠市 心存稼穡晚捿坰
春風暖日編花譜 秋夜深燈誦壁經
塵外衿期偏灑落 一川松籟四時庭

― 송천정(松川亭) 시판(詩板)

· 박인화(朴仁華),¹⁸⁷ 〈송천정 시에 차운하다(次松川亭韻)〉

산 앞에는 소나무와 계수나무요 물가에는 흰 돌인데
십 년 동안 뜻을 기울여 정자 하나를 높이 세웠네.

---
182 안개와 노을, 즉 고요한 산수의 경치이다.
183 곡식 농사.
184 꽃의 이름과 특성(特性), 피는 때 따위를 적은 서적이다.
185 공자(孔子)의 옛집 벽 속에서 발견하였다는 고문상서(古文尙書)이다.
186 기분이나 몸이 개운하고 깨끗한 모양.
187 1888~?. 본관은 고령(高靈), 자는 국로(國老), 호는 효정(曉亭)이다. 회암(悔巖) 박진남(朴震男)의 후손이다. 종부(從父) 창은공 박종하(朴鍾河)를 사사(師事)하였다.

봄에는 담장 가의 나무에 꽃이 붉고 잎이 푸르며[188]
가을에는 난간 밖의 들판에 벼와 기장이 익네.
좋은 날[189]에는 벗과 만나 백설(白雪)[190]을 노래하고
깊은 밤에는 등불을 켜고 현경(玄經)[191]을 베끼네.
늘그막에 장수(藏修)[192]할 계획을 여유롭게 세우니
세상길의 검은 먼지가 뜰을 물들이지 못하네.

松桂山前白石汀 十年意匠一高亭
春來紅綠墻頭樹 秋熟稻粱檻外坰
會友良辰歌白雪 呼燈永夜草玄經
晚年剩得藏修計 世路緇塵不染庭

— 송천정(松川亭) 시판(詩板)

· 김철경(金徹經),[193] 〈송천정 시에 차운하다(次松川亭韻)〉

위에는 푸른 솔이 있고 아래에는 물가가 있으니

---

188 원문의 홍록(紅綠)은 붉은 꽃과 푸른 잎이다.
189 원문의 양신(良辰)은 길일(吉日), 즉 좋은 날이다.
190 중국 송옥(宋玉)의 〈대초왕문(對楚王問)〉에 나오는 악곡 이름이다. 이 글에 "객(客)가 운데 영(郢)에서 노래하는 사람이 있었는데, 처음에 〈하리〉·〈파인〉을 부르자, 성안에서 그를 따라 화답하는 이가 수천 명이나 되었습니다. 그가 〈양아〉·〈해로〉를 부르자 성안에서 화답하는 이가 수백 명이었습니다. 그가 〈양춘〉·〈백설〉을 부르자 성안에서 따라 화답하는 이가 수십 명에 불과하였습니다(客有歌於郢中者 其始曰下裏巴人國中屬而和者數千人 其爲陽阿薤露 國中屬而和者數百人 其爲陽春白雪 國中屬而和者不過數十人)."라고 하였다. 이는 곡의 격이 높을수록 화답하는 사람이 적음을 가리킨다.
191 노자(老子)의 《도덕경(道德經)》 또는 양웅(楊雄)의 《태현경(太玄經)》을 가리킨다.
192 글을 읽고 배움에 노력함이나 학문을 배우고 익힘.
193 ?~?. 본관은 계림(鷄林), 호는 관가헌(觀稼軒)이다.

이 이름난 정자는 청한(淸寒)하여 풍취가 고상하네.
이른 새벽에는 손님이 오는 길을 청소하고
한가로운 낮에는 약초 심은 밭을 서성이네.
세 가지로 살피니[194] 군자의 자리에 티끌이 없고
한평생 동안 성현의 경전에서 이치를 찾네.
임천(林泉)에서 늙으며 만족을 알아 그치니
오가는 원금(猿禽)과 뜰을 지키겠다고 약속하네.

上有蒼松下有汀 淸寒高趣是名亭
平朝掃灑來賓逕 暇日徜徉種藥坰
三省無塵君子席 一生尋理聖賢經
知之足止林泉老 來去猿禽約守庭

— 송천정(松川亭) 시판(詩板)

· 김기남(金基南),[195] 〈송천정 시에 차운하다(次松川亭韻)〉

기이한 경치를 모두 완상(玩賞)하고 또 물가로 내려가니
송천(松川) 주인의 새 정자가 있네.
파르스름한 연기의 빛깔은 다리 옆의 나무를 감싸고
푸른 들판의 색깔은 버드나무 밖의 들판에 떠 있네.

---

194 원문의 삼성(三省)은 날마다 하는 세 가지 반성이다. 증자(曾子)가 말한 "나는 날마다 다음 세 가지로써 나 자신을 반성한다. 다른 사람을 위해 일을 할 때 진심을 다하지 않았는가? 벗을 사귐에 진실하지 않았는가? 배운 것을 반복해서 익히지 않았는가?(曾子曰 吾日三省吾身 爲人謀而不忠乎 與朋友交而不信乎 傳不習乎)."라는 대목에서 유래한 말이다.
195 ?~?. 본관은 광산(光山), 호는 반산(胖山)이다.

지친 발걸음으로 싱그러운 풀 언덕에서 나직이 읊조리고
맑게 갠 창에서 옛사람의 경전을 때때로 읽네.
한곳에서 밭 갈고 낚시하여 생애가 족하니
다른 곳의 야단스러운 먼지가 뜰에 이르지 않네.

玩盡奇觀又下汀 松川主人有新亭
烟光翠鎖橋邊樹 野色靑浮柳外坰
倦屐微吟芳草岸 晴窓時閱古人經
一區耕釣生涯足 局外囂塵不到庭

— 송천정(松川亭) 시판(詩板)

· 손필조(孫弼祚),[196] 〈송천정 시에 차운하다(次松川亭韻)〉

푸른 산 아래의 흰 모래밭 물가에
하늘은 기이한 곳을 만들고 사람은 정자를 지었네.
물외(物外)[197]의 정신은 세월을 잊고
산속의 자취는 숲과 들에서 늙어 가네.
하루 종일 오락가락 거닐며 만 가지 근심을 삭이고
맑은 새벽에 일어나 앉아 삼경(三經)을 읽네.
아이종[198]도 한가한 늙은이의 뜻을 알아서
꽃이 어지러이 떨어져도 뜰을 쓸지 않네.

---

196 ?~?. 본관은 월성(月城)이다.
197 원문의 물표(物表)는 물외(物外), 사물의 바깥, 속세(俗世)의 밖이다.
198 원문의 가동(家童, 家僮)은 민가에 둔 어린 남자 종, 또는 민간이 소유한 종의 총칭이다.

蒼巒之下白沙汀 天作奇區人作亭
物表精神忘歲月 山間踪跡老林坰
盡日逍遙消萬慮 淸晨起坐讀三經
家童亦解閒翁意 花落紛紛不掃庭

— 송천정(松川亭) 시판(詩板)

· 김승(金勝),¹⁹⁹ 〈송천정 시에 차운하다(次松川亭韻)〉

푸른 산의 깊은 곳, 한 개울가에
한가로이 깃들어 사는 한 늙은이가 작은 정자를 지었네.
맑은 향기 나는 꽃이 안쪽 채마밭에 피어 있고
쌍쌍이 우는 새는 앞 들녘에서 날아오르네.
금회(衿懷)는 절로 빼어나 번잡한 속기를 막고
사업(事業)은 바야흐로 닦여 성현의 경전을 끌어안네.
이 사이에 그윽한 흥취가 많음을 아는데
소나무에 걸린 달이 뜰에 가득할 때가 많네.

碧山深處一溪汀 栖有閒翁作小亭
淡淡香花開內圃 雙雙啼鳥躍前坰
衿懷自逸遮囂俗 事業方修抱聖經
也識這間幽興足 多時松月滿中庭

— 송천정(松川亭) 시판(詩板)

---

199 ?~?. 호는 호두(浩斗)이다.

• 정병찬(鄭柄璨),²⁰⁰ 〈송천정 시에 차운하다(次松川亭韻)〉

시냇가에 솔숲이 있고 솔숲 옆은 물가인데
이곳에서 장수(藏修)하며 그것을 정자로 삼았네.
서늘한 기운 받으며 앉으면 소리는 난간 가운데 있고
푸른 기운 어루만지며 서성이면 그림자는 들 바깥에 있네.
꽃이 피고 지는 것은 때때로 살펴도 무방하지만
세상사의 영고(榮枯)는 늘그막의 경영에 들이지 않네.
갠 창가에 홀로 앉은 밤에 초은사(招隱士)²⁰¹를 노래하니
계수나무에는 가을이 깊고 달빛은 뜰에 가득하네.

川畔有松松畔汀 藏修於此以之亭
受凉坐起聲中檻 撫碧盤桓影外坰
開落無妨時點檢 榮枯不入晚管經
晴牕獨夜歌招隱 桂樹秋深月滿庭

— 송천정(松川亭) 시판(詩板)

---

200 1900~1966. 본관은 경북 영일[烏川], 자는 서경(瑞瓊), 호는 만취(晚翠)이다. 경북 안강읍 출신으로, 위당 정인보(鄭寅普), 소강 김헌수(金瀗洙)와 교유하였다. 《동경잡기(東京雜記)》를 이은 《동경속지(東京續誌)》(1960~1962 편찬) 편찬 때 주간을 맡았으며, 보문제(普門堤) 축조 때 개기축문(開基祝文)을 짓기도 하였다. 현재 문집 5권 2책이 전한다.
201 《초사(楚辭)》의 편명(篇名)이다. 왕일(王逸)의 《초사장구(楚辭章句)》에 "〈초은사〉는 회남(淮南) 소산왕(小山王)이 지은 것이다. 옛날 회남왕(淮南王) 유안(劉安)이 박아(博雅)하고 옛것을 좋아하여 천하의 현사를 초빙하자, 팔공(八公)의 무리들이 모두 그의 덕을 사모하여 각기 재지를 다해서 편장(篇章)과 사부(辭賦)를 저작하여 무리로써 서로 따랐기 때문에 혹은 소산이라 일컫고 혹은 대산(大山)이라 일컫기도 하였으니, 《시경(詩經)》의 〈대아(大雅)〉·〈소아(小雅)〉와 같은 것이다."라는 설명이 있다.

• 손후익(孫厚翼),²⁰² 〈송천정 시에 차운하다(次松川亭韻)〉

예전에 남쪽 고을²⁰³의 선정(仙汀)을 찾아와
이틀 동안 묵으며²⁰⁴ 이 정자의 건립을 의논하였네.
이 땅을 찾은 것이 어느 해인지 주인에게 물어보는데
드러내기를 아까워하던 곳이 마땅한 사람을 얻었네.
빙 돌며 나는 학의 익숙한 소리는 정자와의 깊은 약속 때문이요
좀 먹은 서책의 참된 공부는 책상에 쌓아 둔 경전에 말미암네.
지금까지 학업에 둔 뜻이 넓고도 크거늘
결활(契活)²⁰⁵한 손님이 뜰에 가득할 줄 누가 알겠는가?

南州昔日訪仙汀 信宿談論搆是亭
問主何年尋此地 得人其處露慳坰
鶴盤聲習軒深約 蠹簡眞工案貯經
志業從來寬且大 誰知契活客盈庭

— 송천정(松川亭) 시판(詩板)

---

202 1888~1953. 경주 출신의 유학자이자 독립운동가이다. 본관은 월성(月城), 호는 문암(文巖)이다. 문집으로 《문암집(文巖集)》 22권이 있다.
203 원문의 남주(南州)는 남쪽 고을로, 울산을 가리킨다.
204 원문의 신숙(信宿)은 이틀 밤을 묵음이다.
205 오래 만나지 않거나 멀리 떨어져 있어 서로 소식이 끊어짐.

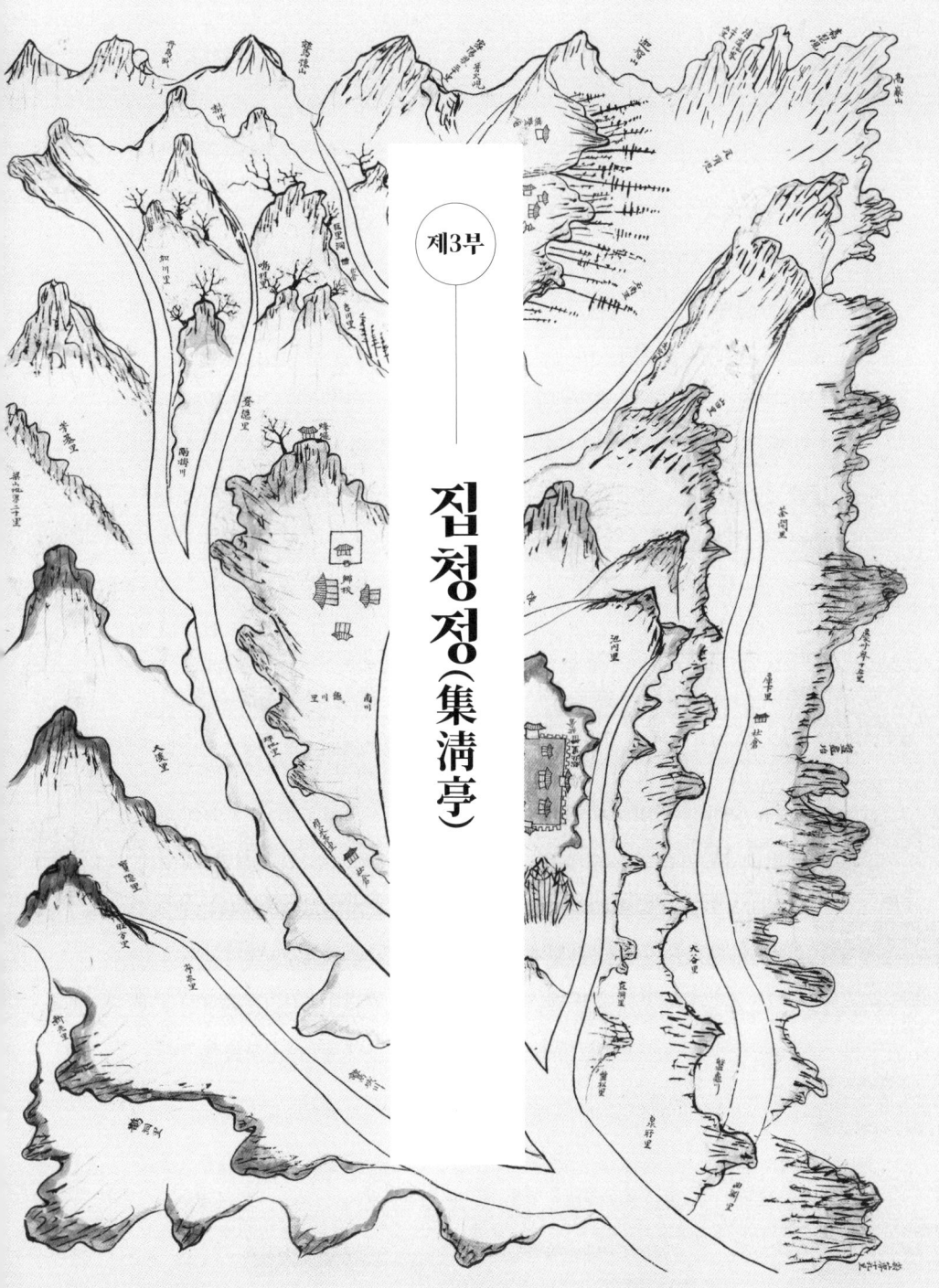

제3부

집청정(集淸亭)

1. 개요

집청정(集淸亭)은 울산광역시 울주군 언양읍 대곡리에 위치한 경주최씨 집안의 정자이다. 이곳은 원래 대곡천을 경계로 북쪽은 경주부, 남쪽은 언양현에 나뉘어 있다가 1914년 행정구역을 통폐합하면서 울산군 언양면에 속하게 되었다.

류의건(柳宜健)이 쓴 〈반구암기(盤龜菴記)〉와 〈반구정중신기(盤龜亭重新記)〉[1]에 따르면, 이 정자는 1713년(숙종 39)에 창건되었다고 한다. 그러나 1743년(영조 19) 화재로 소실되었는데 경주부윤 송규징(宋奎徵, 1614~1684)이 집주인 최석겸(崔錫謙)에게 조부의 뜻을 받들도록 하여 1744년(영조 20) 중건하였다고 한다. 반구대는 거북 몸통 모양을 한 둥근 연고산(蓮皐山)과 거북머리 모양의 3층 바위가 마치 거북이가 물 위에 엎드려 있는 모습[盤龜]과 비슷하다 하여 붙여진 이름이다.

집청정과 반구대 주변은 예로부터 경관이 수려하여 많은 사람들의 발길이 이어졌다. 고려 말 언양으로 유배 온 포은(圃隱) 정몽주(鄭夢周, 1337~1392)도 중양절에 반구대에 올라 〈언양에서 중구일에 회포가 있어서 유종원의 시에 차운하다(彦陽九日有懷 次柳宗韻)〉라는 칠언율시를 지었다. 이후 이 시가 널리 알려져 여러 시인 묵객들이 줄지어 반구대를 찾게 되면서 포은대(圃隱臺)라 불리기도 하였다. 이곳을 찾는 문인과 학자들이 갈수록 늘어나면서 주변에 민폐를 끼치는 일까지 생겨 1742년(영조 18) 경부부윤 조명택(趙明澤, 1690~?)의 주도로 정자 근처에 반구암(盤龜菴)이라는 암자도 건립하였다고 한다.

---

1 반구정(盤龜亭)은 집청정(集淸亭)을 달리 부르는 이름이다.

여러 문인들은 집청정에 유숙하면서 경치를 즐기고 정자 주인과 시를 주고받았는데, 그 흔적들이 반구대와 집청정에 숱하게 남아 있다. 후손 최준식(崔俊植, 1909~1979)은 이를 정리하여 《집청정시집(集淸亭詩集)》을 엮기도 하였다.[2]

이 책에 수록된 인물은 경주·울산 지역에 거주하는 선비들은 물론이고 언양이나 밀양에 유배 온 관료와 불교 승려에 이르기까지 2백 수십 명이나 된다. 수록된 시는 406수로 모두 1600년대 중반에서 1800년대 말까지 약 300년에 걸쳐 쓰인 것이며 이 중에는 현재 집청정 현판으로 걸려 있는 것도 있다. 이 밖에도 겸재(謙齋) 집청정에는 정선(鄭敾)이 그린 반구대와 집청정을 소재로 한 그림도 남아 있다. 이를 통해 집청정은 정자 주인을 포함한 지역의 선비들이 교유의 폭을 넓히고 문학적 교류를 확대할 수 있는 장소였음을 알 수 있다.

현재의 건물은 퇴락해 있던 것을 방손(傍孫) 최장식(崔章植)과 최영수(崔泳守) 두 사람이 계를 모아 힘을 쓰고, 운암(雲庵)의 9세손 최준식이 재물을 모아 중수하여 오늘에 이르렀다. 중건한 집청정과 주변 경관에 대해서는 최현필(崔鉉弼, 1860~1937)이 쓴 〈집청정중건상량문(集淸亭重建上樑文)〉에서 잘 나타나 있으며 주변에 반구서원(盤龜書院)과 울산암각화박물관, 울산 반구대암각화 등이 있어 지금도 많은 이들이 찾고 있다.

---

[2] 성범중, 《역주 집청정시집》(울산대곡박물관, 2016.) 참조.

2. 문(文)

· 최현필(崔鉉弼),³ 〈집청정중건상량문(集淸亭重建上樑文)〉

진술하건대

1만 8천 년간 아껴서 숨겨 둔 땅을 일찍이 이처럼 무성하고 잡초에 싸이게 하고
2백 년 동안 장수(藏修)⁴해 온 터를 어찌 차마 거칠고 폐허가 되게 하겠는가?
다시 정자를 새우니
진실로 좋은 계절과 부합하네.

삼가 생각건대 집청정 주인 운암(雲庵) 최(崔) 공은

성세(晟世)⁵의 숨어 산 사람⁶이요
옛 도읍지⁷의 호걸스러운 선비⁸였네.

---

3 1860~1937. 문신이자 관리이다. 최진립의 백형인 최진홍의 후예로 자(字)는 희길(羲吉), 호는 수헌(脩軒)이다. 문집으로 《수헌집(脩軒集)》이 있다.
4 글을 읽고 배우기 위해 노력함, 곧 학문을 배우고 익히는 것이다.
5 성세(盛世)로, 나라의 기운이나 문화가 한창 번창한 시대이다.
6 원문의 일민(逸民)은 학문과 덕행이 있으면서 벼슬 않고 시골에 파묻혀 지내는 사람이다.
7 원문의 구도(舊都)는 경주(慶州)를 가리킨다.
8 원문의 호사(豪士)는 매우 호기롭고 날랜 사람이다.

요위(姚魏)⁹의 뜻에 빼어나서 명리(名利)의 관두(關頭)¹⁰를 철저히 깨닫고
소허(巢許)¹¹의 자취에 견주어 청한(淸閒)한 경계를 차지하였네.
연화산(蓮華山) 아래에 땅을 살피고
반구동(盤龜洞) 속에서 결사(結社)하였네.
대나무와 소나무 사립¹²은 장씨(張氏)의 영벽(靈壁)¹³과 비슷하고
버드나무 꽃과 제비 새끼는 진공(陳公)의 누렴(樓簾)¹⁴이 아니었겠는가?
봉우리 색깔과 샘물 소리가 휩싸여 빙빙 돌아가는 곳에서 아침저녁으로 일상의 삶을 살고
수레 먼지와 말 발자국이 뒤섞여 오는 데서 손님을 맞고 보내었네.
한가로움 속의 일월은 길게 걸려 있는데
티끌세상 속의 부귀는 바람이 아니었네.
7세(世)를 지내면서 담장을 살피지 못하였으니
하룻밤 사이에 풍우에 흔들리게 되었네.
호랑이가 넘어지고 용이 꺼꾸러진 뒤처럼 마을 모양이 참담하고
야생초와 야생 보리¹⁵를 한탄하는 감회에 가는 길이 탄식¹⁶이었네.

---

9 요황위자(姚黃魏紫)의 줄임말로, 모란의 두 가지 품종을 가리킨다. 옛날 낙양의 요씨(姚氏)와 위씨(魏氏) 두 집에 명품 모란이 피었던 것에서 생긴 말이다.
10 일의 중요한 시기나 전환점.
11 중국 요(堯)임금 때의 고사(高士)인 소보(巢父)와 허유(許由)를 함께 이르는 말이다.
12 원문의 송관(松關)은 소나무로 만든 사립문이다.
13 중국 송나라 때 정승 장례(張禮)의 정원으로, 1079년 소동파가 장례의 아들 장석(張碩)의 요청으로 〈영벽장씨원정기(靈壁張氏園亭記)〉를 지었다.
14 중국 삼국시대의 인물 진등(陳登, 자는 元龍)의 누각에 쳐 놓은 발로, 그의 인품을 보여 주는 고사(故事)를 가리킨다. 《삼국지(三國志)》〈위서(魏書)-진등전(陳登傳)〉에 다음과 같은 고사가 있다. 허사(許汜)가 유비(劉備)를 만나서, 자기가 진등을 찾아갔다가 주인은 상상(上牀)에서 자고 자기는 하상(下牀)에서 자는 일을 겪었다고 하자, 유비는 "그대가 전사(田舍)나 구하면서 쓸 만한 말이 없어, 이를 원룡(元龍)이 꺼린 것이니, 왜 그대와 함께 말하겠는가? 소인(小人)이라면 백척(百尺)의 누각(樓閣) 위에서 자고 그대는 땅에서 자게 하였을 것이니, 어찌 다만 위아래 침상의 차이뿐이겠는가?"라고 하였다고 한다.
15 원문의 토규(兎葵)와 연맥(燕麥)은 토끼가 좋아하는 야초(野草)와 제비가 먹는 야맥(野

드디어 한 문중으로부터 의논이 무르익어 공들인 보람을 드러내니[17]
이에 전체 고을에 미쳐 계를 모아 의연금을 내었네.
연(年)은 무자년(1888)에서 4, 5년에 이르러 세월이 많이 늦어짐을 탄식하고
월(月)은 남려(南呂)[18] 18일[19]을 택하니 무너짐과 흥함이 운수와 관련됨을 알겠네.
바라건대 형문(衡門)[20]의 선비는 가문의 명성을 쇠퇴하게 하지 말아야 하고
생각건대 종산(鍾山)[21]의 신령은 몰래 사람의 힘을 도우리.[22]
당(堂)은 하루 만에 지을 수 있는 초가[23]이고
장(庄)은 수많은 계곡의 옥(玉) 산지[24]이네.
공사(工師)[25]는 추세를 잘 따라 다행히 일이 잘못되는 탄식이 없고
와재(瓦材)는 다 갖춰져서 능히 간사(幹事)의 공로를 드러낼 수 있었네.

麥)으로, 황량한 정경을 가리키는 말이다. 중국 당나라 유우석(劉禹錫)의 〈재유현도관절구(再遊玄都觀絶句)〉의 해설에 "지금 14년 만에 다시 현도(玄都)를 거닐어 보니, 옛날 도사가 심었다는 선도(仙桃) 나무는 한 그루도 남아 있지 않고, 오직 토규와 연맥만이 봄바람에 흔들리고 있을 따름이었다."라는 대목에서 비롯된 것이다.
16 원문의 자차(咨嗟)는 애석하게 여겨 탄식함이다.
17 원문의 잔공(孱功)은 공업(功業)을 드러냄이다.
18 음력 8월.
19 원문의 망삼(望三)은 망일(望日)로부터 사흘 후, 즉 음력 18일이다.
20 두 기둥에 한 개의 가로나무를 얹어 만든 대문으로, 누추하고 초라한 집을 가리킨다. 은자(隱者)가 사는 집, 또는 그 집의 문을 가리키기도 한다.
21 중국 강소성(江蘇省) 남경(南京)의 조양문(朝陽門) 밖에 있는 산으로, 남북조시대 문장가 공치규(孔稚圭, 447~501)가 은거 생활을 하였던 곳이다. 그의 〈북산이문(北山移文)〉에 나온다.
22 원문의 묵우(黙佑)는 드러나지 않게 도와줌, 말없이 도와줌이다.
23 원문의 모동(茅棟)은 모옥(茅屋), 즉 띠로 지붕을 인 집으로, 자기 집에 대한 겸칭이다.
24 원문의 남전(藍田)은 중국 섬서성(陝西省) 서안시(西安市) 동남방에 있는 현의 이름이다. 그 동쪽의 남전산(藍田山)에서 아름다운 옥이 났다.
25 원문의 공사(工師)는 공인(工人)·공장(工匠)의 우두머리이다.

뭇 청신(淸新)함을 모아 이름을 드날리고
집 칸살의 얽이[26]를 정하여 형태를 이루었네.
옛 편액을 바꾸지 않고
새 정자를 마침내 세웠네.
남은 향기와 끼친 향내를 여기에서 찾을 수 있고
봄의 단장과 가을의 꾸밈을 모두 내가 차지하게 되었네.
석면(石面)의 이끼를 다시 걷어 내니 태반(太半)이 조정 관료의 성명이고
동구(洞口)의 연하(煙霞)와 더불어 사니 바로 고반(考槃)[27] 과축(薖軸)[28]에 부합되네.
잠시 훌륭한 송축(頌祝)의 글을 가지고
긴 대들보를 올리는 것을 돕고자 하네.

들보 동쪽을 바라보니
향로봉 아래의 못에서 늙은이가 낚시질하네.
저녁 구름은 쓸쓸히 빈 바위에 머물고
밥반찬 도와주던[29] 낚싯줄에는 아직도 바람이 부네.

들보 남쪽을 바라보니
높다란 포은대에 푸른 기운이 뚝뚝 떨어지네.
나랏일 걱정하던 선생을 상상해 보건대
국화 한 가지를 꺾어 술잔에 담그네.[30]

---

26 원문의 간가(間架)는 집 칸살의 얽이이다.
27 원문의 고반(考槃)은 은자(隱者)가 은거(隱居)할 집을 마련하였다는 뜻으로, 은거하여 산수(山水)를 즐기는 것이다.
28 원문의 과축(薖軸)은 어진 사람이 초야에 은거하여 곤궁하게 살아감이다.
29 원문의 부정(扶鼎)은 솥에 들어갈 것, 즉 반찬을 마련하는 것이다.
30 이 구절은 정몽주(鄭夢周)의 시 〈언양에서 중구일에 회포가 있어서 유종원의 시에 차운

들보 서쪽을 바라보니
천 길 도암(桃岩)이 하늘과 가지런하네.
어부가 다시 물의 근원을 찾아오더라도
가운데 외지고 고요한 거처가 있으니 눈은 미혹되지 않으리.

들보 북쪽을 바라보니
깎아지르게 솟은 연화봉이 북극성을 떠받치네.
바라건대 군자를 따르고자 염옹(濂翁)[31]을 말하고자 하니
손으로 은근히 문지방을 열어 주고 싶네.

들보 위쪽을 쳐다보니
중추(中秋)의 밝은 달에 금빛 물결이 넓네.
지금 사람도 여전히 옛날의 빛을 보고
기상이 같음을 인식할 수 있네

들보 아래쪽을 굽어보니
푸른 물이 푸른 병풍의 틈을 둘러 나오네.
마음을 맑게 하고 귀를 씻으며 맑은 물결을 굽어보니
쉼 없이 흐르는[32] 물줄기는 밤낮이 없네.

엎드려 바라건대 상량한 후에는

하다(彦陽九日有懷 次柳宗元韻))의 "손으로 누런 국화를 꺾어 그저 한 번 취하는데, 옥 같은 임은 구름과 안개 너머에 있네(手折黃花聊一醉 美人如玉隔雲烟)."라는 대목을 변용한 것이다.
31 염계(濂溪) 주돈이(周敦頤)를 가리킨다.
32 원문의 혼혼(混混)은 물이 도도히 쉼 없이 흐르는 모양이다.

숲과 골짜기는 빛을 더하고

집채는 오래 견디리.

땅은 언양과 경주의 경계에 끼어 있으면서 일찍부터 명승지로 이름을 떨치고

주인은 산수의 사이에 있으면서 세속의 잡념을 완전히 끊었네.

천억 년을 지나도 무너지지 아니하고

바람과 달과 더불어 길이 함께하리.

임신년(1932) 8월 18일 통사랑 권지[33]승문원부정자 수헌거사 최현필이 삼가 기리다.

述夫

萬八載慳秘之地 曾是如茂而如苞
二百年藏修之墟 豈可忍荒而忍廢
重建亭子
允愜良辰

恭惟集淸亭主人 雲庵崔公

晟世逸民
舊都豪士
志絶姚魏 透到名利關頭

---

33 권(權)은 임시직, 지(知)는 맡는다는 뜻이다. 조선시대 과거 합격자로서 성균관, 승문원, 교서관, 훈련원, 별시위 등에 분관되어 임용대기한 견습관원, 즉 일종의 관리시보를 뜻한다.

跡擬巢由 占取淸閒境界

相土於蓮華山下

結社于盤龜洞中

竹樹松關 彷彿張氏之靈壁

楊花燕子 不是陳公之樓簾

岳色泉聲之縈廻 起居朝暮

車塵馬跡之雜還 迎送賓朋

閒中之日月長懸

塵間之富貴非願

閱七世而垣墉不謹

致一夜之風雨所搖

虎倒龍顚之餘 村容慘澹

免葵燕麥之感 行路咨嗟

肆自一門而爛議屋功

爰及全鄕而結契捐義

歲戊子而至四五 噫光陰之滋長

月南呂而擇望三 識廢興之關數

庶幾衡門之士 勿替家聲

意者鍾山之靈 黙佑人力

堂惟一日之茅棟

庄是千澗之藍田

工師樂趨 幸無血指之歎

瓦材備具 克效幹事之勞

集衆淸而揚名

定間架而成制

舊扁不改

新亭聿興
遺芬賸馥之從此可尋
春粧秋飾之皆吾所有
石面之莓苔更拭 太半朝廷姓名
洞口之煙霞與居 正合考槃薖軸
聊將善頌
助擧脩樑

   抛樑東 香爐峯下釣潭翁
暮雲寂寞空留石 扶鼎竿絲尙有風

   抛樑南 圃隱高坫翠滴嵐
想像先生憂國念 黃花一折酒杯含

   抛樑西 桃岩千仞與天齊
漁郞更覓尋源路 中有幽居眼不迷

   抛樑北 蓮峰削出撑宸極
願從君子說濂翁 指掌殷勤開閫閾

   抛樑上 中秋明月金波廣
今人猶見古時光 認得齊連同氣像

   抛樑下 碧流繞出蒼屛罅
澄心洗耳俯晴瀾 混混眞源無晝夜

伏願上樑之後

林壑增輝

棟宇持久

地介於彦慶之界 夙擅名區

人立於山水之間 逈絶塵想

垂千億而不朽

與風月而長終

歲壬申仲秋旬八日 通仕郎權知承文院副正字 脩軒居士崔鉉弼謹頌

— 집청정(集淸亭) 현판(懸板)

· 류의건(柳宜健),[34] 〈반구정중신기(盤龜亭重新記)〉

숭정(崇禎) 기원 후 86년[35] 반구정(盤龜亭)이 창건되었는데 창건 31년에 불이 나서 다음 해 새로 지었다.

---

[34] 자는 순겸(順兼), 호는 화계(花溪)·정묵재(靜默齋), 본관은 서산(瑞山)이며 경주에서 출생하였다. 아버지는 기서(起瑞), 어머니는 학성이씨(鶴城李氏)이다. 어려서 숙부 태서(泰瑞)에게 입양되었다. 1735년(영조 11) 진사시에 합격하였으나 과거에 나가지 않고 화계(花溪)에 서당을 짓고 경사자집(經史子集)을 두루 섭렵하였다. 성력(星曆) 및 역학(易學)에도 밝아 따르는 제자가 많았다. 그는 제자들이 점점 늘어나자 서당을 짓고 이름을 문회실(文會室)·난실(蘭室)이라 하였다. 저서《괘변의의(卦變疑義)》와 문집《화계집(花溪集)》8권이 있다.

[35] 숭정(崇禎)은 중국 명(明)나라의 17대이자 마지막 황제 의종(毅宗)의 연호이다. 이 연호는 1628년부터 1644년까지 17년간 사용되었으며, 숭정기원 후 86년이란 1713년을 가리킨다. 이 시기에 청나라 연호를 쓰지 않고 명의 연호를 쓴 것은 병자호란을 겪은 당시의 지식인들이 존주대의(尊周大義)를 명분으로 삼고 존명배청(尊明排淸)과 존주양이(尊周攘夷) 사상을 가졌기 때문이다. 공식 문서나, 청에 보내는 문서를 제외하고 사적으로 간행하는 문집류의 경우에는 대개 명의 연호를 사용하였다.

어떤 객이 지나가다 탄식하여 말하기를, "위대하구나, 조물주여! 맺힌 것은 산이 되고 녹은 것은 물이 되는데 기암괴석을 보태고 층을 쌓아 석대(石臺)를 삼고 또 그것을 엎드리게 하여 거북을 삼았습니다. 그리고 정자로써 그곳을 꾸미고 화재로써 경계하고, 또 그것을 새로 짓게 하였으니 이는 어찌 사람의 힘으로 용납될 수 있는 것이겠습니까?"라고 하였다.

정자의 주인이 듣고 웃으면서 가로되 "산이요, 물이요, 돌이 대(臺)가 되고, 그리고 거북이 되는 것은 가히 조물주의 힘으로 귀결되지만, 정자를 짓고 불을 내고 또 다시 새롭게 하는 것은 사람에게 달려 있으니 어찌 조물주가 한 일이라 이를 바가 있겠습니까?"라고 하였다.

객이 이르기를, "거칠구나, 주인의 말씀이여! 무릇 천지만물은 처음과 끝이 없는 것이 없는데 그 처음과 끝이 다 조물주로 말미암은 것입니다. 그 처음에는 천지가 있지 않았고, 천지가 있지 않으니 산수가 없었을 것이니, 대와 거북이 반석은 가히 말할 것도 없고 하물며 정자에서, 또 하물며 불이 나고 새로 지었겠습니까? 천지가 있고 난 후에 산수가 있고 산수가 있고 난 후에 석대와 거북 반석이 있으며, 석대와 거북 반석이 있고 난 후에 정자가 있고, 정자가 있고 난 후에 화재가 났으며, 화재가 난 후에 정자를 새로 지으니 이것은 누가 그렇게 하게 한 것입니까? 아마 조물주가 한 것이 아니겠습니까? 옛날 그대의 할아버지께서 처음 이 정자를 세웠는데 반구대 때문에 지은 것입니다. 반구대 때문에 짓고 그대의 할아버지 때문에 시작되었으니 이는 그대의 할아버지가 마침 조물주의 뜻을 알아차렸기 때문입니다. 그렇다면 이 정자는 비록 그대 할아버지가 늘그막에 깃들어 쉬던 장소였으나 실은 조물주의 손을 빌려 산수의 빼어난 경치로써 꾸민 것입니다. 정자를 지은 후에는, 나그네[36]가 멀다고 찾아오지 않음

---

36 원문의 납극자(蠟屐者)는 납극을 신은 사람으로, 나그네를 가리킨다. 납극은 밀랍을 발라 반들반들하게 만든 나막신이다. 중국의 위진남북조시대에는 사대부들이 극을 손수 깎아 신는 것이 유행하였는데, 멋을 내거나 방습을 위해 동물의 기름이나 밀랍을 덧

이 없고, 모두 떠들썩하게[37] 그 기이하고 절묘함을 칭찬하였습니다. 이에 정자는 더욱 이름이 나고 땅은 더욱 빼어난 곳이 되었습니다. 그리고 산간에는 수레와 말발굽이 나날이 이어지게 되었습니다.[38] 이를 시기하여 작년에 화재가 있었는데, 화재는 비록 하늘에서 낸 것은 아니지만 하늘이 그 불을 끄지 않았으니 아마 이 또한 조물주가 경고하는 바가 있었을 것입니다. 태수 송공(宋公)[39]이 개탄하며 없어진 것을 다시 일으킬 뜻[40]이 있어 곧 골짜기 사람들로 하여금 재목과 인력을 내어 건물을 지어 그대 할아버지의 유업을 다시 빛나게 하였으니 태수가 어찌 그대에게 사사로웠겠습니까? 아마 역시 조물주가 그 속마음을 이끌었을 것입니다. 그러나 조물주의 뜻이 무궁하여 장차 없는 것을 있게 하고 있을 것은 없게 하여 유무가 서로 이어져서 변화가 끝이 없을 것이니 지금으로부터 무릇 얼마나 변할 것이며, 얼마나 있다가 또 없어지겠습니까? 푸른 바다가 밭으로 변하고 높은 언덕이 골짜기가 되는 지경이 되면 반구의 산수와 암석 또한 장차 그 까닭을 잃을 것이니 정자만 어찌 홀로 존재할 수 있겠습니까?"라고 하였다.

주인이 놀라 말하기를 "그러면 어떻게 해야 하는지요?" 하자, 객이 또 그것을 설명하여 말하기를, "달인(達人)은 사물의 바깥에서 놀고, 사물은 형

칠하기도 하였다. 한편 진(晉)나라 완부(阮孚)는 나막신에 항상 밀랍을 반들반들하게 칠해서 신는 괴이한 습관이 있었는데, 어느 날 어떤 사람이 그를 찾아갔는데 그는 밀랍 칠하는 일만 계속하면서 "일생 동안 이런 나막신을 몇 켤레나 신을지 모르겠다(未知一生當着幾緉屐)."라고 탄식하였다고 하는 고사가 전해 오기도 한다.

37 원문의 책책(嘖嘖)은 크게 외치거나 떠드는 소리이다.
38 원문의 낙역(絡繹)은 사람이나 수레의 왕래(往來)가 끊이지 않음이다.
39 조선 후기의 문신 송징계(宋徵啓, 1690~1772)를 가리킨다. 자는 계인(季仁), 본관은 여산(礪山)이며 경기도 포천에서 출생하였다. 1723년(경종 3) 문과에 급제하고, 1730년(영조6)에 사헌부지평으로 임명된 후 사간원정언·홍문관수찬·경주부윤 등을 역임하였다. 경기도 포천시 일동면 기산리 장파동에 묘가 있다.
40 원문의 기폐(起廢)는 파면시켰던 사람을 다시 불러들이는 것이다.

성과 훼손이 있으나 나의 즐거움은 변하지 않습니다. 정자가 있어도 좋고 정자가 없어도 좋을 것입니다. 화재는 재앙이 되지 않으며, 새로 짓는 것도 기쁨이 아닐 것입니다. 하물며 지난번의 화재가 그 정자는 태울 수 있었지만 그 정자를 지은 까닭만은 태우지 못하였으므로, 정자는 비록 불탔으나 일찍이 정자를 세운 까닭은 타버리지 않은 것인데 그대가 무엇을 걱정하십니까?"라고 하였다.

주인이 기뻐하며 사례하여 가로되, "환하구나, 당신의 말씀이여! 족히 정자와 반구대를 영원하도록 하는 것입니다. 비록 그러하지만 내가 이 정자를 늘 그리워하는 뜻은 그 즐거움을 누리고자 하는 것이 아니라 다만 돌아가신 할아버지의 남긴 자취를 위하고자 함일 뿐입니다. 그대가 어찌 나를 위하여 기문을 짓지 아니하겠습니까?"라고 하였다. 마침내 문답한 말을 써서 주었다.

주인의 성은 최(崔)이고 이름은 석겸(錫謙)이며, 정무공(貞武公)[41]의 5세손이다.

崇禎紀元後八十六年 盤龜亭創 創三十一年而火 火踰年而重新 客有過而歎者曰 偉哉造物 結者爲山 融者爲水 而益之以奇巖怪石 層之以爲

---

[41] 조선 중기 무관이었던 잠와(潛窩) 최진립(崔震立, 1568~1636)으로, 경주 출신이며 최치원(崔致遠)의 17세손이다. 1594년(선조 27) 무과에 급제하고, 임진왜란 때 동생 계종(繼宗)과 함께 의병을 일으켰다. 1597년 정유재란 때에는 결사대를 조직하여 서생포와 도산 전투에서 큰 공을 세워 선무원종2등공신에 녹훈되었다. 이후 경원도호부사·가덕진수군첨절제사·경흥도호부사·경기충청황해삼도수군통제사 등을 역임하였으며, 1636년(인조 14) 병자호란 때 공주영장(公州營將)으로 참전하였다가 용인(龍仁) 험천(險川)에서 순절하였다. 청백리에 녹훈되고 병조판서에 추증되었으며, 1651년(효종 2) 정무(貞武) 시호를 받았다. 경주의 숭렬사(현 용산서원), 경원의 충렬사, 울산의 충의사 등에 배향되었으며, 묘소는 울주군 언양읍 반연리에 있다. 현손(玄孫)인 부사 경로(慶老)가 엮은 《잠와실기(潛窩實記)》가 있다.

臺 盤之以爲龜 而亭以粧之 火以警之 又重新之 此豈人力之所可容哉 亭之主人 聞而笑曰 山也水也石之爲臺也 爲龜也 可歸之造物 而亭之創也 火也重新也 在於人 惡有所謂造物者耶 客曰 野哉 主人之言也 凡天地萬物莫不有始有終 而其始其終 皆由於造物 其初也 未有天地 未有天地則未有山水 而臺與龜無可言 而況於亭乎 而況於火而重新乎 有天地然後有山水 有山水然後有臺與龜 有臺與龜然後有亭 有亭而後火 火而後重新 是孰使之然哉 其非造物者之爲耶 昔子之尊王父 始構此亭 亭爲盤龜作也 爲盤龜作而始於尊王父 是尊王父適會造物意也 然則此亭雖爲尊王父晚年棲息之所 而實造物者所以粧乎山水之勝也 作亭之後 客之蠟屐者 無遠不來 皆嘖嘖稱奇絶 於是亭益名 地益勝 而山間之輪蹄 日絡繹矣 恭乎是而有昨歲之火 火雖不出於天 天不禁其火 則疑亦造物之有所警也 太守宋公徵啓 慨然有起廢之意 卽令洞之人 出材力營構 使子之尊王父遺業 煥然重新 太守豈私於子哉 殆亦造物者 誘其衷也 然造物之意無窮 將使無者有 有者無 有無相嬗 變化無垠 則自今以往 凡幾變化 而幾有無耶 至於滄海變田 高岸爲谷 而盤龜之山水巖石 亦將失其故矣 亭安得獨存乎 主人瞿然警曰 然則奈何 客又解之曰 達人遊於物之外 物有成毁 吾之樂不遷也 有亭可也 無亭亦可也 火未爲災也 重新未爲喜也 況向之火 能焚其亭 而不能焚其所以爲亭 則亭雖火 而未嘗火也 子何憂焉 主人欣然而謝曰 曠哉言乎 足使亭與盤龜不朽矣 雖然吾所以眷眷於是亭者 非欲享其樂 特爲先王父遺跡在耳 子盍爲我記之 遂書問答之言以與之

主人姓崔名錫謙 貞武公之五世孫也

—《화계집(花溪集)》 권9

· 황경원(黃景源),⁴² 〈집청정기(集淸亭記)〉

경주 남쪽 70리에 비래봉(飛來峯)이 있으니 옛날 익양백(益陽伯) 문충공(文忠公) 정몽주(鄭夢周)가 지나며 즐기던 곳이다. 열 길 높은 봉우리가 나지막한 언덕을 따라 우뚝하게⁴³ 높이 솟아 있고⁴⁴ 차가운 시내가 그 아래를 감싸고 돌아가니 모두 아홉 굽이이다. 무릇 아홉 굽이에는 성긴 소나무가 연이어 있고 흰 조약돌이 깔렸는데, 그 깊은 못에는 구름의 경치가 스미고 일광(日光)에 잠겨 가는 무늬가 잔잔한 물결⁴⁵을 일으키고, 그 세찬 여울⁴⁶은 부딪히고 꺾여 돌면서 멀리 메아리가 많아지는데, 해가 지면 더욱 빨라져서 쨍쨍 울리는 소리가 밤새 끊이지 않는다.

큰 바위가 냇가에 뒤섞여 놓이고 잘 자란 대나무가 두르고 있어서 문충공이 매우 사랑하여 소요하였다.⁴⁷ 그러나 봉우리 남쪽에는 여덟 기둥의 사당이 있어서 문충공의 제사를 지내는데, 봉우리 북쪽에는 일찍이 정자가 있지 않았다.

---

42 1709~1787. 본관은 장수(長水), 자는 대경(大卿), 호는 강한유로(江漢遺老)이며, 아버지는 기(璣)이다. 1727년(영조 3) 생원시에 합격하고 1740년 증광문과(增廣文科)에 급제하였다. 영조 대에 예문관검열·병조좌랑·홍문관응교·대사성·대사간·대사헌·이조참판 등을 역임하였다. 그러나 1761년 상언사건(上言事件)에 연루되어 거제도에 위리안치(圍籬安置)되고, 이듬해 다시 합천으로 유배되었다. 1763년 풍천부사로 복직한 이후 호조참판·홍문관제학·대제학·형조판서·예조판서를 두루 거쳤다. 1776년 정조가 즉위한 후 대제학에 임명되었으나 고사하고 판중추부사로 있다가 생을 마감하였다. 시호는 문경(文景)이다. 이재(李縡)의 문인(門人)으로, 스승의 맥을 이어 예학(禮學)에 정통하였다. 저술로는 《남명서(南明書)》·《명조배신전(明朝陪臣傳)》·《강한집(江漢集)》등이 있다.
43 원문의 참연(嶄然)은 우뚝한 모양, 높이 솟은 모양이다.
44 원문의 특기(特起)는 뛰어나게 빼어남이다.
45 원문의 연의(漣漪)는 물결이 잔잔한 모습이다.
46 원문의 격단(激湍)은 매우 급하게 흐르는 여울이다.
47 원문의 반환(盤桓)은 머뭇거리며 그 자리를 떠나지 못하고 서성이거나, 결정을 내리지 못하고 우물쭈물하는 것이다.

처사 최 군⁴⁸이 냇가를 찾아왔다가 문충공의 명성과 그 끼친 치열함을 사모하고 그 남긴 충심⁴⁹에 봉우리 북쪽에 작은 정자를 지어서 아홉 굽이에 임하게 하고 집청정이라 명명하였으니, 그것은 아홉 굽이의 맑은 기운을 끌어모음을 일컬은 것이다.

처음에 문충공은 왕씨(王氏)를 섬겨 익양백(益陽伯)이 되었는데 학교를 흥하게 하고 유술(儒術)을 밝히며 중국의 예(禮)를 사용하였다. 왕씨가 망하려 함에 대의를 지켜서 죽을 때까지 변하지 않았다. 후에 중국에서 그 유고(遺稿)를 얻어서 기록하였고, 열조(列朝)의 시집에서 또 그 대의(大義)를 매우 상세하게 써서 천하에 널리 퍼졌다. 이에 천하의 사대부들이 문충공의 어짊과 현명함을 알게 되었다.

무릇 군자로서 해외로 나아가 명성이 중국에까지 이른 사람은 진실로 적었다. 그러나 그 도(道)는 족히 천지를 감동시키고 그 덕은 족히 귀신을 감동시켰으니, 중국에서 알아주기를 바라지 않았으나 중국이 마침내 모두 그를 알게 되었던 것이다. 가깝게는 백 년이요 멀리는 천년토록 전하지 않음이 없으리니 그래서 군자가 사라져 없어지지 아니하는 까닭은 천지 귀신이 반드시 그것을 전하는 때문이니, 나라의 안팎이나 땅의 동서를 가릴 것 없이 모두 거듭 번역하지 않아도 통하고, 배나 수레를 타고 가지 않아도 유행하는 것이다.

문충공은 바닷가 끄트머리에서 태어났고, 그 도덕은 중국의 서적에는 나타나지 않으나, 중국이 그 시를 정리하고 논하면서 그 아름다움을 높여서 드러내어⁵⁰ 지금까지도 천하에 전하고 있으니, 어찌 인력으로 할 수 있는 것이겠는가?

---

48 집청정을 건립한 최신기(崔信基, 1673~1737)를 가리킨다.
49 원문의 여열(餘烈)은 선조가 남긴 공적이다.
50 원문의 포현(襃顯)은 칭찬하여 세상에 널리 드러냄이다.

문충공이 나라에 의해 죽임을 당하고 유사(遺事)가 영락(零落)해진 지 무릇 250여 년이 지났으나 중국의 기록에 힘입어 후세에 전할 수 있게 되었다. 전하지 못할 것이 전하게 된 것은 천지 귀신이 그렇게 하게 한 것이다. 저 중국이 비록 인인(仁人)과 현자(賢者)를 좋아한다고는 하지만 문충공의 일을 논하기를 이와 같이 상세히 하여 천하에 만세토록 사람들로 하여금 살펴서 믿는 바가 있게 하였으니 문충공은 아마 남은 한이 없을 것이며, 사해(四海)의 뜻있는 선비들도 역시 가히 우뚝하게 섬에 의혹을 가지지 않을 것이다.

　금년 가을에 내가 경주에 이르러 이른바 비래봉(飛來峰)이라는 곳에 올라서 솔숲을 부여잡고 대숲을 헤쳐서 문충공이 반환(盤桓)하던 반석(盤石)을 보았다. 드디어 샘물에서부터 사당 문을 배알하였다.

　정자에서 묵노라니 최 군이 나에게 기문을 써 주기를 부탁하기에 내가 이르기를, 왕씨(王氏)는 석교(釋敎)를 존숭하고 원(元)나라의 예법을 사용하였으나, 문충공은 유술(儒術)을 밝혀서 중국의 예를 따랐고 대의를 지키다가 죽었으니 도를 바로잡는 것이었다. 지금 최 군이 문충공을 위해 이 정자를 짓고 거처함은 그 도를 본받은 것이다. 뒷날에 군자들도 공의 도에서 구할 수 있다면 최 군이 정자를 지은 까닭을 아마 알 수 있을 것이다.

　慶州南七十里 有飛來峰 故益陽伯文忠鄭公夢周之所經游也 峰高十仞 從平原嶄然特起 而寒泉縈洄其下 凡九曲 綴以疎松 布以白礫 其深潭則浸雲景涵日光 而纖文發爲漣漪 其激湍 則衝奔傾折 多遠響 日入尤駛 鏗鏗然終夜不絶 有大石 錯置泉上 修竹環之 文忠公甚愛於是而盤桓焉 然峰南有廟八楹 祀文忠公 而峰北未嘗有亭也 處士崔君過泉上 慕文忠公之名 而思其餘烈 乃作小亭於峰之北 以臨九曲 名之曰集淸之亭 謂其集九曲之淸也 始文忠公事王氏 爲益陽伯 置學校明儒術 用中國禮 王氏將亡 守大義 至死不變 後中國得其遺藁而錄之 列朝詩集 又書其大義甚

詳 行于天下 於是天下士大夫 知文忠公之爲仁賢也 夫君子出於四海之
外 聲名達于中國者 誠寡矣 然其道足以動天地 其德足以感鬼神 則不求
中國之知 而中國卒皆知之 近者百年 遠者千歲 無不傳也 故君子之可以
不泯者 天地鬼神必傳之 國無內外 地無東西 不重譯而通 不待舟車而行
也 文忠公生於海隅 其道德不見於中國之書 而中國論次其詩 襃顯其美
至于今傳之天下 豈人力之所能爲哉 自文忠公死於國 遺事零落 凡二百
五十餘年 賴中國得傳後世 莫之傳而傳焉者 天地鬼神使然也 夫中國雖
好仁賢 然論次文忠公事 如此其詳 使天下萬世之人 有所考信 文忠公庶
無遺恨 而四海有志之士 亦可以特立不惑也 今年秋 余至慶州 登所謂飛
來峰者 攀松樹 披竹林 覽文忠公盤桓之石 遂自泉上 謁于廟門 宿于亭榭
崔君屬余爲之記 余謂王氏尊釋敎用元之禮 而文忠公明儒術以從中國
秉大義而死之 道之正也 今崔君爲文忠公 構斯亭而居之 象其道也 後之
君子 如能求乎公之道 則崔君之所以爲亭者 庶可知矣

— 《강한집(江漢集)》 권10

· 최현채(崔鉉埰),[51] 〈집청정중건기(集淸亭重建記)〉

무릇 하늘과 땅 사이 모든 것은 사람과 사물(事物)이 서로 어울린 연후에 조물주(造物主)의 뜻이 다해져야 그 전해짐이 끝없이 오래갈 수 있으니 이치의 추세가 그러하기 때문이다. 경호(鏡湖)[52]의 한 굽이는 하지장(賀知章)[53]을 얻어서 대(臺)와 못이 영화롭게 되었고[54] 화산(華山)[55]의 세 봉우리

---

51 1875~1958. 호는 서암(棲巖)이다. 1713년(숙종 39)에 처음으로 집청정을 세운 최신기(崔信基, 1673~1737)의 종칠세손(從七世孫)이다.
52 중국 절강성(浙江省) 소흥시(紹興市) 회계산(會稽山) 북쪽 기슭에 있는 호수이다.
53 659~744. 중국 당(唐)나라 현종(玄宗) 때의 문신이자 시인이다. 자는 계진(季眞), 호는 석

는 희이(希夷)⁵⁶를 만나서 특별히 이름이 드러나게 되었다. 여기 헌산(獻山)⁵⁷의 반구대(盤龜臺)⁵⁸도 만약 강남(江南)⁵⁹의 아름다운 지역에 있었더라면 마땅히 섬천(剡川)⁶⁰이나 연화봉(蓮華峰)⁶¹에 못지않을 것이다. 그러나 궁벽한 고을의 깊은 골짜기 사이에 끼어 있어서 아무런 역사서에도 보이지 않지만, 예전에 우리 운암(雲庵)⁶² 선생 최공(崔公)은 포옹(圃翁)⁶³이 한번 시를 읊은⁶⁴ 것을 아끼고, 이름난 구역이 천고(千古)에 깊이 감추어짐을 안타깝게 여겨서 대(臺)의 북쪽에 정자를 세우고 그 문미(門楣)에 집청(集淸)이라는 편액(扁額)을 달았다.

창(石窓)·사명광객(四明狂客)이다. 월주(越州) 영흥(永興) 사람으로, 전해지는 시편은 많지 않아서 《전당시(全唐詩)》 권112에 〈영류(咏柳)〉·〈회향우서(回鄕偶書)〉 등 20수(首)만 실려 있다. 이백(李白)을 적선(謫仙)이라 칭하며 교유한 일로 유명하며, 술을 매우 즐겨서 두보(杜甫)의 〈음중팔선가(飮中八仙歌)〉 첫머리에 등장한다.

54 이 구절은 중국 당(唐)나라 현종(玄宗) 때 하지장이 벼슬을 그만두고 향리로 돌아가자, 현종이 경호의 한 굽이를 하사하여 여생을 보내도록 한 일을 가리킨다. 그 후에 이백(李白)은 〈술을 마주하고 하지장을 추억하다(對酒憶賀監)〉란 시에서 "조칙으로 경호(鏡湖)의 물을 하사하시어, 그대의 대소(臺沼)에 영광이 되게 하셨네(勅賜鏡湖水 爲君臺沼榮)."라고 하였다.
55 중국 섬서성(陝西省) 화음시(華陰市) 남쪽에 있는 산으로, 오악(五嶽)의 하나이다.
56 중국 송(宋)나라 진단(陳摶, 872~989)의 호(號)이다. 자는 도남(圖南), 호는 부요자(扶搖子)로, 송(宋) 태종(太宗)이 내려 준 사호(賜號)가 희이이다. 무당산(武當山) 구실암(九室巖)에서 20여 년, 화산(華山)의 운대관(雲臺觀)과 소화석실(小華石室)에서 40여 년 동안 은거하면서 은사로 이름났다. 도교의 수련 방식은 물론 유불(儒佛)에도 밝아 송대 이학에 많은 영향을 끼쳐, 후세 사람들이 그를 진단노조(陳摶老祖)·수선(睡仙)·희이조사(希夷祖師) 등으로 불렀다.
57 고헌산(高巘山)의 준말로, 언양(彦陽)을 가리키기도 한다.
58 울산광역시 울주군 언양읍 대곡리 반구산(265m)의 끝에 있는 3층의 석대(石臺)이다. 물 위에 떠 있는 산의 형상이 엎드린 거북 같아서 이렇게 불린다. 이곳은 고려 말 정몽주(鄭夢周, 1337~1392)가 언양에 유배되었을 때 올랐던 곳으로 포은대(圃隱臺)라고도 한다.
59 중국 양자강(揚子江)의 남쪽 지역.
60 하지장(賀知章)이 하사받은 경호(鏡湖)의 일부분이다.
61 중국 송(宋)나라 진단(陳摶)이 은거하였던 화산(華山)의 서쪽 봉우리이다.
62 집청정(集淸亭)을 지은 최신기(崔信基, 1673~1737)의 호(號).
63 포은(圃隱) 노인으로, 정몽주(鄭夢周, 1337~1392)를 가리킨다.
64 원문의 품제(品題)는 시문(詩文)을 지음.

창고[65]와 부엌을 갖추어 장수(藏修)[66]하는 별업(別業)[67]으로 제공하고 붕우들과 강마(講磨)[68]하는 장소로 삼았으니, 문밖의 수레와 말의 자취는 자수(紫綬)와 금장(金章)[69]을 지닌 사람이 아님이 없고, 바위 위에 전서(篆書)와 예서(隸書)로 새겨진 성명은 비의(緋衣)를 입고 옥대(玉帶)[70]를 찬 귀인(貴人)이 태반이었다. 만약 공(公)[71]이 조금이라도 벼슬하고자 하는 마음[72]이 있었다면 하현(河縣)[73]의 예(禮)그물[74]이 어찌 낙수(洛水)의 남북 언덕에 그쳤겠는가?[75] 그러나 낙양(洛陽)으로 들어가는 글[76]을 쓰지 않고 세상

---

[65] 원문의 늠해(廩廨)는 창고(倉庫)이다.
[66] 글을 읽고 배움에 노력함, 곧 학문을 배우고 익힘이다.
[67] 본집 외에 경치 좋은 곳에 따로 장만한 집으로, 별장(別莊)과 같다.
[68] 강론하고 연마함.
[69] 자수(紫綬)는 자주색 인수(印綬)이고, 금장(金章)은 금빛 인장(印章)이다. 모두 높은 관리를 가리킨다.
[70] 비의(緋衣)는 조관(朝官)이 입는 붉은색의 관복이고, 옥대(玉帶)는 옥으로 장식한 허리띠이다. 모두 고관(高官)을 가리킨다.
[71] 집청정을 지은 운암(雲庵) 최신기(崔信基)를 가리킨다.
[72] 원문의 청자지지(靑紫之志)는 벼슬하고자 하는 마음이다. 청자(靑紫)는 공경(公卿)의 인끈 색깔이 청자색(靑紫色)인 것에서 유래한 것으로, 높은 관직이나 작위를 가리키는 말로 쓰인다.
[73] 하양(河陽)을 가리킨다.
[74] 원문의 예라(禮羅)는 예로써 그물을 만든다(以禮爲羅)는 뜻으로, 예를 갖추어 인재를 초빙함이다.
[75] 이 구절은, 당연히 고관의 천거를 받았을 것이라는 뜻이다. 중국 당나라 문인 한유(韓愈)의 〈송온조처사서(送溫造處士序)〉에 따르면, 당나라 때 대부(大夫) 오공(烏公)이 하양 절도사가 되었다고 한다. 그러자 그는 낙수(洛水)의 북쪽 기슭에 살던 석홍(石洪)과 낙수의 남쪽 기슭에 살던 온조(溫造)를 예로 초청하여 막하(幕下)에 영입하였는데, 낙양의 재능 있는 선비들 중에서도 가장 뛰어난 인물들만 뽑아갔다는 평을 들었다는 것이다.
[76] 원문의 입락지서(入洛之書)는 낙양으로 들어가는 문장이란 뜻으로, 글을 통해 벼슬하여 낙양으로 들어감을 가리킨다. 《진서(晉書)》〈육기전(陸機傳)〉에 따르면, 중국 진(晉)나라의 문인 육기(陸機, 260~303)는 20세 때 모국(母國)인 오나라가 멸망하자 동생 육운(陸雲)과 함께 화정(華亭)에 은거하면서 공부하다가 오(吳)나라의 흥망을 논변하는 〈변망론(辨亡論)〉을 지었다고 한다. 이 글이 명문(名文)으로 회자되면서 당시 진나라의 사공(司空)으로 있던 장화(張華)를 만날 수 있었고, 이후 출세가도를 달리게 되었다는 것이다.

에 이름이 알려지기를 구하지 않으며, 이윤(伊尹)[77]의 효연(囂然)[78]에 뜻을 두고 공리(公理)[79]의 전원생활[80]을 즐겁게 여겨서 시(詩)를 이야기하고 예(禮)를 논하는 것으로써 후세에 전할[81] 가업(家業)[82]으로 삼았는데, 이제 지붕은 낡고 재목은 썩은 데다 바람마저 들보와 기둥을 침식하여 일곱 세대를 이어온 글의 자취가 마침내 강을 검게 물들이는 문부(文簿)가 되어 버렸으니 아, 애석하도다.

방손(傍孫)[83]인 장식(章植)과 영수(泳守) 두 사람은 계를 모을 때부터 고생하며 일이 이루어질 때까지 그 힘쓴 바가 많았다. 9세손 준식(俊植)이 재목을 모으고 공사를 시작하여[84] 완공하고 하루는 정자를 빛내도록 나에게 기문(記文)을 청하였다. 내가 말하기를, 정사(亭榭)[85]가 세워지고 없어짐은 무릇 기수(氣數)[86]의 오르내림이요, 산천(山川)이 드러나고 숨는 것

---

[77] 중국 은(殷)나라 탕왕(湯王) 때의 대신(大臣).
[78] 욕심 없이 스스로 만족함을 이르는 말이다. 《맹자(孟子)》〈만장(萬章)〉 상(上)에 "탕왕이 사람을 시켜 폐백으로 이윤(伊尹)을 초빙하자, 이윤이 태연히 말하기를, 내가 왜 탕왕의 폐백을 받겠는가? 그것이 어찌 내가 밭 가운데 살면서 요순의 도를 즐김만 하겠는가?(湯使人以幣聘之 囂囂然曰 我何以湯之聘幣爲哉 我豈若處畎畝之中 由是以樂堯舜之道哉)"라고 하였는데, 그 주(注)에 "효효(囂囂)는 욕심 없이 스스로 만족해 하는 모양이다(囂囂 無欲自得之貌)."라는 설명이 있다.
[79] 중국 한(漢)나라 때의 유학자인 중장통(仲長統, 179~219)의 자(字).
[80] 원문의 휴원(畦苑)은 전원(田園)과 같다. 《후한서(後漢書)》〈중장통전(仲長統傳)〉에 "휴원에서 머뭇거리고 평림에서 놀면서 맑은 물에 씻고 서늘한 바람을 맞으며 헤엄치는 잉어를 낚고 높이 나는 기러기를 잡는다(躊躇畦苑 遊戲平林 濯淸水 追凉風 釣游鯉 弋高鴻)."라고 하였다.
[81] 원문의 수세(垂世)는 후세에 전함이다.
[82] 원문의 궁기(弓箕)는 대대로 이어오는 가업(家業)을 가리킨다. 《예기(禮記)》〈학기(學記)〉의 "뛰어난 대장장이의 아들은 반드시 갖옷 만드는 것을 배우고, 활을 잘 만드는 사람의 아들은 반드시 키 만드는 것을 배운다(良冶之子 必學爲裘 良弓之子 必學爲箕)."라는 대목에서 유래하였다.
[83] 시조(始祖)가 같은 혈족 가운데 직계에서 갈라져 나간 친계(親系)의 후손(後孫)이다.
[84] 원문의 잔공(殘工)은 노동력과 재료를 준비하여 공사를 시작하거나 마치는 것이다.
[85] 정자(亭子)를 가리킨다.
[86] 저절로 오고 가는 길흉화복의 운수.

또한 은연중 그 사이에 운수(運數)가 존재하니, 옛날에 문요(文饒)[87]의 평천장(平泉莊)[88]은 두 번 세대가 바뀌자 훼손되었고 원량(元亮)[89]의 시상(柴桑)[90]은 손자 대에 이르러 다시 고쳐졌다. 이것이 어찌 사람의 힘이나 지혜와 계책이 미칠 바이겠는가? 마침내 그대[91]와 함께 정자에 올라 대(臺)를 바라보니 뾰족한 봉우리는 예전처럼 푸르고 삼백 년 동안의 아름다운 자취와 남겨진 향기를 찾을 수 있을 듯하였다. 참으로 효성스런 정성이 차마 황폐하게 하지 못한 뜻일 것이다.

고로(古老)[92]에게 듣자니, 선대에 정자가 탈이 없었을 때에는 비록 자사(刺史)나 태수(太守) 같은 귀인이라도 평소에 알던 사람처럼 기쁘게 맞이하고 짚신 신고 명아주지팡이 짚은 과객이라도 손님으로 예우하지 않음이 없었다고 하니, 오늘 중건하게 된 것은 모두 선대가 덕을 쌓은 결과일 것이다. 만약 그대가 이 정자에 거처하면서 선대의 덕을 닦는다면 대(臺)는 더욱 높아지고 물은 더욱 맑아져서 정자는 산고수장(山高水長)한 사이에 있게 될 것이다. 그대는 힘써야 하고, 힘써야 하리.

계유년(1933) 10월 15일 종 7대손 현채(鉉埰)가 삼가 짓다.

---

87 중국 당(唐)나라 덕종(德宗)·선종(宣宗) 때의 재상(宰相) 이덕유(李德裕, 787~850)의 자(字)이다.
88 이덕유(李德裕)의 별장으로 낙양에서 삼십 리 거리에 있었는데, 둘레가 사십 리였고 백여 개의 정자와 누대, 천하의 기화이초(奇花異草), 진귀한 소나무, 괴석이 있어 그 경치가 완연히 선경(仙境)과 같았다. 스스로 말하기를, "평천을 경영한 것은 선대의 유지를 따른 것이니, 평천의 꽃 하나 나무 하나라도 무너뜨려서는 내 자손이 아니다."라고 하며 잘 계승할 것을 당부하였다. 그러나 얼마 후 그는 실권하고 유배되어 그곳에서 죽었기 때문에 평천장의 원림을 제대로 누리지 못하였고, 그의 손자 연고(延古)에 이르러 남의 손에 넘어가고 말았다.
89 중국 동진(東晉) 때의 시인인 도잠(陶潛, 365~427)의 자(字)이다.
90 도잠(陶潛)의 고향인 시상현(柴桑縣)을 가리킨다. 도잠이 41세 때 길지 않은 관직 생활을 청산하고 〈귀거래사(歸去來辭)〉를 읊으며 돌아온 곳이기도 하다.
91 이 글을 지을 당시의 집청정 주인인 최준식(崔俊植)을 가리킨다.
92 경험이 많고 옛일을 잘 알고 있는 노인.

大凡天壤之間 人物相得然後 盡造物之情 而壽其傳於無窮 理勢然也 鏡湖一曲 得知章而臺沼榮 華山三峰 遇希夷而特著名 惟此獻山之盤龜 臺 如在江南佳麗地 則當伯仲於剡川蓮華 而介在僻縣窮谷 若將不見於 史記一部 而昔我雲庵先生崔公 愛圃翁之一經品題 惜名區之千古秘閉 起亭於臺之陰 而扁其楣曰集淸 俱廩廨庖廚 供藏修之別業 爲朋友講磨 之所 門外之車馬轍迹 無非紫綬金章之客 石上之篆隷姓名 半是緋衣玉 帶之貴 使公而小有靑紫之志 則河縣禮羅 豈止洛之匡南北 而不艸入洛 之書 不求聞達於世 志伊尹之囂然 樂公理之畦苑 譚詩說禮 爲垂世之弓 箕 而屋老材朽 風鬙梁柱 七世書蹟 竟歸烏江文簿 於乎惜哉 旁孫章植泳 守二君 堅契拮据 以底于成 多其力也 九世孫俊植 鳩材傝工完成 一日 赫 棟而問記於余 余曰 亭榭之興廢 是氣數之升沈 而山川之顯晦 亦隱然數 存乎其間也 在昔文饒之平泉 再易世而見毁 元亮之柴桑 至孫見而重葺 是豈人力智謀之所及哉 遂與君登亭而望臺 若峰巒依舊蒼翠 三百年美 蹟遺芬 如可尋逐 眞孝思不忍荒廢之意也 聞之古老 先亭無恙時 雖刺史 太守之貴 懽如平昔 穿芒杖藜之過 無不賓禮云 今日重建 皆先德遺蔭也 使君處斯亭而修先德 則臺愈高水益淸 而亭在山高水長之間矣 君其勉 之哉勉之哉
癸酉十月十五日 從七代孫鉉垛謹撰

— 집청정(集淸亭) 현판(懸板)

3. 시(詩)

· 손경걸(孫景杰),[93] 〈집청정 시에 차운하다(集淸亭次韻)〉

저녁에 반구대 골짜기에 들어가니
날아갈 듯한 작은 정자가 있네.
난간에 기대니 밝은 달이 뜨는데
산색(山色)이 눈앞에 푸르네.

暮入盤龜洞 翼然有小亭
憑欄明月出 山色望中靑

— 집청정(集淸亭) 시판(詩板)

· 신한운(申漢雲),[94] 〈집청정 시에 차운하다(集淸亭次韻)〉

다시 반구대 골짜기를 찾아가니
예전의 작은 정자가 여전(如前)하네.
신선 세계가 한없이 좋으니
구름과 산이 희고 또 푸르네.

---

[93] ?~?. 자(字)는 대지(大之), 호(號)는 설와(雪窩), 본관은 경주(慶州). 1721년(경종 원년) 사마시에 합격하여 진사가 되었다.
[94] 1682~?. 1727년(영조 3) 증광시에 진사 2등으로 합격한 사실이 《사마방목(司馬榜目)》에서 확인된다.

再訪盤龜洞 依然舊小亭
仙區無限好 雲山白又青

— 집청정(集淸亭) 시판(詩板)

· 임화세(任華世),⁹⁵ 〈집청정 시에 차운하다(集淸亭次韻)〉

시내 따라 한 걸음씩 길을 가다가
흥에 이끌려 저녁 정자에 오르네.
바위 위에서 술잔을 머금고 가노라니
수많은 봉우리가 마음껏⁹⁶ 푸르네.

沿溪步步路 牽興晚登亭
石上含盃去 千峰滿意青

— 집청정(集淸亭) 시판(詩板)

· 손덕승(孫德升),⁹⁷ 〈집청정 시에 차운하다(集淸亭次韻)〉

조물(造物)이 끝내 숨기기 어려워

---

95 1675~1731. 본관은 풍천(豐川), 자는 실혜(實兮), 호는 시옹(是翁)·시암(是庵)이며 경주 출신이다. 1699년(숙종 25) 식년시에서 병과로 급제하여 성균관전적·사헌부감찰·성균관직강·예조정랑을 역임하였다. 문집으로《시암집(是庵集)》이 있다.
96 원문의 만의(滿意)는 심만의족(心滿意足)의 준말로, 마음에 흡족하다는 뜻이다.
97 1659~1725. 자는 현수(玄叟), 호는 매호(梅湖), 본관은 경주이다. 1684년(숙종 10)의 식년시에 병과 3등으로 급제하고 병조좌랑을 거쳐 사헌부지평에 임명되었으나 낙향한 후 학문에 몰두하였다. 1724년(경종 4)에 성균관직강에 제수되었으나 부임하지 않았다.

반구대에 이 정자가 있게 되었네.
참으로 응당 살피고 난 뒤에는
산색(山色)이 꿈속에도 푸르리.

造物終難秘 盤龜此有亭
祇應看過後 山色夢中靑

— 집청정(集淸亭) 시판(詩板)

· 이민중(李敏中),[98] 〈집청정 시에 차운하다(集淸亭次韻)〉

물이 휘도니 산은 물을 안고 있는데
가운데에 계정(溪亭)[99] 한 채가 있네.
시인의 말채찍[100]이 자주 가리키는 곳에
바위가 희고 또 산이 푸르네.

水廻山抱水 中有一溪亭
吟鞭頻指點 石白又山靑

— 집청정(集淸亭) 시판(詩板)

---

98 1694~?. 1719년(숙종 45) 증광시에서 진사 3등으로 합격한 사실이 《사마방목(司馬榜目)》에서 확인된다.
99 시내에 닿아 있는 정자.
100 원문의 음편(吟鞭)은 시인의 말채찍으로, 흔히 다니며 읊는 시인을 가리킨다.

• 김용한(金龍翰),[101] 〈집청정에 오르다(登集淸亭)〉

집청정 아래 망선대(望仙臺)[102]에는
소나무는 절로 푸르지만 학은 오지 않네.
콸콸 흐르는 계곡물에 바람이 온화하고 날씨는 따뜻한데
또 주인[103]을 기다리고 있으니 돌아감을 재촉하지 말게나.

集淸亭下望仙臺 松自靑靑鶴不來
風和日暖溪流潎 且待幽人去莫催

—《염수헌집(念睡軒集)》 권1

• 김용한(金龍翰), 〈집청정 시에 차운하다(次集淸亭韻)〉

시내와 산의 경물(景物)이 기이하여
틈을 내어[104] 반구대에 이르렀네.
관어석(觀魚石)[105]에서는 매가 날고
알이 흩어진 바둑판에는 거문고가 울리네.

---

101 1738~1806. 자는 운익(雲翌), 호는 염수헌(念睡軒), 본관은 경주로, 언양에서 살았다. 1789년(정조 13) 식년시(式年試) 진사 3등으로 합격하였으며, 1791년에는 응제(應製)로 뽑혀 술·종이·먹·붓 등이 하사되었다. 문집으로 1912년 증손 김순집(金順集)이 편집, 간행한 《염수헌집(念睡軒集)》이 있다.
102 집청정 앞 시내에 있던 바위 이름. 이만부(李萬敷)의 〈반구기(盤龜記)〉에 의하면, 이곳에 특이한 바위 세 개가 있는데, 그것들의 이름이 왕도(王到)·망선대(望仙臺)·관어대(觀魚臺)라고 하였다.
103 원문의 유인(幽人)은 은거하는 사람이다. 여기에서는 집청정의 주인을 가리킨다.
104 원문의 투극(偸隙)은 바쁜 가운데 여가를 내는 것이다.
105 반구대의 시냇가에 있는 관어대(觀魚臺)를 가리킨다.

일찍이 어느 날 꽃을 구경하였던가?
지금 이때에 물을 보며 좋아하네.
속인의 마음으로 선분(仙分)¹⁰⁶을 겸하게 되니
햇살이 기울어도 말에 오름이 더디어지네.

溪山景物奇 偸隙到盤龜
鷹放觀魚石 琴鳴落子碁
看花曾幾日 樂水得今時
塵慮兼仙分 斜陽上馬遲

─《염수헌집(念睡軒集)》권1

· 김용한(金龍翰), 〈최내문¹⁰⁷·최탁지¹⁰⁸·최경지¹⁰⁹에게 집청정 시

---

106 원문의 선분(仙分)은 신선 세계와의 인연이다.
107 내문(乃文)은 경주 문인 최옥(崔鈺, 1740~?)의 자(字)로, 최종겸(崔宗謙)의 아들이다. 1795년(정조 19) 경주부(慶州府)에 제출한 호구단자(戶口單子)에서 자신의 출생 연도를 경신년(庚申年, 1740)으로 밝히고, 경주부 이조리(伊助里) 가암촌(佳巖村)에 거주하고 있음을 밝혀 놓았다. 한편, 아들 최제훈(崔濟勛)이 1813년(순조 13) 정월에 올린 호구단자에서 최옥은 이미 죽은 것으로 나오므로, 그의 사망 연도는 자신이 마지막으로 올린 호구단자(1810년)를 참고하면 1810년에서 1812년 사이일 것으로 추정된다.
108 탁지(琢之)는 조선 후기의 경주 문인 최박(崔璞)의 자(字)로, 집청정의 주인으로 보인다. 김용한(金龍翰)의 〈집청정 주인 최탁지(박)가 지난날의 사귐으로 혼인의 정을 맺기 위하여 어느 날 나를 방문하여 이틀 밤을 잤는데, 때마침 좋은 비를 만나자 서로 더불어 기쁨을 적다(集淸亭主人崔琢之(璞) 以宿昔之交結婚誼 一日過余信宿 適値喜雨相與志喜)〉라는 시를 참고할 수 있다.
109 경지(景至)는 조선 후기의 경주 문인 최남복(崔南腹, 1759~1814)의 자(字)이다. 호는 도와(陶窩), 본관은 경주이다. 반구대 골짜기의 상류 즉 천전리각석(川前里刻石)보다 훨씬 북쪽 계곡의 백련암(白蓮庵)이 있던 자리에 백련서사(白蓮書社)를 경영하면서 후학을 양성하고 또 그곳을 장수지소(藏修之所)로 삼았다. 또 백련서사 앞의 골짜기를 백련구곡(白蓮九曲)이라고 명명하고 그곳의 산수를 즐겼다. 1792년(정조 16) 식년시(式年試)에서 생원 3등을 합격한 사실이 《사마방목(司馬榜目)》에서 확인된다. 문집으로 《도

에 차운하여 주다(次贈崔乃文崔琢之崔景至集淸亭韻)》

신선이 사는 골짜기[110]의 안개와 구름이 자줏빛 노을을 빚으니
이 몸은 마치 무하유지향(無何有之鄕)[111]에 든 게 아닌가 싶네.
층층의 바위 면은 누각 앞을 둘러싸고
콸콸 흐르는[112] 계곡물 소리는 베개 아래에서 크게 들리네.
먼 곳의 손님은 빼어난 곳임을 알아 찾아오는데
주인은 내 집처럼 편하게 쉬라고 하네.
십 리에 펼쳐진 꽃과 바위에서 돌아갈 길을 잊고
저녁 무렵에는 숲으로 돌아가는 검은 까마귀를 따르네.

仙洞煙雲釀紫霞 此身疑若入無何
層層石面樓前擁 漱漱泉聲枕下多
遠客來尋知勝地 主人棲息便吾家
花巖十里忘歸路 向夕投林伴黑鴉

— 《염수헌집(念睡軒集)》 권2

와집((陶窩集)》이 있다.
110 원문의 선동(仙洞)은 신선이 사는 골짜기인데, 집청정 앞의 시내 건너편 바위 벽에 학 그림과 함께 옥천선동(玉泉仙洞)이라는 글자가 새겨져 있다.
111 원문의 무하(無何)는 무하유지향(無何有之鄕)의 준말로, 인공이 가해지지 않은 자연 그대로의 세계, 세상의 번거로움이 없는 허무자연(虛無自然)의 낙토(樂土)이다. 이 말은 《장자(莊子)》〈소요유(逍遙遊)〉·〈응제왕(應帝王)〉·〈지북유(知北遊)〉 등 여러 곳에 나오는데, 아무것도 없는 곳이란 의미이다. 이른바 무위자연(無爲自然)의 도가 행해질 때 도래하는, 생사가 없고 시비가 없으며 지식도, 마음도, 하는 것도 없는 참으로 행복한 곳, 또는 마음 상태이다.
112 원문의 괵괵(漱漱)은 물이 갈라져 콸콸 흐르는 모양이다.

• 김용한(金龍翰), 〈최내문이 집청정에서 비에 막혀 머물면서 오언사운[113]으로 화답을 구하다. 2수(崔乃文滯雨集淸亭 以五言四韻求和 二首)〉

물과 바위에서 풍월(風月)을 이야기하고
시골 오두막에서 사농(士農)[114]을 공부하네.
늘 명승지(名勝地)에 이르면
먼저 주인옹(主人翁)을 찾네.
경물(景物)은 특히 모습이 새로운데
암대(巖臺)[115]는 홀로 옛 모양 그대로이네.
기이하고 빼어난 곳을 고요히 살피니
뚫고 깎은 것이 과연 누구의 공덕(功德)인가?

비가 천 층의 벼랑을 씻으니
하늘에는 한 점의 티끌도 없네.
신선이 돌아간 곳에 옛 골짜기만 남았는데[116]
맑은 기운이 모인 곳[117]은 소인(騷人)[118]이 몇 명인가?
돌아다니다가 그윽하고 깊은 곳에 이르러
앉아서 멀고 가까운 친지를 만나네.

---

[113] 원문의 사운(四運)은 네 개의 운각(韻脚)으로 된 율시(律詩)를 말한다.
[114] 사농공상(士農工商)의 준말로, 사회 구성원과 국가의 체제를 포괄적으로 가리킨다.
[115] 바위로 된 돈대. 여기에서는 집청정 앞의 반구대를 가리킨다.
[116] 이 구절은 반구대 앞의 시냇가 바위에 새겨진 '옥천선동(玉泉仙洞)'을 염두에 둔 표현이다.
[117] 원문의 청집(淸集)은 집청정이라는 정자와, 맑은 기운이 모인 곳이라는 이중적 의미를 담고 있다.
[118] 시인과 문사(文士)를 통틀어 이르는 말. 중국 초(楚)나라의 굴원(屈原)이 지은 〈이소(離騷)〉에서 유래한 말이다.

이것이 세간의 참된 즐거움이거늘
무슨 일에 내 몸을 얽매이는가?

水石談風月 田廬課士農
每當名勝地 先訪主人翁
景物殊新態 巖臺獨舊容
靜觀奇絶處 穿鑿果誰功

雨洗千層壁 天無一點塵
仙歸餘古洞 淸集幾騷人
行到幽深處 坐逢遠近親
世間眞樂是 何事役吾身

—《염수헌집(念睡軒集)》권2

・김용한(金龍翰), 〈집청정에서 묵고 돌아오는 길에 최탁지[119]와 함께 운을 맞추다[120](宿集淸亭 歸程與崔琢之拈韻)〉

덧없는 세상[121]에서 평생을 사는 나그네가
맑은 정자에서 한나절[122] 동안 신선이 되네.

---

119 탁지(琢之)는 조선 후기의 경주 문인 최박(崔璞)의 자(字)로, 집청정의 주인으로 보인다. 김용한의 "집청정 주인 최탁지가 지난날의 사귐으로 혼인의 정을 맺기 위하여 어느 날 나를 방문하여 이틀 밤을 잤는데, 때마침 좋은 비를 만나자 서로 더불어 기쁨을 적다(集淸亭主人崔琢之(璞)以宿昔之交結婚誼一日過余信宿適値喜雨相與志喜)"라는 시를 참고할 수 있다.
120 원문의 점운(拈韻)은 운자(韻字)를 맞추어 시를 짓는 것이다.
121 원문의 부세(浮世)는 덧없는 세상, 부질없는 세상이다.

높은 난간은 물속에 거꾸로 드리우고
층진 절벽은 허공에 매달려 꽂혀 있네.
계곡물을 마시면 응당 뼛골이 씻길 텐데
바둑돌이 남았으니 꿈은 얼마나 넉넉한가?
시골 술에 한 번 취하니
한 필(匹) 말은 작은 시냇가에 있네.

浮世百年客 淸亭半日仙
危欄垂水倒 層壁揷空懸
澗飮髓應洗 碁殘夢幾圓
村罇成一醉 匹馬小溪邊

―《염수헌집(念睡軒集)》권2

· 김용한(金龍翰), 〈또 절구 한 수로 화답하다(又和一絕)〉

밝은 달과 맑은 못은 만고(萬古)에 변하지 않는 마음인데
승려 몇 명이 늙은 소나무 그늘에서 가부좌[123]하고 있네.
쓸쓸한[124] 방에는 난초 향기가 가득하고
검푸른 빛이 뒤섞여 도사의 옷깃을 감싸네.

月白潭淸萬古心 數僧趺坐老松陰

---

122 원문의 반일(半日)은 한나절이다.
123 원문의 부좌(趺坐)는 가부좌(跏趺坐)의 준말로, 부처의 좌법(坐法)인 책상다리를 하고 앉는 것이다.
124 원문의 소연(蕭然)은 쓸쓸한 모양, 호젓한 모양이다.

蕭然一室芳蘭臭 蒼翠交籠道士襟

―《염수헌집(念睡軒集)》권2

· 김용한(金龍翰) 외 5인, 〈늦봄에 집청정에서 연구[125]를 읊다(暮春集淸亭聯句)〉[126]

이름난 곳에서 함께 물을 건너니
궁벽한 땅이 동해에 가깝네. (퇴이)

소쇄(蕭灑)[127]하고 맑은 누각이 우뚝하여
가는 말을 멈추고 높은 곳에 오르네. (중면)

산형(山形)은 봉황이 춤추며 오르고
지세(地勢)는 거북이 신령스럽게 엎드려 있네. (회이)

겹친 바위는 곧 자리가 되고
그늘진 소나무는 절로 정자가 되네. (개중)

용은 검푸른 연못에 숨고
새는 푸른 나무 그늘에서 우네. (운익)

---

[125] 원문의 연구(聯句)는 여러 사람이 한 구(句)씩 돌아가면서 짓는 한시의 한 형식이다.
[126] 제목 아래, "이퇴이·정중면·정회이·이개중·이고경 등이 함께 모이다(李退而 鄭仲勉 鄭晦而 李開仲 李昊卿 齊會)."라는 세주(細註)가 있다.
[127] 원문의 소쇄(蕭灑)는 기운이 맑고 깨끗함이다.

하늘은 부용(芙蓉)¹²⁸의 수려함을 깎고
바람은 도행(桃杏)¹²⁹의 향기를 전하네. (고경)

계곡물 소리는 베갯머리에서 살아나고
산의 색깔은 처마를 둘러서 드러나네. (퇴이)

아름다운 경치는 마땅히 봄의 그림에 어울리고
나그네의 발자취¹³⁰는 모두 부평(浮萍)¹³¹이라 하겠네. (중면)

한가로운 지팡이는 흰 새를 따르고
높은 난간은 푸른 병풍을 마주하네. (회이)

봄이 저무니 꽃잎은 물가에 날리고
골짜기가 깊으니 구름은 뜰에서 묵네. (개중)

먼 길 가는 사람이 소매 젖음을 어찌 말하랴
험한 길을 지났음을 깨닫지 못하네. (고경)

상쾌한 운치에 바람이 골짜기에서 일어나고
맑은 유업(遺業)¹³²에 비가 빗장을 씻어 주네. (운익)

---

128 원문의 부용(芙蓉)은 연(蓮)의 이칭(異稱)이다.
129 원문의 도행(桃杏)은 복숭아와 은행이다.
130 원문의 기종(羈踪)은 나그네의 발자취이다.
131 물에 뜬 개구리밥.
132 원문의 청진(淸塵)은 맑은 유업(遺業), 맑은 기풍(氣風)이다. 이때 '진(塵)'은 '유업(遺業)'을 뜻한다. 여기서는 포은(圃隱) 정몽주(鄭夢周)의 유풍(遺風)을 가리킨다.

난간에 기대어 번갈아 시구(詩句)에 화답하고
자리를 옮겨 다시 물가로 나아가네. (퇴이)

옥동(玉洞)¹³³의 신선은 어디로 갔는가?
금반(金盤)에 이슬이 절로 떨어지네. (중면)

멋진 놀이는 긴 밤이 마땅한데
이별의 상념은 새벽별을 안타까워하네. (회이)

마음은 매달린 등불처럼 흔들리는데
피리와 노랫소리는 물소리와 어우러져 들리네. (개중)

푸른 솔에는 마땅히 학이 잠잘 텐데
넓은 못에는 안타깝게도 배가 없네. (운익)

바위 벼랑에는 삼현(三賢)의 사당¹³⁴이 고아(古雅)한데
산속 창가에는 나그네가 꿈에서 깨어나네. (고경)

물에서 이치를 깨치기 좋은데
황홀하게 주인 노인의 슬기를 체득하네. (퇴이)

깊은 흥취(興趣)는 반드시 술이 있어야 되는 게 아니거늘

---

133 옥동선동(玉泉仙洞)의 준말로, 즉, 신선 세계를 가리킨다.
134 원문의 삼현사(三賢祠)는 세 분을 모신 사당으로, 정몽주(鄭夢周)·이언적(李彦迪)·정구(鄭逑)를 배향(配享) 한 반고서원(槃皐書院)을 가리킨다. 이 서원은 1712년(숙종 38)에 언양 지역의 유림이 창건하였다.

고상한 담화(談話)에 어찌 차 끓이는 것¹³⁵을 배우겠는가? (중면)

맑은 이슬은 십 년 동안 생각하던 바인데
아름다운 절기는 삼춘(三春)¹³⁶을 만났네. (회이)

하루 동안의 흉금(胸襟)을 씻고
천추(千秋)에 남을 성자(姓字)를 새기네. (개중)

기이한 놀이에도 모이고 흩어짐이 있거늘
뒷날에 모이자는 말이 간절하네. (고경)

기수(沂水)¹³⁷에서 읊으며 돌아오는 흥취를
잠시나마 큰 붓으로 형용(形容)해 보네. (운익)

名區同越水 偏壤近東溟 (退而)
瀟灑淸樓屹 登臨去騎停 (仲勉)
山形騰鳳舞 地勢伏龜靈 (晦而)
仍石便爲座 蔭松自作亭 (開仲)
龍藏潭水黑 鳥語樹陰靑 (雲翼)
天削芙蓉秀 風傳桃杏馨 (杲卿)

---

135 원문의 병(缾)은 옛날 차를 끓이던 용기(容器)이다.
136 봄 석 달.
137 중국 산동성(山東省)에서 발원하여 사수(泗水)로 들어가는 강이다. 《논어(論語)》〈선진(先進)〉에 나오는, 공자(孔子)가 여러 제자들에게 각자의 뜻을 말해 보라고 했을 때, 증점(曾點)이 "늦은 봄에 봄옷이 이루어지면 관자(冠者) 5, 6인, 동자(童子) 6, 7인과 함께 기수(沂水)에서 목욕하고 무우(舞雩)에서 바람을 쐬고 시가(詩歌)를 읊으면서 돌아오겠습니다."라는 고사(故事)의 현장(現場)이다.

泉聲當枕活 岳色繞簷呈 (退而)
佳景宜春畵 覊踪摠水萍 (仲勉)
閒笻隨白鳥 危檻對蒼屛 (晦而)
春晚花飛渚 洞深雲宿庭 (開仲)
何論征袂濕 未覺險途經 (杲卿)
爽韻風生壑 淸塵雨洗扃 (雲翼)

憑軒迭酬句 移席更臨汀 (退而)
玉洞仙何去 金盤露自零 (仲勉)
勝遊宜永夜 離思惜晨星 (晦而)
肝膽懸燈活 簫歌和水聽 (開仲)
松靑應宿鶴 潭闊恨無舲 (雲翼)
石壁賢祠古 山牕客夢醒 (杲卿)

好將諸水晤 悅得主翁惺 (退而)
深興不須酒 高談豈學瓶 (仲勉)
淸露十年想 佳節三春丁 (晦而)
一日胸襟滌 千秋姓字銘 (開仲)
奇遊成聚散 後會語丁寧 (杲卿)
沂水詠歸興 聊將巨筆形 (雲翼)

— 《염수헌집(念睡軒集)》 권2

• 이덕표(李德標),¹³⁸ 〈집청정 시에 차운하다(次集淸亭韻)〉

바람과 안개가 특별한 곳으로는 이 사이가 최고인데
동천(洞天)¹³⁹은 깊고 아득히 모두 산으로 싸여 있네.
거북이 엎드린 늙은 바위는 높은 난간을 마주보고
용이 누운 깊은 못은 요란한 물굽이를 뿜어 내네.
하늘거리는 낚싯줄은 물에 비친 달에 드리워 당기고
느긋한 신세는 구름과 벗하여 한가롭네.
여러 신선의 청복(淸福)을 그대가 누릴 수 있으니
노을 밖¹⁴⁰의 고상한 풍도(風度)를 내가 따르고 싶네.

진사 이덕표

特地風烟最此間 洞天幽邃盡環山
龜盤老石當危檻 龍臥深潭噴駭灣
裊裊竿絲垂月引 悠悠身勢伴雲閑
列仙淸福君能享 霞外高標我欲攀
進士 李德標

— 집청정(集淸亭) 시판(詩板)

---

138 1664~1745. 조선 후기의 문인. 자는 정칙(正則), 호는 우와(寓窩), 본관은 여주(驪州)이고, 경주에서 거주하였다. 조부는 이교(李皦)이고, 부친은 진사(進士) 이기(李埼)이다. 1699년(숙종 25) 식년시(式年試)에서 진사 3등(三等)으로 합격하였다. 문집으로《우와집(寓窩集)》이 있다.
139 신선이 사는 곳으로, 천하의 절승(絶勝)을 의미한다. 여기에는 36동천(洞天)과 72복지(福地)가 있다고 한다. 집청정 앞의 시내 건너 바위 벽에는 학 그림과 함께 옥천선동(玉泉仙洞)이라는 글자가 새겨져 있다.
140 원문의 하외(霞外)는 노을 바깥, 즉 신선 세계를 가리킨다.

• 정만양(鄭萬陽),[141] 〈집청정 시에 차운하다(次集淸亭韻)〉

높은 처마는 산 중턱[142]에 걸렸는데
아래에는 우는 개울이 있고 위로는 산이 있네.
양 겨드랑이의 천풍(天風)[143]은 학창의(鶴氅衣)[144]에 불고
한쪽 처마의 명월(明月)은 반구대의 물줄기를 비추네.
선인(仙人)은 예로부터 누정에 살기를 좋아하였는데
병객(病客)은 이제서야 세속의 생각이 없어지네.
모래밭의 갈매기에게 약속[145]을 어기지 말자고 기별하노니
뒷날에 지팡이 짚고 다시 서로 어울리고 싶네.

훈수 정만양

高軒掛在翠微間 下有鳴溪上有山
兩腋天風吹鶴氅 一簷明月照龜灣

---

[141] 1664~1730. 자는 경순(景醇), 호(號)는 훈수(塤叟)·기암(企菴)·정재(定齋)이다. 본관은 연일(延日)이며 영천(永川)에서 거주하였다. 종조부 정시연(鄭時衍)과 이현일(李玄逸)의 문하에서 아우 정규양(鄭葵陽)과 함께 수학하였다. 경사(經史)는 물론 성리학·예학·천문·지리 등에 두루 정통하여 당시 사람들이 이들을 정호(程顥)·정이(程頤) 형제와 같다고 하였다. 그의 아우 규양과 함께《훈지악보(塤篪樂譜)》·《곤지록(困知錄)》·《이기집설(理氣輯說)》·《가례차의(家禮箚疑)》·《개장비요(改葬備要)》·《의례통고(疑禮通攷)》등을 남겼다. 사헌부지평(司憲府持平)에 추증되었으며, 영천의 횡계서원(橫溪書院)에 제향되었다. 문집으로《훈지문집(塤篪文集)》62권이 있다.
[142] 원문의 취미(翠微)는 산 중턱이다.
[143] 하늘 높은 데서 부는 바람.
[144] 소매가 넓고 뒤 솔기가 갈라진 흰옷의 가를 검은 천으로 넓게 댄 웃옷으로, 주로 학덕이 높은 선비들이 즐겨 입었다.
[145] 원문의 구약(鷗約)은 갈매기와 맺은 약속으로, 강호(江湖)에 은둔하여 백구(白鷗)와 벗을 삼음을 뜻한다.

仙人自古樓居好 病客如今俗慮閑

寄語沙鷗休負約 他時扶杖更追攀

塤篪 鄭萬陽

— 집청정(集淸亭) 시판(詩板)

· 최찬수(崔讚壽),¹⁴⁶ 〈집청정 시에 차운하다(次集淸亭韻)〉

우리 선조께서 당년(當年)에 이 기이한 곳에 자리를 잡아
바위는 창¹⁴⁷과 같고 돌은 거북과 같네.
흰 구름의 그림자는 삼현사(三賢祠)¹⁴⁸를 감싸고
흐르는 물의 소리는 사호(四皓)¹⁴⁹의 바둑판을 적시네.
훤하고 밝은¹⁵⁰ 경월(瓊月)¹⁵¹은 옛날과 같은데
빛나고 무성한 유풍(儒風)은 예전에 그쳤네.
상전벽해(桑田碧海)¹⁵² 같은 지난 일을 누구에게 물으랴?
온갖 감정이 가슴속에 가득하니¹⁵³ 꿈조차 더디네.

---

146 ?~?. 최신기(崔信基, 1673~1737)의 6세손이다.
147 원문의 삭극(槊戟)은 창이다. 삭은 자루가 긴 창이고, 극은 끝이 여러 개로 갈라진 창이다.
148 세 분을 모신 사당으로, 반고서원(槃皐書院)을 가리킨다. 이 서원은 1712년(숙종 38)에 언양 지역의 유림이 창건하였는데 정몽주(鄭夢周)·이언적(李彦迪)·정구(鄭逑)를 배향(配享)하였다.
149 상산사호(商山四皓)라고 하는데, 중국 진(秦)나라 말기에 상산에 숨어 산 은자인 기리계(綺里季)·동원공(東園公)·하황공(夏黃公)·녹리선생(甪里先生)을 가리킨다.
150 원문의 동롱(曈朧)은 달이 처음 뜰 때의 훤하고 밝은 모양이다.
151 옥처럼 빛나는 달.
152 원문의 창상(滄桑)은 상전벽해(桑田碧海)와 같은 말이다.
153 원문의 붕중(弸中)은 가슴속이 가득 차는 것이다.

육세손 찬수가 삼가 짓다

吾祖當年卜此奇 巖如槊戟石如龜
白雲影護三賢社 流水聲涵四皓棋
瓊月朣朧依舊日 儒風彬蔚已前時
滄桑往事憑誰問 百感弸中夢寐遲
六世孫 讚壽謹撰

— 집청정(集淸亭) 시판(詩板)

· 최준식(崔俊植),[154] 〈집청정 시에 차운하다(次集淸亭韻)〉

선조께서 세운 정자는 면마다 기이한데
산은 날아오르는 봉황 같고 바위는 웅크린 거북 같네.
꾸불꾸불하게[155] 흐르는 물의 발걸음이 멈춘 곳이 바다이고
평평하게 깔린 모래펄의 무늬가 늘어선 것이 바둑판이네.
온 세계는 거친 티끌이지만 이곳은 맑은 곳이니
사계절 어느 날인들 좋은 때가 아니겠는가?
지금 내가 주인이 되어 도리어 부끄러움이 많으니
선조 유업[156]의 추모(追慕)와 계술(繼述)[157]이 늦어지네.

---

154 1909~1978. 경주 출신으로, 운암 최신기(崔信基, 1673~1737)의 9세손이다.
155 원문의 지현(之玄)은 산이나 물줄기가 꾸불꾸불한 모양이다.
156 원문의 전휘(前徽)는 선조의 아름다운 유업이다.
157 계지술사(繼志述事)의 준말이다. 이것은 《중용(中庸)》 나오는 말로, "무릇 효라는 것은 선인의 뜻을 잘 계승하여, 선인의 사업을 잘 발전시키는 것이다(夫孝者 善繼人之志 善述人之事者也)."라고 하여 효를 다함을 뜻한다.

구세손 준식이 삼가 짓다

先祖起亭面面奇 山如翩鳳石蹲龜
之玄水步停爲海 平鋪砂紋列者碁
大界荒塵斯淨界 四時何日匪良時
今吾作主還多愧 追慕前徽繼述遲
九世孫 俊植 謹撰

— 집청정(集淸亭) 시판(詩板)

· 이양오(李養吾),[158] 〈집청정(集淸亭)〉

관동팔경(關東八景)[159]이 기이하다는 말을 들었는데
강좌(江左)[160]의 반구대와 비교하면 어떠한가?
시름을 녹이는데 술잔 속의 물건[161]으로 하지 않거늘

---

158 1737~1811. 자는 용호(用浩), 호는 반계(磻溪), 본관은 학성(鶴城)이다. 1786년(정조 10) 모친상을 당한 이후 과거 시험에 대한 뜻을 접고 경서를 깊이 연구하고 경사(經史)를 탐독하였다. 또 장자(莊子)·사마천(司馬遷)·반고(班固) 등의 진한고문(秦漢古文)과 당송팔대가(唐宋八大家)의 문장을 전범으로 삼고 실력을 닦았다. 문집으로《반계집(磻溪集)》이 있다.
159 강원도를 중심으로 한 동해안에 있는 8개소의 명승지를 가리킨다. 즉 간성의 청간정(淸澗亭), 강릉의 경포대(鏡浦臺), 고성의 삼일포(三日浦), 삼척의 죽서루(竹西樓), 양양의 낙산사(洛山寺), 울진의 망양정(望洋亭), 통천의 총석정(叢石亭), 평해(平海)의 월송정(越松亭)이 그것이며, 월송정 대신 흡곡(歙谷)의 시중대(侍中臺)를 넣는 경우도 있다. 관동(關東)이란 명칭은 대관령의 동쪽에 있다고 하여 붙여졌다.
160 본래 중국의 양자강 남쪽이나 동쪽 지역, 또는 동진(東晉)을 지칭하는 말이지만, 여기에서는 영남좌도(嶺南左道)에 위치한 언양 지방을 가리킨다.
161 원문의 배중물(杯中物)은 술잔 속의 물건, 즉 술을 가리킨다. 중국 동진(東晉)의 시인 도연명(陶淵明)은 〈책자(責子)〉 시에서 "천운이 진실로 이러하니, 다만 술잔 속의 물건이나 마시리(天運苟如此 且進盃中物)."라고 하였고, 이백은 〈대주억하감(對酒憶賀監)〉 시에

앉아서 은둔함162에 어찌 반드시 판상(板上)의 바둑으로 하겠는가?163
소나무에 걸린 달이 빈창에 비치는 밤에는 객이 머물고
시냇물에 뜬 복사꽃이 흐르는 때에는 물고기를 잡네.164
정자에 올라 시를 읊조리며 돌아감을 잊는데
비로소 신선 집의 한낮이 더딤을 깨닫네.

聞說關東八景奇 爭如江左一盤龜
銷愁不用杯中物 坐隱何須局上碁
松月虛窓留客夜 桃花流水打魚時
登臨嘯詠忘歸去 始覺仙家白日遲

― 《반계집(磻溪集)》 권1

· 송달수(宋達洙),165 〈언양 반구대(彦陽盤龜臺)〉166

서 하지장을 추억하며 "지난날 술잔 속의 물건을 좋아하더니, 지금은 소나무 아래 흙이 되었네(昔好杯中物 今爲松下塵)."라고 하였다.
162 원문의 좌은(坐隱)은 앉아서 은둔한다는 뜻으로, 바둑을 달리 일컫는 말이다.
163 이 구절은 집청정 앞 개울가 바위에 바둑판을 새겨 두고 바둑을 두었다는 사실을 반영한다.
164 원문의 타어(打魚)는 물고기를 잡는 것이다.
165 1808~1858. 호는 수종재(守宗齋), 본관은 은진(恩津)이다. 송시열(宋時烈)의 8세손으로, 아버지는 송흠학(宋欽學), 어머니는 영일정씨(迎日鄭氏)로 진사 정치환(鄭致煥)의 딸이다. 송치규(宋穉圭)의 문인이다. 교관(敎官)을 거쳐 1847년(헌종 13) 6품직에 올랐고, 1852년(철종 3)에는 경연관(經筵官)·지평·장령을 역임하였으며, 이어서 부호군(副護軍)을 역임하고 1855년 승지에 이어 이조참의에 이르렀다. 학문에 힘써 예학과 성리학에 밝았다. 주로 이이(李珥)의 설을 따랐으며, 인물동이론(人物同異論)에서는 인물동성(人物同性)을 주장하는 낙론(洛論)을 지지하였다. 문집으로 《수종재집(守宗齋集)》이 있다.
166 이 시는 경주최씨(慶州崔氏) 가문의 용산서원(龍山書院)에 보관 중인 문중 문서에 실려 있는 것으로, 수종재(守宗齋) 송달수(宋達守)가 쓴 것이다. 한편 위의 시는 《수종재집

언양의 반구대는 포은 선생이 노닐며 감상하던 곳이다. 시내 건너편에 최씨의 정사(亭舍)가 있다. 정사년(1857) 중하(仲夏)[167]에 동도(東都)[168]를 지나다가 그 경치가 빼어나고 기이하다는 소문을 듣고, 방문하여 정자에 하루를 묵었는데 주인이 시를 남겨 주길 청하기에 삼가 포은 선생이 읊은 시의 운[169]을 따랐다.

정자가 유람객의 지팡이를 이끌어 아득한 곳[170]으로 드니
작은 시냇가에 바위 봉우리가 우뚝 솟아 있네.
나는 남쪽 지방으로 반천리(半千里)를 왔는데
이제 선생이 떠난 지 오백 년이네.
덧없는 세상인 산 바깥의 세계에 형상을 부치고
고요한 거처인 골짜기 속의 천지에서 사물을 살피네.
나직이 읊고 느긋이 걸으며 돌아갈 길을 잊는데
기운 해는 숲 끝에서 푸른 연기에 싸이네.

선생의 외가 후예(後裔) 은진 송달수가 삼가 짓다

彦陽盤龜臺 圃隱先生遊賞之所也 越溪有崔氏亭舍 丁巳仲夏 余過東都 聞其勝奇 訪一宿亭 主請留詩 謹步先生所咏韻

亭引遊筇入窈然 石峯陡起小溪邊

《守宗齋集》권1에 〈반구대에서 삼가 포은 선생 시에 차운하다(盤龜臺 謹次圃隱先生韻)〉라는 제목으로 실려 있다. 그러나 이 문집에는 위의 서(序)가 없다.
167 음력 5월.
168 경주를 가리킨다.
169 원문의 보(步)는 다른 사람의 시에 차운(次韻)하는 것이다.
170 원문의 요연(窈然)은 멀고 아득한 모양이다.

我來南國半千里 今去先生五百年

浮世寓形山外界 靜居觀物[171]洞中天

微吟緩步忘歸路 斜日林端繞翠烟

先生外裔 恩津宋達守謹稿

· 계오(戒悟),[172] 〈집청정에서 반구대를 보다(集淸亭見盤龜臺)〉

검푸른 바위가 큰 풍년[173]을 보호하기에
이끼 낀 바둑판 곁에서 푸른 산에 재배(再拜)하네.
한낮 시냇가에서 읊으며 오래 앉아 있노라니
외로운 마을에 찬 연기가 하늘하늘 피어나네.

蒼巖保護大明年 再拜靑山苔局邊

白日溪川吟久坐 孤村裊裊起寒烟

— 《가산고(伽山藁)》 권1

---

171 《수종재집(守宗齋集)》에는 '물(物)'이 '이(理)'로 되어 있다.
172 1773~1849. 조선 후기의 승려. 자는 붕거(鵬擧), 호는 월하(月荷), 속성은 권씨(權氏)이다. 11세에 출가하여 팔공산에서 월암(月庵)의 제자가 되었으며, 그 후 침허(枕虛)로부터 구족계(具足戒)를 받고 우기(祐祈)의 법을 이었다. 20세에 당(堂)을 열어 학인을 지도하였고, 유학자들과 교유하면서 필체나 시문으로 이름을 떨치기도 하였다. 초서(草書)로 쓴 《천자문(千字文)》 판각이 유명하다. 77세를 일기로 가지산 석남사 연등정사(燃燈精舍)에서 입적하였다. 문집으로 《가산고(伽山藁)》가 있고, 언양 석남사에는 그의 《초천자판(草千字板)》이 남아 있다.
173 원문의 대명년(大明年)은 큰 풍년이 드는 것이다.

• 황경원(黃景源), 〈집청정에서 묵다(宿集淸亭)〉

썩은 흙속에 신선의 동산174이 숨어 있고
평탄한 언덕은 푸른 산에 가리네.
꽃은 봄비 속에서 피고
학은 새벽 구름 사이에서 우네.
시골 노인과 잠시 함께 마시다가
숲 언덕을 마침내 같이 오르네.
맑은 밤에 베갯머리에 대숲 바람 소리 들리는데
이틀 밤을 묵고도 돌아갈 줄 모르네.

朽壤藏瑤圃 平原翳碧山
花開春雨裏 鶴唳曉雲間
野老聊同飮 林皐遂共攀
風篁淸夜枕 信宿不知還

―《강한집(江漢集)》권2

• 황경원(黃景源), 〈부인이 집청정이 빼어난 곳이라는 소문을 들어서, 흔쾌히 또 이르다(夫人聞集淸之勝 欣然亦至)〉

옷자락을 떨치고 높은 정자에 올라
떠다니는 외로운 구름을 바라보네.

---

174 원문의 요포(瑤圃)는 아름다운 동산으로, 신선이 사는 곳을 가리킨다. 《초사(楚辭)》 〈섭강(涉江)〉에 "청룡을 타고 백룡을 몰아서, 나는 중화와 함께 요포에서 놀리라(駕靑虯兮驂白螭 吾與重華遊兮瑤之圃)."라는 대목이 있다.

울창한 비래봉(飛來峯)에는
향기로운 등 넝쿨이 어찌 그리 뒤엉켰는가?
바위 위에서 잠시 바둑판을 구경하다가
꽃 틈에서 다시 송사(訟事)[175]를 듣네.
관리(官吏)의 일이 비록 급하다고는 하지만
오히려 스스로 상송(商頌)[176]을 노래하리.
어진 아내는 언덕과 그 주변을 좋아하여
나를 따라서 바위틈을 오르네.
오늘 저녁에 오래도록 담소(談笑)[177]하며
여기에서 주는 닭고기와 기장밥을 즐기네.
누가 알겠는가? 산택(山澤)의 놀이에
또 아내[178]와 함께하는 것을.
숲과 골짜기에 해로(偕老)할 것을 맹세하지만
동량(棟樑)으로 등용되는 것은 바라지 않네.

振衣陟高亭 頻視孤雲縱
鬱鬱飛來峰 香藤何錯綜
石上聊觀棊 花間更聽訟
吏事雖云急 猶自歌商頌
令妻喜丘樊 從我躋巖縫
言笑永今夕 樂此雞黍供

---

[175] '訟'은 '松'의 오사(誤寫)일 수 있는데, 만약 '松'이라면 "솔바람 소리를 듣는다."로 해석된다.
[176] 《시경(詩經)》의 편명으로, 신과 조상을 찬미하는 5편의 시가 수록되어 있다.
[177] 원문의 언소(言笑)는 담소(談笑)와 같은 뜻이다.
[178] 원문의 실가(室家)는 집·가정·부부를 가리킨다.

誰知山澤游 乃與室家共
林壑誓偕老 不願棟樑用

―《강한집(江漢集)》권2

· 김상우(金相宇), 〈집청정에 묵다(宿集淸亭)〉

만 길의 검푸른 벼랑은 온통 바위인데
기이한 형상으로 일찍이 동해의 남쪽에 이름을 떨쳤네.
무릇 금객(琴客)·기사(棊士)·운사(韻士)가 얼마나 찾아왔는가?
다만 포은(圃隱)·회재(晦齋)·한강(寒岡) 노인 세 분[179]이 있네.
반고서원(槃皐書院)[180]은 이미 빈터가 되어 풀 더미만 남았는데
집청정은 다시 지어져서 맛있는 샘물이 있네.
구슬 같은 물줄기는 굽이굽이 무슨 뜻으로 우는가?
곧장 동쪽으로 돌아가기 어려워 사이사이 못을 이루네.

萬丈蒼崖一是巖 奇形曾擅海之南
琴棊韻士凡過幾 圃晦寒翁獨有三
槃院已墟餘艸鞠 淸亭重闢得泉甘
玉流曲曲鳴何意 難直東歸間作潭

―《응재유고(凝齋遺稿)》권2

---

179 '세 분'은 포은 정몽주(1337~1392), 회재 이언적(1491~1553), 한강 정구(1533~1620) 3인을 가리킨다.
180 원문의 반원(槃院)은 반고서원(槃皐書院)을 가리키는데, 지금은 반구서원(盤龜書院)으로 이름이 바뀌어 있다.

제4부

모은정(慕隱亭)

1. 개요

모은정(慕隱亭)은 울산광역시 울주군 언양읍 대곡리 반구대 맞은편 북쪽에 위치한 청안이씨(淸安李氏) 문중의 정자이다. 이 건물은 일제강점기에 지은 겹처마 팔작 기와지붕의 전통 한옥 구조로 되어 있다. 건물의 전면에는 5개의 8각기둥이 있으며 가운데 2칸은 대청, 좌우에는 온돌방을 두었다. 앞면은 툇간을 두었는데, 툇간 좌우와 뒷면 중앙에는 쪽마루가 있다. 뒷면 좌우에는 큰방에 딸린 작은방, 반침(半寢)을 두었다. 툇간 앞에 유리문을 달아 놓은 점이 특이하다.

건물 오른쪽에 사서각(賜書閣)이 있고, 아래쪽에는 집청정과 반구서원이 있다. 모은정이 북동쪽 언덕에 위치하여 시야가 트여 있으므로 반구대가 한눈에 들어온다. 특히 정면의 시내가 반구대의 거북머리를 휘감아 돌아가는 형상이 눈에 띈다.

이곳을 아낀 이용필(李容鉍, 1849~1906)은 반구대 곁에 집을 짓고 호를 구린(龜隣)이라 하였다. 그러나 그는 이곳에서 뜻대로 은거하지 못하고 세상을 떠났고, 아들 일봉(一峰) 이정혁(李正赫, 1871~1952)과 그의 여섯 아들(章赫·鳳赫·能赫·奎赫·晙赫·左赫)이 부친의 유업을 이어 모은정(慕隱亭)을 지었다.

모은정(慕隱亭)이라는 이름은 언양에 유배되어 있을 때 중양절(重陽節)에 반구대에 올랐던 포은(圃隱) 정몽주(鄭夢周, 1337~1392)를 앙모한다는 의미이다. 장석영이 쓴 〈모은정기(慕隱亭記)〉에 의하면, 이정혁이 부친인 이용필의 명을 받아 지은 것이라고 한다. 또한 이러한 모은정의 중당(中堂)에는 장륙(藏六)이라는 편액도 붙어 있었다고 하는데,[1] 이 또한 이용필의 뜻이 담겨 있다. 이때 장륙(藏六)이란 말에는 거북이 몸통 속에 머리와 꼬리 및 사지를 감추듯 구린 공도 반구대의 승경에 은거하겠다는 뜻이 담겨 있다. 즉 구린 공은 시정(時政)을 탄식하면서, "우리 집안은 대대로 벼슬한 집안인데 지금은 발 디딜 여지조차 없으니 비록 나라에 절개를 다 지키고자 한들 가능하겠는가? 차라리 옷 입고 밥이나 먹고 마음 쓰지 않는 것으로 간편하게 사느니만 못하리라."라고 말했다고 한다.

그러나 구린 공의 뜻이 단지 세상을 등지고 홀로 은거하려고 한 것만은 아닐 것이다. 포은(圃隱)이 쓰러져 가는 나라를 구하려다 목숨을 바친 충신이었던 점을 떠올린다면, 구린 공의 뜻도 단순한 은거에만 있지 않았을 것이다. 구린 공이 은거하려던 시점은 조선이 망국의 길로 치닫고 있을 때였기 때문이다. 또한 그가 임진왜란 때 여러 전장에 참전하였다가 전사하여 선무원종훈삼등(宣武原從勳三等)으로 녹봉된 퇴사옹(退思翁) 이응춘(李應春, 1540~1594)의 후손임을 감안한다면 그의 속뜻을 대략 짐작할 수 있다. 이에 대하여 손진수는 〈장륙당기〉를 통해, 구린 공은 용사행장(用舍行藏)에 따라 진로를 정하였지만, 이는 새로 떨쳐 일어나기 위하여 용과 뱀이 웅크리듯 잠시 몸을 숨길 뿐이라는 것이다. 게다가 〈모은정기〉를 쓴 장석영, 〈장륙당기〉를 쓴 손진수가 모두 독립운동가였던 것을 감안하면, 구린 공과 그의 아들의 깊은 뜻을 짐작할 수 있다.

한편, 모은정에 대한 글은 이중구(李仲久)의 〈모은정상량문(慕隱亭上梁文)〉, 장석영의 〈모은정기(慕隱亭記)〉, 손진수의 〈장륙당기(藏六堂記)〉가 있으며, 시로는 이정혁의 〈모은정. 원운(慕隱亭原韻)〉을 비롯한 이 시의 차운시가 여러 수 전한다. 차운시로는 회당(晦堂) 장석영(張錫英), 석암(石庵) 이규린(李奎麟), 경석(耕石) 최해종(崔海鍾), 창은(蒼隱) 박종하(朴鍾河), 낭산(郎山) 이후(李垕)와 윤수(尹銖), 서장성(徐章聲), 서장호(徐章顥), 유철우(柳喆佑), 이석정(李錫井), 아들 정혁(正赫), 삼종(三從) 주혁(周赫), 박정환

---

1 이 사실은 손진수(孫晉洙)의 〈장륙당기(藏六堂記)〉에서 확인할 수 있다.

(朴楨煥), 이기혁(李基赫), 하석희(河錫熙) 등이 전해진다. 또한 경주의 지방의 이름난 선비 정병찬의 문집인 《만취문집(晩翠文集)》에도 몇 수의 시가 전한다.

이러한 제영(題詠)에는 크게 세 가지 특징이 보인다. 첫째는 모은대 주변의 뛰어난 경치에 대한 묘사이다.[2] 주로 반구대 주변의 층치고 끊어진 벼랑의 기이함과 깊은 계곡에 용과 학이 깃들어 살 듯한 신령함으로 표현하였으며, 또한 그 주위를 굽어 도는 맑은 시내는 주자의 무이구곡에 비기어 묘사하였다.

두 번째는 포은 정몽주와 구린 이용필에 대한 앙모(仰慕)이다. 우선 이 반구대는 포은에 대한 이미지가 선명한 곳이다. 즉 경치도 신령스럽고 뛰어나긴 하지만 그에 그치지 않고 선현에 대한 존경이 더해진 곳이다. 또한 덧붙여 이러한 공간을 자신의 삶의 근거로 삼고자 한 구린 공에 대한 감사와 그리움이 표현되고 있다.

세 번째는 선대 유업(遺業)의 계승이다. 이는 여러 시에서 '추서(墜緒)'라고 표현되고 있음에서 살펴볼 수 있다. 본래 '추서'는 쇠퇴해진 사업이란 뜻으로, 선왕선성(先王先聖)이 전해 온 사도(斯道)[3]를 의미한다. 그러나 모은정에 관련된 시에서는 단순히 유학의 도리를 추구한다기보다 선고(先考)의 뜻을 계승한다는 의미가 강하다. 특히 망국의 한을 풀고 새로운 내일을 준비하려 한 구린 공의 뜻을 계승하려는 의지를 반영한 것이 아닐까 한다.

한편, 정자 남쪽에는 이용필의 증조부인 참판 이운춘(李運春)이 임금에게 받은 서책을 간직한 사서각(賜書閣)이 있다.

---

[2] 이정혁(李正赫)은 〈십경(十景)〉에서, "남아 있는 포은대, 높은 도덕산, 이름 적힌 거북바위, 학동의 나무꾼 노래, 맑은 시내 아홉 굽이, 끊어진 벼랑 세 층, 향로봉의 자색 연기, 개주봉의 뜬구름, 연화봉 갠 날의 달, 주암의 물고기 잡는 불빛(圃隱遺址 道德高山 龜石題名 鶴洞樵歌 淸溪九曲 絶壁三層 香爐紫烟 介胄浮雲 蓮峯霽月 舟岩漁火)"을 소개하였다.
[3] 이 도리 또는 그 도리란 뜻으로, 유가(儒家)에서 유학의 도리를 이르는 말이다.

2. 문(文)

· 이중구(李中久),[4] 〈모은정상량문(慕隱亭上梁文)〉

동남 지방에서 산수가 빼어나서 여기가 가장 유명하다고 일컬어지는데 하늘이 아끼고 땅이 감추었다고 전해져서 은자가 이곳을 꾸미고 차지하였네.
맑은 계곡은 아홉 굽이[5]이고
끊어진 석대(石臺)는 세 층이네.

삼가 구린(龜隣) 이용필(李容秘) 공을 생각하건대

충원공(忠元公)[6]의 현손이고
퇴사재(退思齋)[7]의 후손이네.
대대로 벼슬하여 옛날부터 어진 선조가 일찍이 이력을 가졌고
한결같은 마음으로 순수하고 효성스러워 지금까지 어리석은 사내와 아낙도 칭송하며 전하네.
몇 개의 서까래로 서숙(書塾)을 설립하여 마을의 학생을 가르치는 데 게을리 하지 않아 많은 것을 이루었고

---

4 1850~1925. 여강인이다.
5 원문의 청계구곡(淸溪九曲)은 맑은 시내가 아홉 굽이라는 의미이다.
6 충원(忠元, ?~?)은 청안이씨의 시조이며 휘는 양길(梁吉)이다. 고려 때 상장군을 지냈으며 구린(龜隣) 이용필(李容秘)의 고조부이다.
7 원문의 사재(思齋)는 퇴사재(退思齋)로, 이응춘(李應春, 1540~1594)의 호이다.

일곱 아들에게 넉넉하게 꾀를 남겨 주어 전장(田莊)과 재물을 물리고 받아들이는 데에 규범과 갖춤이 있었네.
이에 바깥세상을 그리워하는 것이 끊어지고
느긋한 즐거움이 그 속에 있었네.
거북바위[8]와 학동(鶴洞)[9]을 깊이 감추어 안온하고 한적하며
배바위[舟嵓]와 일봉(壹峰)이 드러나니 고기 잡고 나무함에 스스로 만족하였네.
당시에 남은 한(恨)은 한 채의 정자를 지을 뜻이 있으나 이루지 못한 것인데
지금은 후손들이 온갖 규모로 서로 이어서 쇠퇴함이 없네.

하물며

선조의 덕을 이을 수 있고
남긴 복록이 끝나지 않았음에랴?
묘소[10]가 서로 가까이 모여 있음을 생각하고
재계하고 목욕할 곳이 없음을 근심하였네.
한 구역의 경상(景像)[11]은 본래 영략(領略)[12]하는 가문에서 주관하는 것이요
온 산의 임천(林泉)은 다니던 자취에서만 느끼는 것이 아니네.
국에서도 보이고 담장에서도 보여[13] 늘 사모하는 정성이 간절하고

---

8 원문의 구석(龜石)은 거북바위로, 반구대를 가리킨다.
9 학골로, 지역민들은 까치골이라 부른다.
10 원문의 구롱(邱隴)은 본래 언덕을 일컫는 말인데, 여기에서는 묘소를 가리킨다.
11 꼴이나 몰골, 상황.
12 대강을 짐작하여 앎.

아들도 닮고 손자도 닮았으니 어찌 선조의 유업을 잇는[14] 도가 없겠는가?

백년토록 남은 터를 귀(鬼)가 살피고 신(神)이 도와주며
한꺼번에 열어서 경영함에 공(工)이 말하고 장(匠)이 따랐네.
재목을 모은 것은 대개 지난해부터이고
터를 잡은 것[15]은 금년 겨울이었네.
실로 힘을 다해 이루었지만
아름다운 음덕으로 이룬 바가 아님이 없네.
세 개의 도리와 여덟 개 기둥은 본래 창건하는 법이 사치스럽지 않음이요
일만 계곡과 일천 바위는 더욱 새로 칠한 빛깔에 더함이 있음이네.
연화봉(蓮花峰) 밝은 달이 난간에 환히 비치고
장현(莊峴)[16]에 떨어지는 빛이 서까래 모퉁이에 상서롭게 이어지네.
붓을 적셔 세 번을 탄식하고
누대에 올라 사방을 바라보네.
이것이 어찌 후손[17]이 추모하는 마음에서 그치겠는가?

---

13 원문의 갱장(羹墻)은 국과 담장으로, 경모(敬慕)하고 추념(追念)함을 뜻한다. 《후한서(後漢書)》〈이고전(李固傳)〉에 "옛날 요(堯)임금이 죽은 뒤에 순(舜)임금이 3년 동안 사모하여, 앉았을 적에는 요임금이 담장[墻]에서 보이고 밥 먹을 적에는 요임금이 국[羹]에서 보였다(昔堯殂之後 舜仰慕三年 坐則見堯於牆 食則覩堯於羹)."라고 하였다.
14 원문의 긍구(肯搆)는 아버지가 어떤 일을 시작하고 자식이 마땅히 계승하는 것을 가리킨다. 《서경(書經)》〈대고(大誥)〉에서 "아버지가 집을 지으려 하여 이미 법도를 맞추었더라도, 그 자손이 집터도 닦으려 하지 않으면서 하물며 집을 지으랴?(若考作室 旣底法 厥子乃弗肯堂 矧肯搆)"라고 하였다.
15 원문의 구식(龜食)은 거북점을 치는 법인데, 여기에서는 복거(卜居)의 의미로 집터를 구하는 행위를 의미한다.
16 울주군 반곡리 고하골에서 대곡천을 건너 반구마을로 오르내리는 고개로, 울산광역시 문화유산자료(문화재재료 13호)인 '울산 대곡리 공룡발자국 화석' 안내판 주변 지역이다. 일명 '장고개'라 불렀는데 지금도 옛길의 흔적이 남아있다.
17 원문의 자성(子姓)은 후손이다.

또한 후인이 공경하는 터전이 되리.
이에 육위송(六偉頌)[18]을 불러
쌍무지개가 올라감을 도우려 하네.

들보 동쪽을 바라보니
향로봉(香爐峯) 위 맑은 연기는 허공을 둘렀네.
당시에 깊이 은거하던 맛을 알겠거니
산 너머 점점(點點)이 붉은 티끌이 멀어지네.

들보 서쪽을 바라보니,
맑은 계곡은 굽이마다 무이(武夷)[19]와 같네.
잔물결 맑디맑아 누대 주변을 감싸는데
본래 유인(遊人)[20]이 감히 밟을 바가 아니네.

들보 남쪽을 바라보니
포은대(圃隱臺)의 대나무는 변함없는 빛을 머금었네.
굳센 절개는 천년토록 거북과 더불어 한가지인데
다만 돌다리 건너편의 정자에 앉아 이야기하네.

---

[18] 상량문(上樑文)에 필수적으로 들어가는 여섯 가지의 송축(頌祝)을 가리킨다. 흔히 '아랑위(兒郞偉)'는 어영차와 같은 어기를 가진 감탄사로 시작하는 운문체(韻文體)로 되어 있는데, 동서남북(東西南北)과 상하(上下)에 각기 1수씩 배당되어서, 그 건물의 위치와 인문학적 의미를 담고 있는 경우가 많다.
[19] 중국 복건성(福建省)과 강서성(江西省)의 경계에 있는 산으로, 많은 명승지를 간직하고 있지만 그 가운데 특히 송대(宋代)의 유학자 주희(朱熹)가 강학(講學)하던 무이구곡(武夷九曲)이 유명하다.
[20] 일정한 직업 없이 놀러 다니는 사람.

들보 북쪽을 바라보니
도덕산(道德山)[21]은 울창하여 말갈기처럼 꼿꼿하네.
덕(德)을 쌓고 인(仁)을 더해 지금 맑은 기운이 피어나고
자손 대대로 여유로움이 억만년에 이르리.

들보 위쪽을 쳐다보니
깊숙하고 널찍한 동천(洞天)에 별과 달이 드러나네.
우뚝한 동우(棟宇)는 천만년을 갈 것이요
비에 씻기고 바람에 마모되도록 사람들에게 우러름을 받으리.

들보 아래쪽을 굽어보니
가래나무 그늘과 뽕나무가 너른 들에 가득하네.[22]
농사짓고 학문에 힘써 청전(青氈)[23]을 업으로 삼는데
치여(菑畬)와 경훈(經訓)[24]을 비교해 봄이 어떠한가?

---

21 모은정의 북쪽에 있는 산이다. 현지인들에 의하면, 과거 이 산에는 호랑이 굴이 있어 현지인들은 굴봉산(窟峰山)이라 불렀다고 한다.
22 원문의 상자지향(桑梓之鄉)은 뽕나무와 산뽕나무가 있는 고향을 뜻하는 말로, 조상 대대로 살아오는 곳을 가리킨다. 이것은《시경(詩經)》의 상재지향(桑梓之鄉)과 같은 뜻이다.《시경詩經》〈소아(小雅)-〈소변(小弁)〉에 "뽕나무 가래나무도 반드시 공경함의 뜻이 있거니, 우러러보매 아버님 아님이 없고, 의지함에 어머님 아님이 없어라(維桑與梓必恭敬止 靡瞻匪父 靡依匪母)."라는 대목이 있다.
23 푸른색의 담요로, 벼슬을 하는 집안에서 대대로 내려오는 물건을 뜻한다.《태평어람(太平御覽)》제70권에 왕헌지(王獻之)가 재실(齋室)에서 자고 있을 때 도둑이 들어 물건을 죄다 훔친 후 가려 하자, 그때까지 가만히 누워 있다가, "도둑아, 청전(青氈)은 우리 집에서 오래된 물건이니 특별히 놓아두고 갈 수 있겠는가(獻之曰 偷兒 青氈我家舊物 可特置之)."라고 하니 도둑이 놀라 도망쳤다고 한다.
24 원문의 치여경훈(菑畬經訓)은 경서의 가르침[經訓]을 거친 밭을 갈아 농사짓는 것[菑畬]과 마찬가지로 삼으라는 뜻이다. 이는 중국 당나라 문인 한유(韓愈)가 자식을 가르칠 때 글 읽기를 권하는 시(詩)인 〈부독서성남(符讀書城南)〉에서 "문장이 어찌 소중하지 않으랴? 경서를 가르치는 것이 묵정밭을 일구는 것과 같네(文章豈不貴 經訓乃菑畬)."라고 한 것을 인용한 것이다.

엎드려 바라건대 상량한 뒤에는

대대로 효심을 돈독히 하여 아버지가 이어 주고 아들이 좇으며
선비의 문장을 익혀 문조(文藻)[25]마다 암송하고 집집마다 노래하기를.
밤낮으로[26] 조심하여 늘 게으르지 않고[27] 경계하고 조심[28]하며
봄가을로 묘소에 올라 허물이 없음을 법으로 삼아 허리 굽혀 달려가기를.[29]
어찌 제각기 마음을 함께하지 않을 것이며
반드시 좋은 대들보가 되지 않겠는가?

숭정기원후 5경신년(1920)[30] 남지(南至)[31] 8일 전 병오일 통훈대부 전행 홍문관부교리 지제교 겸 경연시독관 춘추관기주관 서학교수 여강 이중구가 짓다.

東南山水之勝 玆區最稱名
天地慳秘以傳 逸人所粧點
淸溪九曲

---

25 문장의 멋 또는 글재주.
26 원문의 숙야(夙夜)는 이른 아침과 늦은 밤으로, 밤낮을 일컫는다.
27 원문의 임연(臨淵)은 못가에 나아가는 것으로, 몸가짐을 경계하는 말이다. 《시경(詩經)》 〈소아(小雅)·소민(小旻)〉에서 "마치 엷은 얼음을 밟은 듯하고, 깊은 못에 임한 듯하네(如履薄氷 如臨深淵)."라고 하였다.
28 원문의 긍척(兢惕)은 경계하고 두려워하여 조심함이다.
29 원문의 추창(趨蹌)은 예도에 맞추어 허리를 굽히고 빨리 걸어감이다.
30 원문의 숭정(崇禎)은 명나라 마지막 황제인 의종(1628~1644)의 연호. 따라서 숭정기원(崇禎紀元)은 1628년이고, 5경신(庚申)은 숭정기원후(崇禎紀元後) 5번째 돌아온 경신년이라는 뜻으로, 1920년을 가리킨다.
31 동지(冬至)를 가리킨다. 한편 하지(夏至)는 북지(北至)라고 한다.

絶臺三層

恭惟龜隣李公

忠元玄孫
思齋令裔
奕世簪組 自昔賢祖曾履歷
一心純孝 至今愚夫婦誦傳
設數椽之書塾 敎誨村學 不倦而多成
貽七子之裕謀 排寘庄物 有規而且具
用是慕絶于外
悠然樂在其中
龜石鶴洞之藏深 穩做兮閒適
舟崇壹峰之呈露 自足乎漁樵
當時遺恨 一亭榭之有志未遑
秪今後昆 百規模之相繩無替

矧乎

先德可述
餘福未艾
思邱隴之密邇
患齋沐之無所
一區景像 自是主於領略之家
牛山林泉 不惟感於杖屨之躅
羹而見墻而見 每切寓慕之誠

子是肯孫是肯 詎無肯搆之道

百年遺址 鬼護而神扶

一時肇營 工說而匠趍

鳩材蓋自前歲

龜食復在今冬

實是殫力以成

莫非休蔭攸届

三架八棟 自不侈於創謨

萬壑千嵓 尤有增於新彩

蓮峰明月 鬱照繞於檻前

莊峴落輝 連瑞色於榱角

濡毫三歎

登樓四睇

玆豈止子姓追感之心

抑亦爲後人敬仰之地

斯唱六偉

庸助雙虹

    拋梁東 爐上淸烟繞半空
認得當年幽隱味 隔山點點遠塵紅

    拋梁西 淸流曲曲武夷齊
餘波澄澈臺邊繞 自是遊人不敢躋

    拋梁南 畵翁臺竹一光含
勁節千秋龜與幷 石橋只隔坐亭譚

　　　　　拋梁北 道出鬱蒼馬鬣直
積德累仁今淑發 子孫餘餉萬斯億

　　　　　拋梁上 窈廓洞天星月暢
歸然棟宇萬千春 雨洗風磨人所仰

　　　　　拋梁下 楸陰桑柘一平野
課農勉學業靑氈 較視萬畓經訓者

伏願上梁之後

世篤孝心 父繼而子述
士習文藻 戶誦而家絃
夙夜臨淵 恒不怠而兢惕
春秋登隴 式無愆而趍蹌
盍各齊心
有定梁脊
崇禎紀元後五庚申 南至前八日丙午 通訓大夫 前行弘文舘副校理 知製敎兼經筵侍讀官 春秋舘記注官 西學敎授 驪江李中久撰

― 모은정(慕隱亭) 현판(懸板)

· 장석영(張錫英),[32] 〈모은정기(慕隱亭記)〉

---

[32] 1851~1926. 유학자이자 독립운동가. 자는 순화(舜華), 호는 추관(秋觀)·회당(晦堂)이며, 본관은 인동(仁同)이다. 1905년 〈청참오적소(請斬五賊疏)〉를 이승희(李承熙)·곽종석(郭鍾錫)과 함께 올리고 경북 칠곡의 국채보상회 회장을 역임하는 등 여러 방면으로 독립

천하를 유람하는 선비에게는 동국(東國)에 태어나 금강산(金剛山)을 구경하고자 하는 소원33이 있다. 대저 금강산의 승경(勝景)에 더하여 선현의 발자취가 있는 곳이 있으니 반구대(盤龜臺)가 그러하다. 나도 일찍이 이곳을 유람하고자 하여 주당(朱塘)의 꿈34을 예전부터 그치지 못하였다.

올해 봄에 남쪽으로 유람을 떠나 반구대에 이르니 검푸른 벼랑이 칼로 자른 듯하고 평평하면서도 길쭉 둥그스름한 것이 마치 거북이 엎드린 것 같았다. 옥(玉) 같은 물줄기가 맑게 쏟아져 굽이쳐 이어지고 넓고 편편한 돌이 뚜렷하여 마치 꿈속에서 보는 것 같았는데, 금강산이라 할지라도 반드시 이보다 나을 것 같지는 않았다. 포은대(圃隱臺)35에 올라 '황화시(黃花詩)'36를 읊으며 깊은 회포를 느끼고, 수석(水石) 사이를 소요하다가 드디어 모은정에 올랐다.

이 정자는 이정혁(李正赫)37 군이 그 아버지38의 뜻을 받들어 지은 것으

운동을 전개하였다. 이러한 공로로 1980년 건국훈장 독립장이 추서되었다. 저서로《요좌기행문(遼左紀行文)》·《의례집전(儀禮集傳)》등이 있고, 문집으로《회당집(晦堂集)》이 있다.

33 《율곡전서(栗谷全書)》《습유(拾遺)》권1,《매월당시집(梅月堂詩集)》권10 등에 중국 사람들이 "고려국에 태어나 친히(한번) 금강산을 보고 싶다(願生高麗國 親(一)見金剛山)."라는 대목이 있다.

34 원문의 주당지몽(朱塘之夢)은 주자(朱子)의 시〈우성(偶成)〉에 있는 "연못가의 봄풀은 꿈에서 깨지도 않았는데(未覺池塘春草夢)."라는 구절을 변용한 말이다.

35 보통의 경우 반구대와 같은 뜻으로 쓰이지만, 여기에서는 반구대 절벽 중 포은대라 새겨진 곳을 가리킨다.

36 국화를 읊은 시로,《포은집(圃隱集)》권2에 실린〈언양에서 중구일에 회포가 있어서 유종원의 시에 차운하다(彦陽九日有懷 次柳宗元韻)〉를 가리킨다. 이 시의 미련(尾聯)에 "손으로 누런 국화를 꺾고 잠시 한번 취하는데, 옥 같은 임은 구름과 안개 너머에 있네(手折黃花聊一醉 美人如玉隔雲烟)."라고 하여 국화와 관련한 시상을 담고 있다.

37 1871~1952. 구한말의 문인. 본관은 청안(淸安), 호는 일봉(一峯)이다. 선무원종공신(宣武原從功臣) 퇴사재(退思齋) 이응춘(李應春, 1540~1594)의 후손이며, 구린(龜隣) 이용필(李容馝, 1849~1906)의 아들이다. 회당(晦堂) 장석영(張錫英) 문하에서 수학하였다.

38 이용필(李容馝, 1849~1906)이다. 조선 후기의 문인으로 본관은 청안(淸安), 자는 시형(始馨), 호는 구린(龜隣)이다. 이운춘(李運春, 1748~1823)의 증손이다.

로, 이곳이 포은의 유지(遺址)라는 이유로 모은정이라고 편액하였는데, 이 또한 그의 아버지가 명한 바였다.

퇴사옹(退思翁)[39]이 적개심으로 순절하신 뒤로부터 12명의 의사(義士)가 나란히 한 가문에서 나와서 충과 효를 가풍으로 전승하였다. 이정혁 군의 아버지 대에 이르러서도 훌륭한 조상의 가르침을 실추시키지 않고, 효우(孝友)를 집안의 법도로 삼고 문묵(文墨)을 자신의 깃대로 삼아 울연(蔚然)[40]하게 남쪽 지방[41]의 이름난 가문이 되었다.

일곱 아들이 있었는데 법도에 벗어나지 않도록 가르쳐서 창연(蒼然)[42]히 옛 가문의 기색이 있었다. 세속과 더불어 변하지 않고 반구대의 산수 사이에 은거하고자하여 스스로 구린(龜隣)이라 호를 지었다. 장차 몇 칸 모옥(茅屋)을 지어 스스로 평소에 즐기려 하였으나 끝내 그 뜻을 이루지는 못하였다. 애석하도다! 내가 그의 생존 시에 이 정자에 올라 그의 풍모를 뵙지 못하였으니.

이날 선비들의 모임에서 수백 명이 모여 정자 위에서 사상견례(士相見禮)[43]를 행하고, 마침내 그들과 더불어 경전과 예법에 대해 담론하였으며, 또한 포은의 시에 차운하여 포은 선생을 추모하는 뜻을 부쳤다. 술이 몇 순배 돌고 나서 이정혁 군이 잔을 들고 말하기를, "이 깊은 산중에 오늘같

---

39 퇴사재(退思齋) 이응춘(李應春, 1540~1594)을 가리킨다. 자는 태영(泰英), 호는 운암(運巖)이다. 청안군(淸安君) 이양길(李陽吉)의 후손으로, 임진왜란 때 여러 전장에 참전하였다가 결국 전사하였다. 선무원종훈삼등(宣武原從勳三等)으로 녹훈되고 부장(部將)에 제수되었다가 순조 임진년에 병조참판에 증직되었다. 《퇴사재실기(退思齋實記)》가 전한다.
40 초목이나 사물이 무성하고 흥성한 모양이다. 여기에서는 가문이 흥성한 상황을 가리킨다.
41 원문의 남복(南服)은 남쪽 지방이다. 이때 복(服)은 구역을 의미하는데, 구체적으로 서울 밖 500리 지역이다.
42 오래되어 예스러운 빛이 그윽한 모양.
43 원문의 사견례(士見禮)는 사상견례(士相見禮)를 가리킨다. 《의례(儀禮)》의 편명(篇名)으로 선비들이 공식적으로 서로 만나 인사하는 의례이다.

이 성대한 모임이 있게 되었으니 선군을 생각하시어[44] 한 말씀을 해 주십시오."라고 하였다. 내가 말하기를, "아아, 이 정자가 있으니 선공(先公)께서는 사라지지 않을 것이오. 비록 그러하나 선공의 업(業)을 닦지 않고 이 정자만 보존하고자 한다면 박문약례(博文約禮)[45]의 공부는 하지 않으면서 공자(孔子)[46]의 자취만 지키는 것과 무엇이 다르겠소? 아버지가 쪼개 놓은 장작을 아들이 짊어지고 오듯이[47] 어기지도 않고 잊지도 아니하며[48] 영원토록 쇠하게 하지 않는다면 이 정자의 이름이 장차 반구대와 더불어 같이 남을 것이며, 또한 장차 포은의 자취도 이 정자와 함께 스러질 것[49]이니 내가 그대를 위하여 이와 같이 기리노라."라고 하였다.

숭정 후 다섯 번째 임술년(1922)에 인주(仁州) 장석영(張錫英)이 쓰다.

天下遊觀之士 有生東國見金剛之願 夫以金剛之勝 更有先賢之躅者 盤龜 是也 余嘗願遊於此 而朱塘之夢 夙昔未已 是歲春 南遊至盤龜 蒼崖

---

[44] 모은정 현판에는 '선군지은(先君之恩)'으로 되어 있고, 장석영의 문집에는 '선군지사(先君之思)'로 되어 있다. 여기에서는 문집을 따랐다.

[45] 원문의 박약(博約)은 박문약례(博文約禮)의 준말로, 널리 학문을 닦아 사리를 궁구하고 예법으로 몸을 단속함을 가리킨다. 《논어(論語)》〈옹야(雍也)〉에 "군자는 글을 널리 배우되 예로써 단속해야 한다(君子博學於文 約之以禮)."라고 하였다.

[46] 원문의 곡부(曲阜)는 공자(孔子)의 고향이다. 여기서는 공자를 가리킨다.

[47] 원문의 유부석신 유자부지(有父析薪 有子負之)는 장작을 쪼개는 아버지가 있고, 그것을 짊어지는 아들이 있다는 뜻이다. 《춘추좌전(春秋左傳)》〈소공(昭公)〉 7년조에 "그 아비가 장작을 쪼개 놓았는데, 그 아들이 짊어지지 못한다(其父析薪 其子弗克負荷)."라고 한 대목을 변용한 것이다.

[48] 원문의 불건불망(不愆不忘)은 어기지도 않고 잊지도 않는 것으로, 부자간의 뜻이 변함 없음을 의미한다. 《시경(詩經)》〈대아(大雅)-〈가락(假樂)〉에 "어기지도 않고 잊지도 않으며, 옛 전장을 따르는구나(不愆不忘 率由舊章)."라고 하였다.

[49] 원문의 공폐(共弊, 共敝)는 수레와 말과 옷 따위를 늘 함께 사용하는 것이다. 《논어(論語)》〈공야장(公冶長)〉에 "자로가 말하기를, 수레와 말과 가벼운 갖옷 입기를 붕우와 같이하여 못쓰게 된다 해도 유감스럽게 여기지 않겠습니다(子路曰 願車馬 衣輕裘 與朋友共 敝之而無憾)."라는 대목이 있다.

劒削 平而橢者 龜而伏 玉流淸瀉匯而繼 盤石宛然 如夢中所見 而金剛未
必多也 登圃隱臺 感慨黃花之詩 逍遙水石間 遂上慕隱亭 亭李君正赫所
築 而其先君之志也 爲是圃隱遺地 扁以慕隱 亦其先君之所命也 蓋自退
思翁之敵愾立殣 十二義士 並出一門 而忠孝傳家 至于君之先君 不墜名
祖之謨 而孝友爲家政 文墨爲身竿 蔚然爲南服名家 有子七人 敎不出於
規矩之外 而蒼然有古家色 不與世俗而俱化 隱於盤龜山水之間 自號曰
龜隣 將結茅數椽 自娛其平生 而竟不就 惜乎 吾未及其在世之日 登斯亭
而得見其風采也 是日也 衣冠之會 數百人 行士見禮於亭上 遂與之談經
論禮 又次韻圃翁之詩 以寓慕隱之意 酒數行 李君執酌而告曰 竊伏山中
得此盛會 先君之思 願惠一言 余曰 嗚乎 斯亭存 先公不亡矣 雖然 不修
先業 而欲有斯亭 何以異於不博約 而保曲阜之履舃哉 有父析薪 有子負
之 不愆不忘 永世而勿替焉 則斯亭之名 將與龜臺而俱存 亦將使圃翁之
躅 與此亭而共弊 吾爲子而頌之
崇禎五壬戌 仁州張錫英記

— 모은정(慕隱亭) 현판(懸板)

· 손진수(孫晉洙),[50] 〈장륙당기(藏六堂記)〉

영남 지방에 반구대(盤龜臺)가 있으니 포은 정 선생의 자취가 전하는 곳이다. 일봉(一峰) 이정혁(李正赫)이 대의 북쪽에 정자를 엮어서 모은(慕隱)이라 명명(命名)하고, 뒤에 또 그 중당(中堂)에 장륙(藏六)이라는 편액을 붙였으니 모두 그 선대인(先大人) 구린공(龜隣公)의 뜻을 좇은 것이다.

---

[50] ?~?. 조선 후기 경주 출신의 문인. 독립운동가인 문암(文巖) 손후익(孫厚翼, 1888~1953)의 아버지로, 자는 백연(伯淵), 호는 강제(剛齊)이다.

구린 공이 시정(時政)이 옛날과 다름을 보고 안타깝게 탄식하여 말하기를, "우리 집안은 대대로 벼슬[51]한 집안인데 지금은 발 디딜 여지조차 없으니 비록 나라에 절개를 다 지키고자 한들 가능하겠는가? 차라리 옷 입고 밥이나 먹고 마음 쓰지 않는 것으로 간편하게 사느니만 못하리라."라고 하며 마침내 반구대 곁에 집을 짓고 호를 구린(龜隣)이라 하였다.

책을 읽고 아이를 가르치며 꽃을 심고 국화를 심어 욕심 없이[52] 세상에 알려지기를 구하지 않았으니, 그 뜻은 포은이 선죽교(善竹橋)에서 흘린 피가 긴 세월 동안 선명하게[53] 남아 있어도, 그의 뜻을 거슬러 올라가면 곧 은거하고자 한 것이 아니겠는가? 어찌 또한 그것을 생각하여 경모하지 않을 수 있겠는가? 이것이 모은정을 지은 까닭이다.

내가 일찍이 이 정자에 올라 일봉의 말이 자세하고 행동거지가 한아(閒雅)[54]함을 보았는데, 봄빛은 뜰에 가득하고 맑은 향기는 뜰의 지초(芝草)에서 풍기며 소박하고 예스러움[55]이 가법(家法)을 이루어 조금도 새로 지어낸 의미가 없었으니, 진실로 뜻을 계승하는[56] 자가 아니라면 가능하겠는가? 이에 더욱 구린 공이 녹문(鹿門)[57]을 남긴 뜻과 갈곡(葛谷)을 돌아보는 정성스러움을 알 수 있다.

일봉이 나에게 말하기를, "우리 집의 몽당 빗자루[58]도 천금과 바꾸고 싶

---

51 원문의 잠영(簪纓)은 관원이 쓰는 관에 꽂는 비녀와 인끈, 즉 관위(官位)나 벼슬을 뜻한다.
52 원문의 박연(泊然)은 마음이 조용하고 욕심이 없는 모양, 또는 물이 흐르는 모양이다.
53 원문의 병병(炳炳)은 선명한 모양이다.
54 한가롭고 아취가 있음.
55 원문의 박고성규(朴古成規)는 소박하고 예스러움, 즉 이미 갖춰진 법식을 가리킨다.
56 원문의 지미(趾美)는 선배나 선조의 사업을 계승하여 떨침이다.
57 백련정 주변에 있는 자연물로, 최남복이 명명한 것이다. 최남복은 '사자(獅子)목'이라 불렸던 그곳 이름을 녹문이라 고치고 바위에 글씨를 새겼다. 녹문은 본래 중국 호북성 양양(襄陽)에 있는 산 이름인데, 후한 때 방덕(龐德)이 녹문산에 은거한 이후부터 은둔의 성지가 된 곳이다. 당(唐)나라 시인 맹호연(孟浩然, 689~740)도 녹문산에 은둔하였다. 최남복이 쓴 녹문 석각은 현재 울산대곡박물관에 전시되어 있다.
58 원문의 폐추(弊帚)는 폐추천금(弊箒千金)의 준말로, 자기의 소유라면 보배로 여기며 헐

지 않습니다. 지금 육대주(六大洲)가 출렁대어⁵⁹ 세상 사람들이 빠지는 지경에 이르렀으니 취할 바를 알지 못하면 6행(六行)⁶⁰이 도리어 계를 범하게 되고, 6입(六入)⁶¹에서도 이전에 비해 열 배의 힘을 쓰지 않는다면 여기에서 벗어가기 어려울 것입니다. 이에 거북이 숨는 뜻을 취하여 집에 방(榜)을 붙이고 더욱 선인이 남긴 뜻을 본받고자 하오니 한마디 말을 써 주시기를 청합니다."라고 하였다.

내가 대답하여 말하기를, "이 거북은 참으로 그대 집의 큰 보배입니다. 거북은 신령스럽고 청렴하여 다섯 영물⁶²의 하나에 들어가는데, 때에 따라 숨기도 하고 나타나기도 합니다. 나타나서 세상에 쓰이면 국도(國都)를 정하고 신명(神明)을 드러내며, 물러나 깊은 못에 있으면 머리와 꼬리를 거두고 그 발을 가립니다. 버림을 받더라도 원망함이 없고 찾더라도 자랑하지 않습니다. 침을 흘려 흉함을 취하고⁶³ 아름답게 꾸며 꾸짖음을

고 추악한 줄을 모름을 비유한다. 하지만 여기에서는 자신의 것이 비록 초라할지라도 그것을 천금처럼 지킬 것이라는 뜻으로 쓰였다. 《문선(文選)》의 위나라 문제(魏文帝) 〈전론(典論)〉에서 "집안에 헐어빠진 비[弊帚]가 있는데 천금처럼 귀하게 여긴다고 하니, 이는 자기를 돌아보지 못하는 탓이다(家有弊帚 享之千金 斯不自見之患也)."라고 하였다.

59 원문의 탕휼(蕩潏)은 물이 출렁대는 모양이다.
60 사람이 실천해야 할 6가지 행실. 《주례(周禮)》 〈대사도(大司徒)〉에 "향(鄕)에서는 세 가지로써 백성을 가르쳐 인재를 추천한다. 첫째는 육덕(六德)으로, 지(知)·인(仁)·성(聖)·의(義)·충(忠)·화(和)이고, 둘째는 육행(六行)으로, 효(孝)·우(友)·목(睦)·인(婣/姻)·임(任)·휼(恤)이고, 셋째는 육예(六藝)로, 예(禮)·악(樂)·사(射)·어(御)·서(書)·수(數)이다(以鄕三物敎萬民而賓興之 一曰 六德 知仁聖義忠和 二曰 六行 孝友睦婣任恤 三曰 六藝 禮樂射御書數)."라고 하였다. 또한 육행은 불교에서 말하는 육바라밀행(六波羅蜜行)으로도 볼 수 있다. 육바라밀은 보시(布施), 지계(持戒), 인욕(忍辱), 정진(精進), 선정(禪定), 지혜(智慧)이다.
61 육식(六識)을 낳는 눈·귀·코·혀·몸·뜻의 여섯 가지 근원.
62 원문의 오령(五靈)은 다섯 가지의 신령한 짐승으로 기린·봉황·거북·용·호랑이를 가리킨다.
63 원문의 피타이이취흉(彼朶頤而取凶)은 먹고 싶은 욕심에 입맛을 다시면서 침을 흘리니 결국 흉이 된다는 뜻이다. 이것은 《주역(周易)》 〈이괘(頤卦)〉의 〈초구(初九)〉에서 "그대의 신령스러운 거북을 버리고 나를 보고서 턱을 움찍거리니 흉하다(舍爾靈龜 觀我朶頤 凶)."라고 한 것을 변용한 것이다.

당하는 것은 거북의 수치이니 경계하지 않을 수 있겠습니까? 내가 듣건 대, 용과 뱀이 웅크리지 않으면 떨쳐 나갈 방법이 없고 자벌레가 굽히지 않으면 펼 방도가 없다고 하니, 그대가 몸을 숨김도 아마 떨쳐 일어나고자 함일 것입니다. 또 이 청(請)을 다른 사람에게 하지 않고 나에게 강권하는 것은 곧 내가 매우 졸렬하지는 않고 취할 바가 있다고 여겼기 때문일 것입니다. 내가 참으로 이 집을 흠모하고 아름답게 여긴 지 오래되었는데, 이제 그대의 청으로 말미암아 그 본질을 거북에 빗대어서 서로 힘쓰고자 하는 뜻을 부칩니다."라고 하였다.

정묘년(1927) 입춘일 월성 손진수가 쓰다.

嶺之南 有盤龜臺 圃隱鄭先生遺躅之地也 李一峯正赫甫構亭於臺之北 名之曰慕隱 後又扁其中堂曰 藏六 皆追述其先大人龜鄰公之志者也 龜鄰公見時事異昔 喟然發歎曰 吾家世世簪纓 今無擧足之地 雖欲盡節於國 得乎 不如着衣喫飯 無所用心之 爲省事也 遂鄰龜而築室焉 因號龜鄰 讀書敎兒 蒔花種菊 泊然無求於世 其意不曰圃爺之竹橋流血 千載炳炳 而原其志則隱也 盍亦想像而景慕之乎 此慕隱亭之所以作也 余嘗登斯亭 見一峯之言語詳審 動止閒雅 春光深於棣院 淸香聞於庭芝 朴古成規 無一點新意味 苟非趾美者 能之乎 於此 尤有驗於龜鄰公 鹿門之遺 葛谷之眷也 一峯言於余曰 吾家弊帚 不欲易之以千金 今六洲蕩溢 民胥及溺 不知取則於六行 反爲犯戒 於六入 視諸前日 不用十倍力 難乎免於此矣 爰取龜藏之義 榜之于堂 盆體先人遺意 請一言以記之 余應之曰 斯龜也 實公家之至寶也 龜之爲物 靈而廉 叅在五靈之一 而隨時卷舒 出而爲世用 則定國都示神明 退而在深淵 則斂首尾屛其足 棄之而無怨 求之而不衒 彼朶頤而取凶 畵藻而見誚 龜之恥也 可不戒哉 吾聞寵蛇不蟄 則無以奮 尺蠖不屈 則無以伸 子之藏也 其將奮且伸乎 且此請不於他 而强於

余者 無乃以我爲拙之甚 而有取者歟 余固欽艶斯堂者久矣 今因子之請
聊寓其質諸龜 而相勉之意云
歲丁卯立春日 月城孫晉洙記

— 모은정(慕隱亭) 현판(懸板)

3. 시(詩)

· 이정혁(李正赫), 〈모은정원운(慕隱亭原韻)〉

고금(古今)에 으뜸가는 이름난 곳을 아끼셔서
우리 아버지[64]의 지팡이와 가죽신[65]이 몇 번이나 올랐는가?
삼 층의 석대(石臺)에는 선현(先賢)의 자취가 서 있고
몇 홀(笏)의 산에는 태고(太古)의 마음이 감추어져 있네.
감히 보잘것없는 정성이라 말하며 이 정자를 짓고
다만 남긴 부탁을 받들어 높은 산을 개척하였네.
자손 대대로 다함없는 마음으로
바꾸지 않고 서로 전하여 가업(家業)을 찾아야 하리.

불초 아들 정혁
경신년(1920) 월 일

爲愛名區擅古今 吾翁杖屨幾登臨
三層臺立先賢躅 數笏山藏太古心
敢曰微衷成肯室 祇承遺囑拓高岑
孫孫子子無窮意 勿替相傳舊業尋

---

64 원문의 오옹(吾翁)은 구린(龜隣) 이용필(李容馝, 1849~1906)을 가리킨다.
65 원문의 장구(杖屨)는 노인이 출타할 때 쓰는 지팡이와 가죽신으로, 노인(老人)·존장자(尊長者)를 가리킨다.

不肖子正赫

庚申 月 日

— 모은정(慕隱亭) 시판(詩板)

· 이민혁(李民赫),[66] 〈원시에 차운하다(次原韻)〉

구린(龜隣) 노인이 이 건물을 짓고자 한 것이 지금이 아닌 줄 아는데
몇 번이나 경영하려고 이곳을 찾았을까?
푸른 절벽에 구름이 걷히니 그림 같은 장막이 열리고
맑은 못에 물이 흐르니 거문고를 타고 싶은 마음이 생기네.
아버지 뜻을 이은 자식에게는 선조를 추모하는 땅이고
나라에 보답하는 충신과 현인에게는 후대까지 물려줄 물가이네.
여러분에게 부탁하노니 부지런하고 각별하게 지켜서
모름지기 아름다운 명승을 날마다 찾으시라.

삼종 인암 형 민혁이 짓다
임술년(1922)[67] 4월[68]

龜翁此築認非今 幾度經營杖屨臨
翠壁歸雲開畵幛 澄潭流水動琴心

---

[66] 족보에 이주혁(李周赫, 1851~1934)로 표기되어 있으며, 청안인이다. 자는 규백(圭白), 호는 인암(忍奄)으로 퇴사재(退思齋) 이응춘(李膺春)의 후손이며, 운암(雲巖) 이운춘(李運春, 1748~1823)의 5세손이다.
[67] 원문의 고갑자 현익엄무(玄黙閹茂)는 임술(壬戌)이다.
[68] 원문의 여월(余月)은 음력 4월이다.

肯堂肖子追先地 報國忠賢去後岑

寄語羣連勤恪守 須令名勝日相尋

三從忍庵兄 閔赫稿

玄黓閹茂 余月 日

— 모은정(慕隱亭) 시판(詩板)

· 이후(李垕), 〈차운하다(次韻)〉

반구대는 예나 지금이나 늙지 않는데
석대(石臺) 가장자리의 새 정자에 느긋하게 올라보네.
일곱 아들이 있어 죽은 아버지의 뜻을 이루었고
천년 동안 현인(賢人)을 사모하여[69] 어진 마음을 발현했네.
남쪽 지방[70]이 기이하고 뛰어나다는 것을 오래전에 알아서
문득 가서 어울리고 싶었지만 얼마나 많은 봉우리로 막혔던가?
이른 새벽 조각배를 바다에 띄워
학이 나는 하늘과 용이 숨은 골짜기를 지도에서 찾아야겠네.

임술년(1922) 초가을[71] 완산 이후

龜臺不老去來今 臺畔新亭倦登臨

有子七人成考志 慕賢千載發良心

---

69 원문의 모현(慕賢)은 현인을 사모함인데, 여기에서 현인은 포은(圃隱) 정몽주(鄭夢周)를 가리킨다.
70 원문의 남복(南服)은 남쪽 지방이다.
71 원문의 조추(早秋)는 이른 가을로, 음력 7월을 가리킨다.

久知奇勝名南服 便欲從遊隔幾岑
早曉扁舟浮海上 鶴天龍壑按圖尋
壬戌早秋 完山李壆

— 모은정(慕隱亭) 시판(詩板)

· 이석정(李錫井),[72] 〈삼가 모은정 시에 차운하다(謹次慕隱亭韻)〉

포은대의 이름은 고금에 널리 전하는데
은거하는 구린(龜隣) 노인의 정자에 나아가네.
장수(藏修)[73]함에 어느 곳인들 아름다운 장소가 아니랴만
경앙(景仰)[74]함에 평생토록 한 마음을 가졌네.
중구일의 노란 국화는 남은 향기가 가득하고
천년토록 차가운 달은 높은 산을 비추네.
어진 아들[75]은 선고(先考)의 뜻을 받들어 따르며
좋은 법규로 엮었으니 잘못되지 않게 계승하였네.

임술년(1922) 중추
학성 이석정

---

[72] 1866~1934. 울산 출신의 문인. 자는 대이(大而), 호는 초려(草廬) 또는 수정재(修靜齋)이다. 제월당 이경연(李景淵)의 10세손이며 간우 인중(仁中)의 차자(次子)이다. 1909년 《제월당실기(霽月堂實記)》와 《간우유집(艮宇遺集)》을 편집, 간행하였다. 1934년 《울산읍지》를 편찬할 때 서문을 지었으며, 문집으로 《초려집(草廬集)》 1책이 전한다.
[73] 글을 읽고 배움에 노력함, 곧 학문을 배우고 익힘이다.
[74] 덕을 그리워하며 우러러봄.
[75] 원문의 현랑(賢郞)은 어진 아들이다.

圃隱臺名亘古今 龜隣逸老有亭臨

藏修何處無佳境 景仰平生做一心

九日黃花滿膝馥 千年寒月照高岺

賢郞追術先人志 結構良規不枉尋

壬戌中秋

鶴城李錫井

— 모은정(慕隱亭) 시판(詩板)

· 박정환(朴禎煥),⁷⁶ 〈삼가 모은정 시에 차운하다(謹次慕隱亭韻)〉

신령스런 땅은 예나 지금이나 마찬가지인데

우뚝 솟은 새로운 정자를 굽어볼 만하네.

개울과 산은 미래 인물의 솜씨를 머물러 기다리고

물과 달은 옛 철인(哲人)의 마음을 비추며 드러내네.

명승지라 하면 모름지기 태산(泰山)과 화산(華山)만을 도모하는가?

방린(芳潾)[77]이 침묵하지 않으니 극잠(郤岑)[78]과 가깝네.

누가 감히 선공(先公)의 뜻을 잊으랴?

그대가 추서(墜緖)[79]를 찾으매 여러 가지로 감사하네.

---

76 1854~1923. 자는 성규(聖規), 호는 은하(隱下)이며, 병사공(兵使公) 박이명(朴而眀)의 후손이다.

77 싱그러운 석간수(石間水), 즉 맛있는 계곡물이다.

78 극선일지(郤詵一枝)의 고사와 연관이 있다. 즉, 중국 진(晉)나라의 극선(郤詵)이 무제(武帝)에게 자기의 대책(對策)은 천하제일이나 역시 계림의 한 가지요(桂林一枝), 곤산의 편옥과 같다(崑崙片玉)고 대답하였는데, 위의 시에서는 좋은 자연환경에서 과거 급제자가 대수롭지 않게 나온다는 뜻이다.

79 본래 쇠퇴해진 사업(事業)이란 뜻으로, 선왕선성(先王先聖)이 전해 온 사도(斯道)를 의미한다. 그러나 여기서의 추서는 선고(先考)가 남긴 뜻으로 볼 수 있다.

임술년(1922) 국추(菊秋)⁸⁰ 은하 박정환

歷歷靈區古視今 新亭突兀可堪臨
溪山留待來人手 水月昭懸往哲心
勝地何須謀泰華 芳隣不默近郊岑
人誰感忘先公志 多謝如君墜緖尋
壬戌菊秋 隱下朴禎煥

— 모은정(慕隱亭) 시판(詩板)

· 이규린(李奎麟),⁸¹ 〈원시에 차운하다(次原韻)〉

반구대 지역의 신령스러움은 예나 지금이나 마찬가지인데
새 정자를 지은 주인이 있어서 손님이 오르네.
삼 층의 석대가 서 있으니 기운이 삼엄하고
구곡의 맑은 시내가 흐르니 마음이 활발하네.
푸른 바다의 한 주변에 초택(楚澤)⁸²이 남아 있고
흰 구름의 천 리 끝에 숭산(崧山)⁸³이 바라보이네.
바위산에 사는 늙은 벗이 치유(緇帷)⁸⁴를 여니

---

80 국화가 피는 가을로, 음력 9월을 가리킨다.
81 1856~1936(1937). 울산 출신의 문인·독립운동가. 자는 헌길(軒吉), 호는 석암(石庵)이며 매헌공 겸익(謙益)의 8세손이다. 1919년 파리장서사건(巴里長書事件) 때 연서한 영남 유림 137명 가운데 울산 출신으로 유일하게 서명하였다. 1995년 건국훈장 애족장이 추서되었다.
82 중국의 시인 굴원(屈原)이 초(楚)나라 회왕(懷王)에게 버림받고 멱라수(汨羅水)에서 빠져 죽기 직전까지 배회하던 소상강(瀟湘江) 일대의 못이다.
83 중국의 오악(五嶽) 중 중악(中嶽)인 숭산(嵩山)을 가리킨다.
84 고인(高人)과 현사(賢士)가 강학(講學)하는 곳에 둘러친 검은 장막으로, 강학하는 곳을

예의를 갖춘 여러 유생이 고의(古義)[85]를 찾네.

임술년(1922) 소춘절(小春節)[86]
석암 이규린이 짓다

靈境盤龜自古今 新亭有主客登臨
三層臺立森嚴氣 九曲川流活潑心
蒼海一邊有楚澤 白雲千里望崧岑
品棲老友開緇帷 揖讓諸生古義尋
壬戌小春節
石菴李奎麟稿

— 모은정(慕隱亭) 시판(詩板)

· 이기혁(李基赫),[87] 〈원시에 차운하다(次原韻)〉

반구대의 정자[88]는 옛것이고 모은정은 지금의 것이니
예나 지금이나 강산은 한 빛으로 다가오네.
구곡(九曲)의 청량한 개울은 땅과 역량을 다투고

뜻한다. 공자(孔子)가 천하를 주유하면서 검은 장막을 치고서《시경(詩經)》과《서경(書經)》을 강학한 데서 비롯된 말이다.《장자(莊子)》〈어부(漁夫)〉에, "공자가 치유(緇帷)의 숲속을 지나다가 행단에서 앉아 쉬었다. 제자들은 책을 읽고 공자는 노래하며 거문고를 탔다(孔子遊乎緇帷之林 休坐乎杏壇之上 弟子讀書 孔子絃歌鼓琴)."라는 대목이 있다.

85 옛 의의(意義).
86 봄처럼 따뜻한 계절이라는 뜻으로, 음력 10월을 가리킨다.
87 1858~1894. 자는 경첨(景瞻), 호는 강청(江淸)이다. 퇴사재(退思齋) 이응춘(李應春)의 후손으로 신암(愼菴) 이운협(李運協)의 5세손이며, 오산재(五汕齋) 이정화(李鼎和)의 손자이다.
88 원문의 반대정(盤臺亭)은 모은정 앞의 정자로, 집청정(集淸亭)을 가리킨다.

삼층(三層)의 높은 바위는 하늘 가운데 우뚝하네.
벼랑에 가득한 제명(題名)은 전철(前哲)[89]을 흠모함이고
시절에 느꺼워하여 추효(追孝)하는 이는 뒷산을 오르네.
이곳에서 권속과 떨어져 색거(索居)[90]함이 한스러우니
날마다 서로 찾아 정다운 대화를 할 수 없음이네.

임술년(1922) 소춘(小春)[91]
족종 기혁이 짓다

盤臺亭古慕亭今 今古江山一色臨
九曲淸泉爭地身 三層危石立天心
題名滿壁欽前哲 追孝感時陟後岑
恨此索居眷宿外 未能情話日相尋
壬戌小春
族從基赫稿

— 모은정(慕隱亭) 시판(詩板)

· 최해종(崔海鍾),[92] 〈차운하다(次韻)〉

눈에 보이는 강산은 고금이 따로 없는데

---

89 옛 현인.
90 사람을 피하여 한적한 곳에서 혼자 기거함.
91 봄처럼 따뜻한 계절로, 음력 10월을 가리킨다.
92 1898~1961. 한의사 및 한학자이자 문인이다. 경북대학교와 청구대학교 교수를 지냈으며, 저서로 《시해운주(詩海韻珠)》·《근역한문학사》·《한국한문학사》 등이 있다.

본래의 뜻을 마음에 품고[93] 이곳에 오르네.
집안에는 열조(烈祖)의 예법을 전하는 법통(法統)이 있고
지경(地境)에는 선현(先賢)을 사모하는 마음이 있네.
어부의 배는 복사꽃이 뜬 물[94]로 마음대로 찾아오고
숲속의 사슴은 계수나무 우거진 봉우리에서 함께 어울리네.
다행히 아름다운 이웃과 접하여 선조의 뜻을 이어감을 일삼으니
나는 지팡이와 나막신을 정비하여 날마다 찾네.

계해년(1923)[95] 신원(新元)[96]
경석 월성 최해종

擊目江山無古今 卷懷素志此登臨
家傳烈祖垂禮法 地有先賢寓慕心
漁舟任這棹玉水 栖鹿同盟桂樹岑
幸接芳隣事肯構 理吾筇屐日相尋
昭陽大淵 新元
耕石 月城崔海鍾

— 모은정(慕隱亭) 시판(詩板)

---

93 원문의 권회(卷懷)는 말아서 품는다는 뜻으로, 자기의 재능을 감추고 드러내지 않음을 가리킨다. 《논어(論語)》〈위령공(衛靈公)〉에, "나라에 도가 있으면 벼슬을 하지만, 나라에 도가 없으면 뜻을 마음에 품는다(邦有道卽仕 邦無道則可卷可懷之)."라는 대목이 있다.
94 원문의 추옥수(棹玉水)는 맑은 물을 노 저어 올라감이다.
95 원문의 소양대연(昭陽大淵)은 고갑자(古甲子)에서 계해(癸亥)를 뜻한다.
96 정월의 뜻.

• 박종하(朴種河),⁹⁷ 〈원시에 차운하다(次原韻)〉

포은이 남긴 자취가 아직도 전하니
바위에 기대고 구름을 헤치고 물을 굽어보며 임하네.
골짜기 안의 근심스런 용에게 일찍이 감상을 보냈는데
사당 터의 마른 풀에서 더욱 마음이 상하였네.
천년의 땅에 장구(杖屨)⁹⁸가 다행히 나타나서
만 홀(笏)의 산에 갱장(羹墻)⁹⁹하기 위하여 정자를 지었네.
경영하려는 선고(先考)¹⁰⁰의 뜻을 자식이 능히 계승하니
추서(墜緒)¹⁰¹를 이곳에서 찾고 있는 줄 누가 알겠는가?

창은 박종하 갑자년(1924) 수요절(秀葽節)¹⁰²

圃翁遺躅尙傳今 跋石拚雲俯水臨
壑裏愁龍曾寓感 廟墟殘草更傷心
幸生杖屨千年地 爲築羹墻萬笏岑
先志經營能子繼 誰知墜緒此中尋

---

97 1860~1940. 고령인으로, 초휘는 규하(奎河), 자는 현가(鉉可), 호는 창은(蒼隱)이다. 임란 공신 회암(悔巖) 박진남(朴震男)의 후손이다.
98 노인이 출타할 때 쓰는 지팡이와 가죽신으로, 노인(老人)·존장자(尊長者)를 가리키는 말이다. 여기서는 돌아가신 선조인 구린 공을 가리킨다.
99 국과 담장으로, 경모(敬慕)하고 추념(追念)함을 이르는 말이다.《후한서(後漢書)》〈이고전(李固傳)〉에 "옛날 요임금이 죽은 후에 순임금이 3년 동안 사모하여, 앉았을 적에는 요임금이 담장에서 보이고, 밥 먹을 적에는 요임금이 국에서 보였다(昔堯殂之後 舜仰慕三年 坐則見堯於牆 食則覩堯於羹)."라는 대목이 있다.
100 돌아가신 아버지를 이르는 말이다.
101 본래 쇠퇴해진 사업(事業)이란 뜻으로, 선왕선성(先王先聖)이 전해 온 사도(斯道)를 의미한다. 그러나 여기서의 추서는 선고(先考)가 남긴 뜻을 가리킨다.
102 강아지풀의 이삭이 패는 계절로, 음력 4월을 가리킨다.

蒼隱朴種河 甲子秀葽節

— 모은정(慕隱亭) 시판(詩板)

· 이은혁(李殷赫),[103] 〈원시에 차운하다(次原韻)〉

층진 벼랑과 끊어진 절벽은 예나 지금이나 마찬가지인데
구로(龜老)[104]는 당년(當年)에 지팡이와 짚신으로 올랐네.
일곱 명의 아들은 도리(道理)를 바꿈이 없고
천년 동안 어진 이를 사모하는 이들은 마음이 변하지 않았네.
신령한 용은 머리를 움츠려 깊은 골짜기에 엎드리고
춤추는 학은 길게 울며 푸른 산으로 날아오르네.
발자취가 남은 곳에 선친(先親)의 뜻대로 정자를 지으니
동남 지방의 관개(冠盖)[105]가 날마다 찾네.

재종 문초 은혁
갑신년(1944) 3월 일

層崖斷壁古猶今 龜老當年杖屨臨
有子七人無改道 慕賢千載不移心
神龍縮首盤深壑 舞鶴長鳴上翠岑

---

103 1876~1954. 청안 출신으로, 자는 시중(時仲)이다. 퇴사재(退思齋) 이응춘(李應春)의 후손이며 오산재 이정화(李鼎和)의 손자이다.
104 구린(龜隣) 노인으로, 이용필(李容馝, 1849~1906)을 가리킨다.
105 사신(使臣)이나 높은 벼슬아치가 타는 말 네 필이 끄는 수레 또는 수레의 덮개로, 높은 관리나 학식 있는 선비를 가리킨다.

肯構先亭遺躅地 東南冠蓋日相尋

再從文樵殷赫

甲申三月 日

— 모은정(慕隱亭) 시판(詩板)

· 서장성(徐章聲),[106] 〈삼가 모은정 시에 차운하다(謹次慕隱亭韻)〉

구린(龜隣)[107] 노인의 유지가 오늘에 이어지는데
늘그막의 감회가 아득하여 날마다 찾아오네.
비로소 그 사람을 추효(追孝)[108]할 곳을 얻으니
이에 그때의 현인을 추모하는 마음을 알겠네.
용학(龍壑)[109]의 상서로운 구름이 일찍이 사립문을 사라지게 하였는데
학천(鶴天)[110]의 어제 뜬 달이 다시 산봉우리로 떠오르네.
어찌하면 산에 사는 즐거움을 물려받을까?
이것은 저절로 자식이 진실하게 찾아야 함을 깨닫네.

달성 서장성이 삼가 짓다

龜翁遺志繼于今 晚感悠悠日日臨

始得伊人追孝地 乃知當日慕賢心

---

[106] 1880~1952. 울산 출신의 문인. 자는 동윤(同允), 호는 화정(和亭)이다.
[107] 이용필(李容祕, 1849~1906)의 호(號).
[108] 돌아가신 부모에게 효도를 다함이다.
[109] 용이 깃든 골짜기.
[110] 학이 나는 하늘.

龍壑祥雲曾鎖戶 鶴天昨月復生岑

以何垂有居山樂 認是天然子苟尋

達成 徐章聲謹稿

— 모은정(慕隱亭) 시판(詩板)

· 서장호(徐章灝),[111] 〈삼가 모은정 시에 차운하다(謹次慕隱亭韻)〉

선친(先親)의 뜻을 이어[112] 경영함은 바로 지금부터인데
반구대의 바위가 끊어진 곳을 날 듯한 모습으로 굽어보네.
반천년(半千年) 된 선생의 유지(遺址)는 오래되었는데
십이경(十二景)에는 멀리 사모하는 마음이 새로워지네.
땅에 가득한 풍광은 푸른 계곡물에 떠 있고
하늘에 그득한 밝은 달은 맑은 봉우리로 떠오르네.
이름난 열두 곳이 모두 이와 같으니
오직 어진 사람만이 찾을 수 있네.

달성 서장호가 삼가 짓다

肯構經營適始今 臺巖絕處翼然臨
半千年古先生址 十二景新遠慕心

---

[111] 1879~1947. 자는 문오(文五)이다.
[112] 원문의 긍구(肯構)는 아버지가 어떤 일을 시작하고 자식이 마땅히 계승함을 이른다. 《서경(書經)》〈대고(大誥)〉에 "아버지가 집을 지으려 하여 이미 법도를 맞추었더라도, 그 자손이 집터도 닦으려 하지 않는다면 어떻게 집이 세워지기를 기대할 수 있겠는가?(若考作室 旣底法 厥子 乃弗肯堂 矧肯構)"라고 하였다.

滿地光風浮碧潤 一天明月上晴岺

名區六六皆如此 惟有賢人可得尋

達成 徐章灝謹稿

— 모은정(慕隱亭) 시판(詩板)

· 류철우(柳喆佑), 〈시판의 시에 차운하다(次板上韻)〉

오래된 포은대의 새 정자를 지금 기쁘게 바라보는데
주인은 손님을 위하여 기쁜 마음으로 오르네.
의관(衣冠)을 차린 이는 아양(峨洋)[113]한 안색으로 나란히 서고
장구(章句)에는 어버이의 뜻을 추술(追述)하는 마음이 먼저 보이네.
홍교(虹橋)[114]에서 옛길을 잃었다고 믿지 말고
다만 생학(笙鶴)[115]이 깊은 산에 머무는 것을 의심할 뿐이네.
서늘한 가을과 따스한 봄에 한가롭게 소요(逍遙)하며
추서(墜緒)[116]를 마음에 새겨서 찾아봄이 어떠한가?

풍산 류철우

---

[113] 산이 우뚝하고 높은 모습인 아아(峨峨)와, 바다가 드넓은 모습인 양양(洋洋)의 합칭(合稱)이다.
[114] 신선 세계를 연결하는 다리. 중국 진시황(秦始皇) 2년 가을에 무이군(武夷君)이 허공에 무지개다리[虹橋]를 놓고 여러 신선들을 초대하여 잔치를 베풀었다고 한다.
[115] 선학(仙鶴)을 가리킨다. 중국 주(周)나라 영왕(靈王)의 태자(太子) 진(晋)이 칠월 칠석날에 흰 학을 타고 피리를 불며 후산(候山)의 마루에 머물렀다가 손을 들어 사람들에게 인사를 하고 떠났다고 한다.
[116] 본래 쇠퇴해진 사업(事業)이란 뜻으로, 선왕선성(先王先聖)이 전해 온 사도(斯道), 즉 유도(儒道)를 의미한다.

臺古亭新喜見今 主人爲客悅登臨
衣冠幷立峨洋色 章句先看繼述心
莫信虹橋迷古逕 只疑笙鶴在幽岺
秋凉春暖逍遙暇 墜緖何如刻意尋
豐山 柳喆佑

— 모은정(慕隱亭) 시판(詩板)

· 윤수(尹銖), 〈차운하다(次韻)〉

포은대는 이미 옛것이고 모은정은 지금 것인데
땅이 구린(龜隣)[117] 노인을 몸소 오도록 하였네.
어버이의 일을 맡아[118] 당년(當年)에 능히 선현의 뜻을 계승하고
웅장하고 빛나는 집을 지어[119] 영원히 그 마음을 잊지 않네.
천년의 유지(遺址)에는 생학(笙鶴)의 피리 소리가 남아 있고
백겁(百悏)[120]의 산봉우리에는 동룡(銅龍)의 옥이 있네.

---

117 이용필(李容祕, 1849~1906)의 호(號).
118 원문의 간고(幹蠱)는 문젯거리가 되었던 정치나 사업을 맡아 잘 처리한다는 말로, 자식이 부모의 사업을 이어받아 잘 조처하여 바로잡는 것이다. 《주역(周易)》〈고괘(蠱卦)〉〈초육(初六)〉에, "아버지의 잘못을 바로잡는 것은 자식이 그 아비의 선업을 이루는 것이다. 그러므로 허물이 없으며 위태롭지만 끝내 길하리라(幹父之考 有子考 無咎 厲 終吉)." 또한 그 〈소상(小象)〉에, "아버지의 잘못을 바로잡는다는 것은 뜻이 죽은 아버지를 계승한다는 것이다(幹父之蠱 意承考也)."라는 대목이 있다.
119 원문의 환륜(奐輪)은 윤환(輪奐)이라고도 하는데, 집이 성대하고 아름답다는 뜻이다. 《예기(禮記)》〈단궁하(檀弓下)〉에, 중국 진(晉)나라 문자(文子)의 집이 완공되었을 때, 대부인 장로(張老)가 그 으리으리한 규모를 보고는 "아름답구나, 높고 큼이여! 아름답구나, 빛남이여!(美哉輪焉 美哉奐焉)."라고 한 대목이 있다.
120 悏(겁)은 불교의 劫(겁)의 오사(誤寫)로, 아주 오랜 시간을 가리킨다. 불교의 겁(劫)은 겁파(劫波)라고도 하는데, 대표적으로 '겨자겁'과 '반석겁'이 있다. 겨자겁은 《잡아함경(雜阿含經)》에서 다음과 같이 설명한다. 사방과 상하로 1유순(由旬, 약 15km)이나 되

아직도 고상한 풍도(風道)는 산수(山水) 속에 있으니
서둘러¹²¹ 짚신을 신고 찾아보려고 하네.

파평 윤수
여강 이원복이 삼가 쓰다

隱臺已古慕亭今 地以龜翁杖屨臨
幹蠱當年能繼志 奐輪永世不忘心
笛徐笙鶴千年址 玉在銅龍百悃岑
猶有高風山水裏 脩然芒屩肯相尋
坡平 尹銖
驪江 李源福謹書

— 모은정(慕隱亭) 시판(詩板)

· 장석영(張錫英), 〈모은정 시에 차운하다(次慕隱亭韻)〉

푸른 계곡물과 검푸른 벼랑은 고금이 따로 없는데
이씨 집안의 정자에 이번에 오르네.
퇴사재(退思齋) 선조의 근왕(勤王)¹²²한 자취가 전하여 오고
포은(圃隱) 선생의 왕도(王都)를 떠난 마음이 뒤늦게 느껴지네.
승지(勝地)를 선점하여 연화산(蓮華山)을 나누고

는 철성(鐵城) 안에 겨자씨를 가득 채우고 100년마다 겨자씨 한 알씩을 꺼낸다. 이렇게 겨자씨 전부를 다 꺼내어도 겁은 끝나지 않는다.
121 원문의 유연(脩然)은 빠르게 서두르는 모양이다.
122 임금이나 왕실을 위하여 충성을 다함.

좋은 벗이 서로 모이는데 이끼 낀 봉우리[123]는 하나이네.
그대에게 청하노니 선공(先公)의 뜻을 더욱 돈독하게 하여
칡넝쿨이 무성한 골짜기에서 떨어진 실마리를 찾으시게.

회당 장석영

碧澗蒼崖無古今 李家亭子此登臨
傳來退祖勤王蹟 曠感圃翁去國心
勝地先占分華嶽 良朋相會一苔岑
請君更篤先公志 谷葛萋萋墮緖尋
晦堂 張錫英

— 모은정(慕隱亭) 시판(詩板)

· 하석희(河錫熙), 〈차운하다(次韻)〉

깎아지른 저 반구대는 예나 지금이나 여전한데
게다가 새 정자가 또 다시 날듯이 굽어보네.
삼현(三賢)[124]은 일찍이 천추의 자취로 남아 있고
일곱 아들은 서로 한 아버지의 뜻을 이었네.
곱고 환한 산과 물은 대도(大道)에 들어맞고

---

[123] 원문의 태잠(苔岑)은 같은 산봉우리에서 함께 난 이끼로, 서로 의기투합하는 벗을 비유하는 말이다. 곽박(郭璞)의 〈증온교시(贈溫嶠詩)〉에 "나의 입맛과 향취를 말하자면, 이끼는 달라도 산봉우리는 똑같네(余臭味, 異苔同岑)."라고 하였다.
[124] 반고서원(槃皐書院, 현재의 盤龜書院)에 배향(配享)된 포은(圃隱) 정몽주(鄭夢周, 1337~1392), 회재(晦齋) 이언적(李彦迪, 1491~1553), 한강(寒岡) 정구(鄭逑, 1543~1620)를 가리킨다.

오고가는 구름과 새는 높은 봉우리에 오르네.
학이 나는 하늘과 용이 숨은 골짜기는 뜻이 무궁하거니
높이와 깊이가 몇 길인지 알 수 없네.

거제125 성양 하석희

截彼盤龜尙古今 新亭況復翼然臨
三賢曾有千秋蹟 七子相承一考心
水麗山明中大道 雲來鳥去上高岑
鶴天龍壑無窮意 崇奧不知幾仞尋
岐城 星瀼河錫熙

— 모은정(慕隱亭) 시판(詩板)

· 정병찬(鄭柄璨),126 〈모은정에 오르다(登慕隱亭)〉

팔월에 강남에서 온 나그네가 정자에 오르니
이름난 곳의 사물마다에 두 눈은 푸른빛을 띠네.127
용은 옛 굴에 숨고 거북은 골짜기에 숨었는데

---

125 원문의 기성(岐城)은 경상남도 거제(巨濟)의 옛 지명이다.
126 1900~1966. 본관은 영일[烏川]. 자는 서경(瑞璟), 호는 만취(晩翠)이며, 경북 안강읍 출신으로, 위당 정인보(鄭寅普), 소강 김헌수(金瀗洙)와 교유하였다. 《동경잡기(東京雜記)》를 이어 1960~1962년 《동경속지(東京續誌)》 편찬 때 주간을 맡았으며, 보문제(普門堤) 축조 때 개기축문(開基祝文)을 짓기도 하였다. 현재 문집 5권 2책이 전한다.
127 원문의 안쌍청(眼雙靑)은 중국 진(晉)나라의 완적(阮籍)이 반가운 사람을 만나면 청안(靑眼)을 띠고, 미워하는 부류인 예속(禮俗)을 따지는 선비를 만나면 백안(白眼)을 띠었다는 고사에서 유래한다.

바람은 높은 대에 가득하고 구름은 뜰에 가득하네.
세교(世交)[128]를 말하자니 동실(同室)[129]의 정의(情誼)를 어찌 잊으랴?
정분(情分)을 논하자니 한 동이 술이 깨는 것을 바라지 않네.
어진 후손이 선친의 뜻을 이음을 살펴보건대
지난 자취는 여전하여 초목이 향기롭네.

八月江南客上亭 名區物物眼雙靑
龍藏古窟龜藏壑 風滿高坮雲滿庭
講世那忘同室誼 論情不願一樽醒
試看賢裔肯堂意 往躅依然草樹馨

— 《만취문집(晩翠文集)》

---

128 선대로부터 대대로 사귀어 온 교분.
129 가족과 같은 한집안.

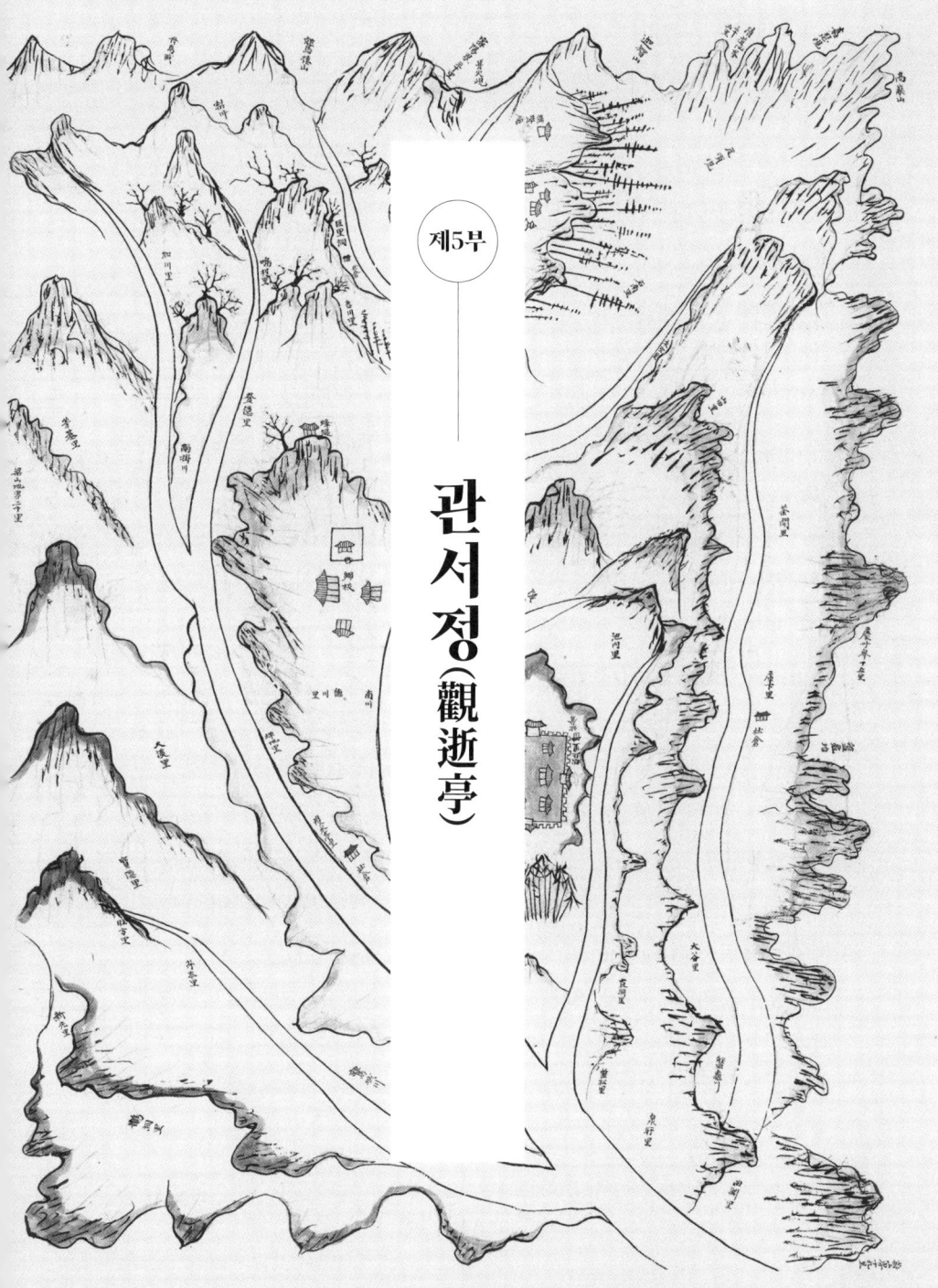

제5부

관서정(觀逝亭)

1. 개요

관서정(觀逝亭)은 울산광역시 울주군 범서읍 사연리 곡연(曲淵) 마을에 있다. 조선시대 경주인(慶州人) 김경(金憼, 1683~1747)이 처음 짓고, 아들 덕준(德峻)과 함께 살던 곳이다. 5세손 영록(永祿) 때 큰 화재를 당하여 폐허가 되었는데 그로부터 60년이 지난 1959년 8세손 수경(守經)[1]과 종손(宗孫)이 다시 4~5칸을 재건하였다. 그 후 오랫동안 유지되었으나 점차 유지, 보수의 어려움을 겪다가 2016년 완전히 훼철되어 지금은 그 모습을 볼 수 없다.

이 정자는 새로 지을 때 예전의 목재를 섞어 당(堂) 두 칸과 방 두 칸을 만들었는데, 방은 욱실(燠室)과 양헌(凉軒)을 각각 1칸씩 두었다. 양헌 옆에는 몇 층의 돌계단을 쌓아 못 물을 굽어볼 수 있도록 하였는데 물가에는 낚싯대를 드리울 바위도 있었다.

1965년 주변에 사연댐이 들어서기 전에는 대곡천의 맑은 물이 관서정 앞에서 한 번 꺾여 태화강에 이르렀으므로 시인 묵객이 반구대를 찾을 때면 반드시 이곳 곡연(曲淵)에서 출발하였다고 한다. 5세손 영록도 〈관서정중건상량문(觀逝亭重建上樑文)〉에서 동에는 일산 봉우리가 보이고, 서에는 반구대의 가막못이 있으며, 남으로는 맑은 시내가 굽이굽이 흐르고, 북에는 포은(圃隱)의 높은 대가 있는 곳이라 하였다.

김경은 일찍이 공자가 냇가에서 말한 "가는 것은 이와 같아서 낮밤으로 쉬지 않는구나(逝者如斯夫 不舍晝夜)."라는 《논어(論語)》〈자한(子罕)〉 구절에서 뜻을 취하여 정자 이름을 '관서(觀逝)'라 하였다. 이를 두고 울산부사

---

[1] 1916~?. 자는 선화(善華)이며, 김경의 8세손이다.

재직 때 거의 매일 이 정자에 오른 권상일(權相一)은 〈관서정기(觀逝亭記)〉에서 늘 관서정 편액을 보면서 "천지 사이에서 조금의 쉼과 빠짐도 없이 호연(浩然)하게 다하지 않는 것이 도(道)의 본체이다."라는 그 오묘함을 깨닫고, 또 "흘러가는 물에서 만물의 전변(轉變)이 계속된다."라는 도체의 근본을 이곳에서 체득하고자 하였다.

그는 또 "물이 사람의 몸과 마음에 이로움을 주는 것이, 다만 흘러가는 것을 바라보는 것만이 아니다. 인하여 함께 기록하여 김군을 깨우치고 또 스스로를 깨우친다."라고 하며 기문을 지은 연유를 밝히기도 하였다. 그도 퇴직 후 경북 상주(현 문경시 산양면 존도리)의 맑은 시내가 굽어 흐르는 곳에 '존도와(尊道窩)'를 짓고 살았는데 그 주변의 풍광이 관서정과 유사하였던 것으로 전해진다.

이의한(李宜翰, 1692~1766)도 〈삼가 관서정 시에 차운하다(謹次觀逝亭韻)〉에서 '관서'라는 이름을 통해 도의 본질에 대해 성찰하고자 하였다. "근원이 좋은 물은 곤곤히 흘러 밤낮으로 그치지 아니하여 구덩이가 가득 찬 뒤에 나아가서 사해에 이르나니 근본이 있는 자는 이와 같다(原泉混混 不舍晝夜 盈科而後進 放乎四海 有本者如是 是之取爾)."라는《맹자(孟子)》의 구절을 인용하여 "바닥에 닿을 때까지 근원을 궁구하니 마음이 몸과 함께하고 구덩이를 채우고서야 바다로 흘러가니 학문과 길이 같다(徹底窮源心共體 盈科放海學同程)."라고 하며, 구덩이가 찬 후에 흘러가는 물처럼 자신의 목표를 위해 부단히 노력하기 위해 이 정자를 지은 것으로 이해하였다.

정자를 지은 후에는 이 밖에도 여러 시인 묵객들이 찾아와 글을 남겼다. 평생 울산을 지킨 문인 이양오(李養吾, 1737~1811)는 〈관서정 시에 차운하다(次觀逝亭韻)〉에서, 물가의 정자는 "하늘의 조화와 사람의 일이 합쳐져서 이름이 되었다(天造人工合作名)."라고 하며 끊임없이 흐르는 산 아래의 물을 보면서 물이 지닌 이치가 생겨남을 지적하였다.

서석린(徐錫麟, 1710~1765)은 〈곡연의 관서정 시에 차운하다(次曲淵觀逝

亭韻)〉에서 "천지간에 물의 정수를 궁구하고 찾아내어 참된 공부를 깨달아 이 당의 이름을 얻었다(天地窮探一六精 眞工諦得此堂名)."라고 하였으며, 김정묵(金正默)은 〈관서정에 머무르다. 곡연(留觀逝亭 曲淵)〉에서 "땅은 이름난 곳이니 마땅히 읊조릴 만하고, 때는 좋은 밤이라 꼭 잠자지 않아도 되네(地則名區宜可咏 時乎良夜不須眠)."라고 하여 정자의 정취가 너무 아름다운 곳임을 칭송한 바 있다.

이처럼 김경이 일찍이 관서정을 대곡천이 굽어 흐르다 꺾이어 깊은 못을 이룬 곡연에 세운 뜻은 오직 아름답고 한가로운 정취만을 즐기기 위해서가 아니라, 끊임없이 흘러가는 맑은 물을 바라보며 선현이 가르쳐 준 도(道)의 본질을 부단히 성찰하고자 한 것이다.

2. 문(文)

· 김영록(金永祿),² 〈관서정중건상량문(觀逝亭重建上樑文)〉³

진술하건대

도체(道體)는 원래 물과 같아서 와서 이어지고 흐르니 천년 동안 쉬지 않는다고 일컬어지고
정재(亭齋)는 간혹 화재를 당해 머물러 다시 세우기를 기다리니 뒷사람의 계승⁴에 달려 있네.
한 못을 공유하여 조금 아래로 흘러와서
옛터에 옮겨서 새로움을 도모하네.

삼가 생각하건대 관서정(觀逝亭) 부군(府君)⁵은

맑고 밝아 도에 근접한 자세이고
무겁고 두터워 무리에서 빼어난 모습이었네.
현조독옹(玄祖獨翁)⁶의 학문을 계승하여 연원을 계속 잇고

---

2 1881~1962. 계림인으로, 자는 윤집(允執), 호는 모귀와(慕歸窩)이다. 계림군(鷄林君) 제숙공(齊肅公) 균(鈞)의 후손이며, 관서정(觀逝亭) 김경(金憼)의 5세손이다.
3 이 글은 1959년에 지었다.
4 원문의 극소(克紹)는 계승(繼承)함이다.
5 죽은 아버지나 선대(先代) 조상을 높여 이르는 말이다.
6 김선립(金善立, 1580~1644)을 가리킨다. 김선립은 계림인으로, 초휘는 선경(善慶), 자는 탁이(卓爾), 호는 독성당(獨醒堂)이다. 계림군 균(鈞)의 9세손이며 아버지 주(鑄)는 한강

제자백가(諸子百家)의 책에 통달하여 공교한 과정을 착실히 하였네.7

때마침 고을에 권청대(權淸臺)가 부임하게 되니

여러 차례 의자를 내린8 서유자(徐孺子)9를 본받았네.

시렁 몇 개의 정자를 지어 연못을 굽어보니 큰 성인(聖人)처럼 흐르는 물을 보고

한 자루의 붓을 휘둘러 난간에 거니 여느 사람이 기대어 바라보는 곳이 아니었네.

물고기와 새, 안개와 구름은 참다운 즐거움이 아니어서 짐짓 버려두고

깊은 못과 드넓은 바다는 공력을 쌓아서 온통 이룸에 비의(比擬)하였네.

이로써 당시 사람들은 고상한 풍도(風道)를 우러러보니 태산북두처럼 높고

저 권청대가 어떤 자사라고 속박하는 예법도 없어 험한 바위처럼 황량하였겠는가?

오세손인 영록에 이르러 화재로 정자는 재택(梓澤)10처럼 구렁이 되었

(寒岡) 정구(鄭逑)의 문인이다.
7 원문의 조조(慥慥)는 조심하는 모양이다. 《중용(中庸)》 13장의 "말함에 행한 것을 돌아보고, 행동함에 말한 것을 돌아보니, 군자는 어찌 언행을 조심하지 않겠는가?(言顧行 行顧言 君子胡不慥慥爾)."라는 대목에 나오는 말이다.
8 원문의 하탑(下榻)은 걸어 놓은 의자를 내려서 손님을 극진히 대접하는 것으로, 《후한서(後漢書)》 〈진번전(陳蕃傳)〉에 나오는 고사이다. 중국 한나라 때의 진번이 예장 태수로 있을 때 다른 객은 대접하지 않고 의자를 천장에 매달아 두었다가 당대의 높은 선비인 주구(周璆)가 오면 그 의자를 내려서 그를 모셨다고 한다.
9 중국 후한(後漢)의 선비로, 이름은 치(穉)이다.
10 원문 구허재택(邱墟梓澤)의 재택(梓澤)은 중국 진(晉)의 석숭(石崇)이 환락을 누리던 금곡원(金谷園)을 말한다. 왕발(王勃, 650~676)의 〈등왕각서(滕王閣序)〉에 "아아, 이 등왕각이 있는 곳 같은 승지는 흔히 어디서나 볼 수 있는 곳이 아니요, 이 성대한 연회에 참석함도 다시 만나기 어려운 일이라. 진의 왕희지가 주연을 베풀던 난정은 이미 허물어졌고, 석숭이 환락을 누리던 재택의 금곡원도 이제는 폐허가 되고 말았음에랴(嗚呼勝地不常 盛筵難再 蘭亭已矣 梓澤丘墟)."라는 구절이 있다. 따라서 구허재택은 과거의 영화가 사라지고 폐허만 남은 모습을 나타낸다.

지만

　육순(六旬)이 지나도록 정자를 경영할 방법이 없어 현도(玄都)[11]를 탄식할 뿐이었네.[12]

　지나가는 사람마다 자주 손을 들어 가리키니 감회가 일지만

　유약한 후손은 공연히 마음만 가다듬으니 개탄(慨歎)만 더하였네.

　팔세손(八世孫)인 수경(守經)이란 자가 수백만 금(金)의 공사 비용을 저 혼자 감당하고

　종제(從弟)인 종가(宗家)의 종손[13]이 네댓 칸[間]의 큰 집을 그 자신의 힘으로 얽었네.

　예전에 구입한 목재에 새로운 목재를 첨가하니 나무는 충분하고[14]

　두 칸의 당(堂)을 짓고 두 칸의 방을 만드니 뜰이 환하게 되었네.[15]

　그러나 오늘 중건하는 계책은 우리 조상이 강도(講道)한 아름다운 운치를 생각함[16]인데

　어찌 뒷날에 놀고 쉬는 일을 후손에게 저지르지 말라는 엄한 징계를 권면함이겠는가?

　이 파음(巴吟)[17]을 지어

　영착(郢斲)[18]에 보태고자 하노라.

---

11 옥황상제가 사는 대라천 꼭대기에 있는 신선의 도시로, 여기에서는 하늘을 가리킨다.
12 원문의 규맥(葵麥)은 푸성귀와 보리로, 황폐한 모습을 뜻한다.
13 원문의 주창인(主鬯人)은 제사에 쓰이는 술인 울창주(鬱鬯酒)를 주관하는 종손(宗孫)을 가리킨다.
14 원문의 구구(九九)는 수효가 많은 모양이다.
15 원문의 쾌쾌(噲噲)는 넓고 밝은 모양, 곧 탁 트인 모양이다.
16 원문의 극념(克念)은 사려 깊게 생각함이다. 《서경(書經)》〈다방(多方)〉에 "성인이라도 도를 잊으면 한갓 광인이 되고, 한갓 광인이라도 도를 잊지 않으면 성인이 된다(惟聖罔念作狂 惟狂克念作聖)."라는 대목이 있다.
17 여러 사람이 따라 부르는 속요 같은 것으로, 보잘것없는 천한 노래를 의미하는데, 보통 자신이 지은 시를 겸양해서 지칭할 때 쓰는 말이다.
18 중국 영(郢) 땅의 사람이 친구의 코끝에다 흰 흙덩어리를 묻혀 놓고는 도끼를 휘둘러

어영차 들보 동쪽을 바라보니
일산 봉우리에 신선한 아침 해가 붉네.
우리 도(道)는 빛남이 일찍이 이와 같았으니
아침부터 밤까지 빛나고 환함이 끝내 공을 이루네.

들보 서쪽을 바라보니
가막못[19]의 푸른 물이 새로 쌓은 제방에 가득하네.
근원에서 고여 이처럼 뒤로 흐르니
널리 베푼 방도가 참으로 미혹되지 않네.

들보 남쪽을 바라보니
긴 시내가 굽이굽이 담담하게 흐르네.
성인이 탄식하고 나서 이제야 알겠으니
당년(當年)의 마음속 부끄러움을 벗어나길 기약하네.

들보 북쪽을 바라보니
포은(圃隱) 노인의 높은 대가 구름 밖에 솟아 있네.
횡설수설(橫說竪說)이 모두 도리에 맞았으니[20]
다만 충의에만 모범이 되는 것이 아니라네.

흙만 교묘하게 떼어 내곤 하였는데, 그 친구가 죽고 나서는 "나의 짝이 죽었다(臣之質死)."라고 하면서 그 기술을 발휘하지 않았다는 이야기가 《莊子(장자)》〈서무귀(徐无鬼)〉에 나온다. 따라서 영착은, 뛰어나고 기발한 재주를 말하는데, 여기에서는 자신이 지은 상량문이 잘 지은 관서정에 도움이 되길 바라는 의미에서 쓴 말이다.
19 원문의 오지(烏池)는 가막못으로, 울산광역시 울주군 언양읍 반연리에 있다.
20 이 구절은 목은(牧隱) 이색(李穡)이 정몽주(鄭夢周)를 칭찬한 말이다. 정도전(鄭道傳, 1342~1398)의 〈포은봉사고서(圃隱奉使藁序)〉에 "목은 선생이 기뻐하며 칭찬하기를, 달가(達可)는 호쾌하고 탁월하여 횡설수설하여도 마땅하지 않음이 없다(牧隱先生喜而稱之曰 達可豪爽卓越 橫說竪說 無非的當)."라는 대목이 있다. 달가(達可)는 정몽주의 자(字)이다.

들보 위쪽을 쳐다보니
영실성(營室星)[21]이 돌아서 광채를 뿜네.
감응(感應)은 하계(下界)에 있으리니
때맞추어 이곳에 정자를 중창하네.

들보 아래쪽을 굽어보니
월천(越川)[22] 가에 평평한 들판이 열려 있네.
어느 때이든 뜻을 얻은 가문의 후손이 있어서
효도를 이어가는 자가 구름처럼 성하리.[23]

엎드려 바라건대 상량한 후에는

산천(山川)은 모습을 바꾸지 않고 광채를 더하고
동우(棟宇)는 여전히 아름다움을 온전히 하여 영원히 존재하리.
밤낮으로 흐르고 고금에 미쳐서 물가에서 물어보는 것을 쉬지 않으니 어찌 일가의 아름다운 계책일 뿐이겠는가?
근본을 두텁게 하고 사물을 궁구하여 능히 다스릴지니 우리의 도를 극진히 하여 백세의 중요한 규범이 되리.

기해년(1959) 삼월 어느 날 5세손 영록이 삼가 짓다.

---

21 북방의 별자리 중 6번째 별로, 궁전을 지을 때 궁전의 중앙으로 삼는 별이기도 하다.
22 원문의 월천(月川)은 지명으로, 넘내[越川] 또는 넙내[廣川]라고도 한다.
23 원문의 유연(油然)은 구름이 성한 모양이다.

述夫

道體元如水而來續往過 謂千秋之不休
亭齋或厄火而留竢重拂 在後人之克紹
同一淵而稍下
移舊趾而圖新

恭惟觀逝亭府君

清明近道之姿
重厚出曹之相
承玄祖獨翁之學 淵源存存
通諸子百家之書 工程慥慥
適有茝府之權清臺
累效下榻之徐孺子
搆數架亭而壓淵 用大聖之觀逝
揚一枝筆而記檻 非餘人之倚望
魚鳥煙雲 非實樂而姑舍
淵泓溟海 比積工而渾成
是以時人仰高風 嵬嵬山斗
夫何刺史無羅禮 寥寥嶔巖
洎五世而回祿爲災 邱墟梓澤
經六旬而營室無術 葵麥玄都
過者屢指點而興懷
屛孫空齊志而增慨
乃有八世孫守經者 工費之數百萬金 吾自獨辦

爲告宗從弟主鬯人 大廈之四五間架 君其力搆
購舊材添新材 九九耆木
爲堂二成室二 噲噲之庭
然今日重建之謀 克念乃祖講道之徽韻
豈後來讌息之務 爲勸後仍兂忝之嚴懲
玆綴巴吟
庸助郢驪

　　兒郞偉 抛梁東 日傘峰頭新旭紅
吾道光明曾此若 夙夜體驗克成工

　　　　抛梁西 烏池碧水滿新堤
本源涵溢如斯後 博施之方正不迷

　　　　抛梁南 長川曲曲逝淡淡
聖人嘆後今看取 期免當年心內慚

　　　　抛梁北 圃老高臺雲外直
橫竪說皆道理當 非徒忠義之矜式

　　　　抛梁上 營室星回光彩放
感應分明下界存 適丁此地亭重刱

　　　　抛梁下 越川之上開平野
有時旨獲乃家孫 孝道油然承襲者

伏願上樑之後

山川不改觀而增彩
棟宇尙完義而永存
通晝夜亙古今 而不息問諸水濱 豈一家之徽謀
敦根本窮事物 而克治盡我人道 爲百世之要範
己亥三月 日 五世孫永祿謹撰

— 관서정(觀逝亭) 현판(懸板)

· 권상일(權相一), 〈관서정기(觀逝亭記)〉

반구대의 물이 동남쪽으로 흘러서 곡연(曲淵)이 되고, 또 몇 리쯤 더 가서 언양에서 내려온 물과 만나서 태화강이 된다. 곡연은 여러 산속에 있어서 봉우리들이 좌우에 높이 솟아 있고 구름과 안개가 합쳐지며, 물에는 자갈이 많아 물고기가 노니니 갈매기와 해오라기가 와서 모인다. 유람객이 반구대를 보려면 반드시 곡연에서 시작해야 하는데, 그 빼어난 경개는 서로 백중(伯仲)하다고 할 만하다.

숙명(叔明) 김덕준(金德峻)[24] 군이 그 부친을 모시고 못가에 살고 있다. 곧 집의 서남쪽 모퉁이에 시렁 몇 개를 얽어서 욱실(燠室)[25]과 양헌(凉軒)[26]을 삼고, 헌(軒) 옆에는 돌계단 몇 층을 쌓아 못물을 굽어보게 하고는, 이

---

[24] 1705~1787. 계림인으로, 자는 숙명(叔明), 호는 계와(戒窩)이다, 관서정 김경(金憼, 1683~1747)의 아들로. 청대(淸臺) 권상일(權相一)의 문하이며,《중용강해록(中庸講解錄)》1책이 있다.
[25] 따뜻한 방.
[26] 서늘한 집.

에 공부자(孔夫子)께서 냇가에서 탄식한 뜻을 취하여 '관서(觀逝)' 두 글자를 헌(軒)의 문미(門楣)에 걸었다. 그 뜻은 운연(雲煙)과 어조(魚鳥)는 모두 허경(虛景)이지 실락(實樂)이 아니고, 오직 물이 밤낮없이 흘러가는 것만이 도체(道體)와 흡사함이 있다고 생각하여 늘 편액(扁額)의 이름을 보면서 그 오묘함을 깨닫고자 한 것이다.

대개 천지(天地)의 사이에서 조금의 휴식과 빠짐도 없이 호연(浩然)하게 다하지 않는 것이 도(道)의 본체이다. 물이 흘러가는 것은 비록 가지만 그것이 혹여(或如) 다함을 보지 못하였고, 흘러오는 것은 비록 오지만 그것이 혹여 멈춤을 보지 못하였다. 밤낮으로 소통(疏通)하고 고금에 미치니 도도(滔滔)27하고 곤곤(滾滾)28하며 더 넓어지고 더 깊어지니 여기에서 도체가 깃든 바를 볼 수 있다. 그리고 본래 그러한 까닭과 그렇게 될 수 있는 오묘함이 있다.

진실로 추부자(鄒夫子)29의 "잊지도 말고 돕지도 말라."30라고 하는 가르침을 잊지 말고 잡아서 이끌어 주고31 깨우쳐 살펴서32 내 마음에 갖추어진 이치를 계속하여 밝게 빛나도록 하면 아마 알 수 있게 될 것이다. 그렇지 아니하면 비록 혹여 갑작스럽게 얻게 될 때가 있더라도 형상만 방불할 뿐이어서 즉시 얻었다가 즉시 잃어버려서 끝내 자기의 소유가 되지 못하니, 어찌 그 체(體)가 확립되고 용(用)에 이르게 됨을 바라겠는가?

물은 발원이 멀어 여러 물줄기를 삼키고 받아들여서 못물이 크게 차 있

---

27 물이 힘차게 흐르는 모양.
28 물이 세차게 흐르는 모양.
29 중국 추(鄒) 땅 출신의 맹자(孟子)를 가리킨다.
30 원문의 물망물조(勿忘勿助)는 잊지도 말고 조장(助長)하지도 말라는 뜻이다. 이 말은 《맹자(孟子)》〈공손추(公孫丑)〉상(上)에서 "반드시 어떤 일이 있으면 미리 기약하지 말고, 마음으로 잊지 말며, 조장하지 말아서 송나라 사람처럼 하지 말아야 한다(必有事焉而勿正 心勿忘 勿助長也 無若宋人然)."라는 대목에서 유래한다.
31 원문의 제시(提撕)는 잡아서 이끌어 줌, 곧 깨우쳐 줌이다.
32 원문의 경성(警省)은 자신의 행동에 대하여 깨우쳐 돌아보고 살핌이다.

으므로, 태화강은 큰 바다로 들어가서 사해의 밖에서 돌아들고 있다. 학자의 공교함은 근본을 두터이 하여 사물을 궁구함과 같아서, 나날이 나아가서 그치지 않으면 도(道)가 이루어지고 덕(德)이 서서 충실하고 광대한 지경에까지 이르게 되는 것이다.

그러나 물은 막힘이 있으면 흐름이 나아가지 못하고, 사람은 욕심이 있으면 이(理)가 존재하지 못한다. 늘 마음속으로 경계하고 두려워하면서 성찰하고 다스려 털끝만큼의 간단(間斷)[33]도 용납하지 않은 다음에라야 한 마음이 허명(虛明)하게 되고 온갖 이치가 통하고 뚫리게 되어, 운연(雲煙)이 변화하는 오묘함과 어조(魚鳥)가 비약(飛躍)하는 기틀이 모두 나의 실락(實樂)이 된다. 그래서 도(道)의 체용(體用)이 참으로 마음[34]에 갖추어지게 된다.

나[35]는 학성(鶴城)에 있으면서 늘 하루에 한 번 이 정자에 올라서 즐겼다. 김 군이 기문(記文)을 요청함이 매우 간절하여 그 뜻을 저버리지 않으려고 허락하였다. 이제 전원으로 돌아온 후에 그 사람과 정자는 길이 몽상(夢想) 속에 있게 되었고, 나의 작은 집[36]도 맑은 시내를 굽어보고 있다. 늘 밤에 고요하여 잠이 깨면 졸졸 흐르는 소리가 옥이 부서지고 거문고를 연주하는 듯이 시원하여 마음이 깨어남을 깨닫지 못하니, 물이 사람의 몸과 마음에 이로움을 주는 것이 다만 흘러가는 것을 바라보는 것만이 아니다. 인하여 함께 기록하여 김 군을 깨우치고 또 스스로를 깨우친다고 하겠다.

---

33 잠시 그치거나 끊어짐.
34 원문의 방촌(方寸)은 사방 한 치의 넓이로, 마음을 비유한다.
35 원문의 불녕(不佞)은 재주가 없는 사람이라는 뜻으로, 말하는 이가 대등한 관계에 있는 사람에게 자기를 문어적으로 낮추어 이르는 일인칭 대명사이다.
36 원문의 와(窩)는 집으로, 권상일(權相一)이 상주(尙州)에 지은 존도와(尊道窩)를 가리킨다.

임술년(壬戌年, 영조 18, 1742) 초가을 열엿샛날에 한계산인(寒溪散人)이 쓰다.

  盤龜之水 東南流爲曲淵 又數里 而會彥陽水 爲太和江 曲淵在衆山中 峯巒左右聳秀 而雲煙合沓 水多石礫遊魚而鷗鷺來集 遊人之欲觀盤龜者 必自曲淵始 其勝槪可伯仲焉 金君德峻叔明 奉其家翁 居淵傍 卽家之西南隅 搆數架爲燠室凉軒 軒邊築石砌累層 俯壓淵水 乃取孔夫子川上發歎之意 而揭觀逝二字于軒楣 其意以爲雲煙魚鳥 皆虛景 非實樂 而惟水之不舍晝夜 有似乎道體 欲常目扁名 而悟其妙也 蓋天地之間 無少間息 無少欠闕 浩然而不窮者 道之本體也 水之往者 雖往而未見其或窮 來者 雖來而未見其或停 通晝夜亘古今 而滔滔滾滾 彌廣彌博 此可以見道體之所寓 而自有所以然 所能然之妙矣 苟能從事於鄒夫子勿忘勿助之訓 而提撕警省 使吾心所具之理 繼續光明 則庶可知之 不然 則雖或有霎然見得時 不過形象髣髴而已 旋得旋失 終不爲己之所有 何望其體立 而達於用乎 水之發源遠 而吞納衆流 淵泓盛大 故爲和江 入溟海 環回於四瀛之外 學者之工 若敦根本窮事物 日進而不已 則道成德立 以至於充實廣大之域矣 然水有壅 則流不去 人有欲 則理不存 常戒懼乎中 而省察克治 不容毫髮間斷 然後一心虛明 萬理通透 雲煙變化之妙 魚鳥飛躍之機 皆爲吾之實樂 而道之體用 實備於方寸矣 不佞在鶴城 日常一登斯亭而樂之 金君請記文甚懇 不欲孤其意許之 今於歸田之後 其人與亭 長在於夢想中 而吾小窩 亦俯臨淸川 每於夜靜睡罷 琮琤之響 如碎玉 如鼓琴 不覺灑然心醒 水之有益於人身心 不但觀逝而已 因幷書以警金君 且以自警云爾

壬戌孟秋旣望 寒溪散人記

— 《청대집(淸臺集)》 권11

· 서석린(徐錫麟), 〈관서정서(觀逝亭序)〉

  물을 보는 데는 반드시 그 물결을 보아야 하고, 물결을 보는 데는 그 가는 것을 보아야 한다. 물을 보면서 그 물결을 보지 않으면 그 근원에 근본이 있음을 알지 못하고, 그 가는 것을 보지 않으면 그 근원에 흐름이 있음을 알지 못한다. 그 흐름을 거슬러 올라가서 그 근원을 찾으면 그 근원을 볼 수 있고, 이미 통한다면 그 흐름에 반드시 도달하게 된다.

  진희원(眞希元)[37]의 〈몽재명(蒙齋銘)〉에 이르기를, "우뚝 솟은 이 산에 젖은 늪이 모여 고요히 머무는데, 나오면 이에 다함이 없네."라고 하고, 이어서 "처음에는 한 표주박에 불과하지만, 끝내는 만 리에 이르네. 왜 그런지 묻는데, 근원이 있어서 이와 같다고 하네."라고 하였다. 대개 덕을 기르는 것은 물의 근원이니, 맹자(孟子)의 이른바 용솟음치고 구덩이를 채운다고 하는(混混盈科) 것[38]이다. 과행(果行)[39]하는 것은 물의 흐름이니, 중니(仲尼)의 이른바 밤낮으로 그치지 않는(不舍晝夜) 것이다. 이것을 알면 족히 도체(道體)가 유행하는 오묘함을 볼 수 있는데, 퇴도(退陶)[40] 선생의 "공부를 끊어짐이 있도록 해서는 아니 되리(莫使工夫間斷多)."[41]라고 한 한 구절

---

[37] 원문의 희원(希元)은 중국 남송(南宋)의 학자 진덕수(眞德秀, 1178~1235)의 자(字)이다. 서산선생(西山先生)으로 불렸으며 《심경(心經)》의 저자이다.
[38] 이 대목은 《맹자(孟子)》 〈이루(離婁)〉 하(下)의, "근원이 있는 샘이 용솟음쳐서 밤낮을 그치지 아니하고 구덩이를 채운 뒤에 나아가서 사해(四海)에 이르니니 근본이 있는 것은 이와 같다. (공자께서) 이로써 취한 것이다(孟子曰 原泉混混 不舍晝夜 盈科而後進 放乎四海 有本者如是 是之取爾)."라는 맹자의 말에 나온다.
[39] 과단(果斷)하게 행함.
[40] 이황(李滉, 1501~1570)의 호(號)이다. 이황은 조선 중기의 문신·학자로, 본관은 진보(眞寶), 자는 경호(景浩), 호는 퇴계(退溪)·퇴도·도수(陶叟)이고, 시호는 문순(文純)이다.
[41] 이 대목은 이황(李滉), 〈관란헌(觀瀾軒)〉 《퇴계집(退溪集)》 권3, 〈도산잡영 幷記(陶山雜詠 幷記)〉, 18수 중 제8수)에 나온다. "넓고도 양양하니 그 이치가 어떠한가? 이와 같다고 일찍이 성인(聖人)께서 탄식하였네. 다행히 도체(道體)가 이로 인해 나타나니 공부를 끊어짐이 있도록 해서는 아니 되리(浩浩洋洋理若何 如斯曾發聖咨嗟 幸然道體因玆見 莫使工夫間斷多)."에 나온다.

이 관서(觀逝)의 의미를 깊이 터득한 것이다.

내가 학성(鶴城) 서쪽의 곡연(曲淵) 가에서 관서정을 보았더니 계양(桂陽)[42]의 몽재(蒙齋)와 같았다. 정자 속에 있는 많은 선진(先進)의 시문이 그 뜻을 갖추어 서술하고 있었다. 내가 감히 군더더기를 붙이지 못하고 마침내 서산(西山)의 명(銘) 네 구로써 감히 주인을 위하여 외어 주었다.

觀水必觀其瀾 觀瀾必觀其逝 觀水而不觀其瀾 不知其源之有本也 不觀其逝 不知其源之有流也 泝其流 而求其源 則可以觀其源 旣濬而其流必達也 眞希元蒙齋銘曰 有崇玆山 潤澤所鍾 惟靜而止 出乃不窮 繼之曰 始焉一勺 終則萬里 問奚以然 有本如是 蓋育德者水之源也 孟子所謂 混混盈科者也 果行者 水之流也 仲尼所謂 不舍晝夜者也 知此 則足以見道體流行之妙 而退陶先生 莫使工夫間斷多 一句深得觀逝之義矣 余於鶴城西曲淵上 得觀逝亭 若桂陽之蒙齋也 亭中多先進詩文 備述其義 余不敢贅 遂以西山銘四句 敢爲主人翁誦之

— 《수오집(睡聱集)》 권4

---

42 중국 송나라 학자 진덕수(眞德秀)의 〈몽재명(蒙齋銘)〉의 대상이 된 몽재가 있던 곳이다.

3. 시(詩)

· 권상일(權相一), 〈삼가 관서정 시에 차운하다(謹次觀逝亭韻)〉[43]

온갖 사물을 궁구할 때에는 이치의 정밀함을 보는데
문미(門楣)에 걸린 편액은 이름을 헛되게 하지 않네.
무슨 까닭에 흐르는 물은 도도(滔滔)하게 흐르는가?
근원이 되는 샘에서 끊이지 않고 생겨나기 때문이리.
와서 잇고 가서 지남은 진실로 도의 본체이고
스스로 힘쓰고 쉼이 없음은 참으로 공부의 과정이네.[44]
밤낮으로 즐겨 바라보느라고 나머지 일을 잊으니
덕성(德性)을 함양하는 우리는 성정(性情)에 바탕을 두고 있네.

청대 권상일이 차운하다.

羣物窮時見理精 楣間揭扁不虛名
緣何活水滔滔去 爲有源泉袞袞生
來續往過眞道體 自强無息實工程
耽觀日夕忘餘事 養德吾人本性情
淸臺 權相一次

— 관서정(觀逝亭) 시판(詩板)[45]

---

[43] 이 시는 《청대집(淸臺集)》 권2에 실려 있다.
[44] 《청대집(淸臺集)》에는 이 시의 미련(尾聯)이 "주인은 물결 살피는 법을 체득하려고 종일토록 집에 기대어 성정(性情)을 징험하네(主人欲得觀瀾法 終日憑軒驗性情)."라고 되어 있다.

· 홍만우(洪萬遇),[46] 〈삼가 관서정 시에 차운하다(謹次觀逝亭韻)〉

콸콸 흐르는 개울물은 섬돌을 감싸고 우는데[47]
문득 정자 앞에 이르러 둘러서 못이 되었네.
귀신이 응당 부지런히 힘써 만들었는데
인공(人工)이 어찌 경영(經營)에 쓰이기를 기다리랴?
기운 바위에 늙은 나무는 천 길이나 곧고[48]
높은 난간에 가지런한 산은 한 줄기로 뻗쳐 있네.
더욱이 앉아서 낚시하는 바위도 있으니
곡연(曲淵)은 일찍부터 이름이 헛되지 않았네.

사인[49] 홍만우가 차운하다.

溪流濺濺繞除鳴 忽到亭前擁作泓

---

45 이 시는 이의현(李宜顯)의 시와, 함께 시판에 새겨져 있다.
46 1671~1722. 조선 후기의 문신. 자는 계회(季會), 본관은 풍산(豊山)이다. 1701년(숙종 27) 알성문과(謁聖文科)에 급제하였다. 1713년 홍문록(弘文錄)에 선발되어 홍문관 부수찬(副修撰)·수찬(修撰)·교리(校理) 등을 역임하였으나 1717년 영남 유생들의 파장(罷場) 등을 두둔하는 소를 올렸다가 파직되었다. 또 영의정 김창집(金昌集)과 우의정 조태채(趙泰采) 등을 배척하다가 관작을 삭탈당하고 탄핵되어 울산부로 유배되었다. 경종 즉위 후 복직되어 이조좌랑·부교리·겸사서·검상 등을 역임하였다. 문집으로는 《추헌유고(楸軒遺稿)》 3책이 전한다.
47 이 구절은 중국 당나라 문인 한유(韓愈)의 〈남전현승청벽기(藍田縣丞廳壁記)〉의 "개울물은 섬돌을 세차게 울리며 돌아 흐르는데(水濺濺循除鳴)."라는 대목을 변용한 것이다. 그런데 이는 구절만을 변용한 것이 아니라, 한유가 지은 〈남전현승청벽기(藍田縣丞廳壁記)〉의 주인공 박릉(博陵) 최사립(崔斯立)을 작자 홍만우 자신과 동일시한 측면이 있다. 즉, 홍만우도 최사립과 같이 중앙 정계에서 쓴소리를 하다가 울산으로 유배당한 인물이기 때문에 한유의 글귀를 인용하면서 자신도 최사립처럼 옛것을 숭상하면서 고아하게 살고 있다고 한 것이다.
48 원문의 천심(千尋)은 매우 높거나 깊은 것을 형용하는 말이다. 심(尋)은 여덟 자이다.
49 조선시대 의정부(議政府)의 정4품의 관직.

鬼物應須勤造設 人工何待費經營

鼓⁵⁰巖樹老千尋直 危檻山齊一抹橫

更有石磯供坐釣 曲淵曾是不虛名

舍人 洪萬遇次

— 관서정(觀逝亭) 시판(詩板)⁵¹

· 이의한(李宜翰),⁵² 〈삼가 관서정 시에 차운하다(謹次觀逝亭韻)〉

관서(觀逝)라는 정자는 명명(命名)한 뜻이 정밀한데
난간에 기대어 물을 굽어보니 묘하여 이름 붙이기 어렵네.
가는 곳에는 하늘의 유행(流行)⁵³하는 이치가 드러나고

---

50 시판(詩板)에는 '의(欹)'로 되어 있으나, '기(鼓)'의 오사(誤寫)이므로 바로잡았다.
51 이 시는 시판에 이양오(李養吾)의 시와 함께 새겨져 있다.
52 1692~1766. 조선 후기의 유학자. 자는 계응(季鷹)·차응(次鷹)이고, 호는 자운(紫雲), 본관은 벽진(碧珍)이다. 1660년(현종 1)에 향시에 합격하였으나 과거가 이롭지 않다고 여겼다. 어머니가 돌아가시자 과거에 뜻을 버리고 오로지 학문에만 전념하였다. 문집으로 《자운집(紫雲集)》이 있다. 18세기 밀양 지역을 중심으로 활동한 이의한은 평생 중앙 정계에 진출하지 않고 향촌을 기반으로 활동했던 처사형(處士型) 학자이다. 그는 고려의 개국공신 벽진장군(碧珍將軍) 이총언(李悤言, 858~938)으로부터 내려오는 학문과 문학, 그리고 절조와 의리를 중시하는 가학적(家學的) 전통을 계승하고, 나아가 영남학통(嶺南學統)의 큰 주류인 갈암(葛庵)-대산(大山)의 학통과 한강(寒岡)-미수(眉叟) 학통을 계승한 근기남인(近畿南人)의 학통을 겸섭(兼攝)하여 자기 나름의 학문 세계를 추구하였다. 그 결과 그는 젊은 날에 관심을 가졌던 문장학(文章學)에서 50세를 전후하여 위기지학(爲己之學)으로 학문의 방향을 선회하였다. 그런 가운데 이론 성리학(性理學)에 치중하기보다 일상적인 삶 속에서 자신이 배운 학문을 실천하는 삶을 영위하였다. 그러나 그의 문집에는 마음의 수양과 관련한 글이 없지 않지만, '당세(當世)의 문형(文衡)'으로 평가를 받았던 만큼 공적(公的)이고 실용적인 문장을 다수 창작하였다. 이는 이의한 자신을 위해서가 아니라 밀양 지역의 향풍(鄕風) 진작과 깊은 관련이 있으며, 지역의 대표적인 학자로서의 소임과 책무가 무엇인가를 일깨워 주었다.
53 천기(天機)의 운행.

바라보는 때에 사람에게는 활발한 기운이 생겨나네.
바닥에 닿을 때까지 근원을 궁구하니 마음이 몸과 함께하고
구덩이를 채우고서 바다로 흘러가니[54] 학문과 과정이 같네.
모름지기 맹자(孟子)[55]가 물결을 살핀 취향을 찾아야 하고
바야흐로 공자[56]가 물가에서 탄식한 감정을 깨달아야 하리.[57]

성산 이의한이 차운하다

觀逝爲亭命義精 倚欄臨水竗難名
天從逝處流行著 人向觀時活潑生
徹底窮源心共體 盈科放海學同程
須尋鄒涯觀瀾趣 方會宣尼歎逝情
星山 李宜翰次

— 관서정(觀逝亭) 시판(詩板)[58]

---

54 이 구절은 《맹자(孟子)》〈이루(離婁)〉하(下)의, "근원이 좋은 물이 곤곤히 흘러 밤낮을 그치지 아니하여 구덩이가 가득 찬 뒤에 나아가서 사해에 이르나니 근본이 있는 자는 이와 같다. 이로 취한 것이다(原泉混混 不舍晝夜 盈科而後進 放乎四海 有本者如是 是之取爾)." 라는 대목에 나온다.
55 원문의 추애(鄒涯)는 중국 추(鄒) 땅의 물가, 맹자의 고향이다.
56 원문의 선니(宣尼)는 중국 한(漢)나라의 평제(平帝)가 공자에게 올린 시호이다.
57 이 구절은 《논어(論語)》〈자한(子罕)〉의, "공자께서 강가에 계시다가 말씀하셨다. 흘러 감이 이와 같구나! 밤낮으로 멈추지 않네(子在川上曰 逝者如斯夫 不舍晝夜)."라는 대목에 나온다.
58 이 시는 시판에 권상일(權相一)의 시와 함께 새겨져 있다.

· 박민효(朴敏孝),[59] 〈숙명 김덕준의 관서정 시에 차운하다(次金叔明德峻觀逝亭韻)〉

냇가에서 성인이 찬탄한 것은 뜻이 깊고 정밀한데
관서정은 그윽하고 고요하여 이것으로 이름 지었네.
겹쳐진 산세는 정자 밖에 서 있고
세찬[60] 계곡물은 골짜기 안에서 생겨나네.
근원은 거북이 된 천년 묵은 바위를 따르고
물결은 붕새가 나는 만 리의 여정에 닿아 있네.
가장 좋기는 봄바람 부는 밝은 달밤이거니
주인은 높이 누워 한가한 정취를 기르네.

臨川聖歎義深精 觀逝幽靜以此名
岳勢重重軒外立 溪流滾滾洞中生
源從龜化千年石 波接鵬搏萬里程
最是春風明月夜 主人高臥養閒情

—《상체헌유집(常棣軒遺集)》 권1

---

[59] 1672~1747. 조선 후기의 문인. 울산 출신으로, 자는 사원(士源), 호는 상체헌(常棣軒), 초명은 망구(望久)이고, 본관은 고령(高靈)이다. 권해(權瑎)·이현일(李玄逸)의 제자로, 1721년(경종 1)에 진사(進士)가 되고, 1739년(영조 15)에 숭덕전참봉(崇德殿參奉)이 되었다. 고향에서 서당을 열고 후진 교육에 진력하여 진사 김경천(金敬天)·서석린(徐錫麟) 등 학자를 기르며 교육과 학문에 힘썼고, 이재(李栽)·권상일(權相一)·정만양(鄭萬陽)·권만(權萬) 등의 학자와 교류하였다. 권상일·이원담(李元聃)과 함께 최초의 울산읍지인 《학성지(鶴城志)》를 편찬하였으며, 문집으로 《상체헌집(常棣軒集)》이 있다.

[60] 원문의 곤곤(滾滾)은 물이 세차게 흐르는 모양이다.

· 서석린(徐錫麟), 〈홍사군61의 관서정 시에 차운하여 화답하다(洪使君次觀逝亭韻和之)〉

추옹(楸翁)62이 물결을 질펀하게 읊조리고 지나가더니
백설곡(白雪曲)63이 또 정자에 울려 퍼지게 되었네.
강산을 집으로 삼음을 축하하면서
글재주64가 공허할 것을 근심하지 않네.
서호(西湖)65에는 백부(白傅)66가 짝을 이루는데
동학(東壑)67에는 공덕(功德)이 하나도 없네.
조만간 오두(遨頭)68가 회합하게 되면

---

61 울산부사(蔚山府使) 홍익대(洪益大)를 가리킨다. 그는 1761년 3월부터 1764년 5월까지 울산부사로 재임하였는데, 1763년(영조 39)에 동헌인 일학헌(一鶴軒)을 다시 지어서 반학헌(伴鶴軒)이라 개칭한 바 있다.
62 원문의 추옹(楸翁)은 조선 중기의 문신 이흥록(李興祿, 1600년~?)의 호(號)이다. 자는 성중(成仲)이고, 본관은 한산(韓山)이다. 이극겸(李克謙)의 아들로, 김동준(金東準)의 문하에서 수학하였다. 1633년(인조 11) 식년문과에서 병과(丙科)로 급제하였다. 학유·성균관학록 등을 거쳐 양산군수·인동부사·예빈시정 등을 역임하였다.
63 중국 초(楚)나라의 가곡(歌曲) 이름. 내용이 너무도 고상하여 예로부터 창화(唱和)하기 어려운 곡으로 일컬어져 왔다. 전하여 상대방의 시문을 높여 이르는 말이다.
64 원문의 문조(文藻)는 문화(文華), 즉 글재주를 가리킨다.
65 원문의 서호(西湖)는 중국 절강성(浙江省) 항주(杭州)의 서쪽에 있는 호수이다. 당대(唐代) 백거이(白居易)가 항주 태수로 부임하였을 때 제방을 손질하고 육정(六井 : 상국정·서정·금우정·방정·백귀정·소방정)을 준설한 바 있었다.
66 태자소부(太子少傅)를 지낸 중국 중당(中唐)의 시인 백거이(白居易)를 가리킨다.
67 동쪽 골짜기, 즉 곡연(曲淵)을 가리킨다.
68 태수(太守) 수령(守令)의 별칭. 이 말은 정월부터 4월 사이에 태수(太守)가 들놀이 하는 것을 가리키는데,《노학암필기(老學菴筆記)》에 "4월 19일을 성도(成都)에서 완화일(浣花日)이라 하여 오두연(遨頭宴)을 두보(杜甫)의 초당(艸堂) 창랑정(滄浪亭)에서 여는데, 성중 사람이 다 나와서 금수(錦繡)가 길을 메웠다."라고 하였다. 《성도기(成都記)》에 "태수가 두자미(杜子美)의 초당(草堂)에 나와서 놀고 잔치할 때면 사녀(士女)들이 목상(木牀)에서 관람하며 오상(遨牀)이라 하고, 태수는 놀이의 우두머리라는 뜻에서 오두라고 하였다."라고 하였다.

속세의 발자취는 하풍(下風)⁶⁹으로 달려가리.

楸翁浪咏過 雪曲又亭中
爲賀江山宅 不憂文藻空
西湖雙白傅 東壑一無功
早晚遨頭會 塵蹤走下風

―《수오집(睡聱集)》권2

· 서석린(徐錫麟), 〈관서정 시에 차운하다(次觀逝亭韻)〉⁷⁰

천지간에 물⁷¹의 정수를 궁구하고 찾아내어
참된 공부를 깨달아 이 당의 이름을 얻었네.
너에게 묻노니 콸콸거리며 무슨 마음으로 가는가?
이것은 근원마다 근본이 있어서 생겼음을 알겠네.
쉬지 않고 오래도록 겹쳐진 우묵한 웅덩이를 채우고
끝이 없이 곧바로 큰 붕(鵬)새의 길⁷²에 이르네.
고요히 살피는 그 깊은 뜻을 누가 궁구할 수 있는가?
맑은 시냇가에 높게 드러누워서 만고의 뜻을 깨닫네.

수오 서석린이 차운하다

---

69 아랫자리나 낮은 자리에 있음을 비유하거나, 자신에 대한 겸사로 쓰이는 말이다.
70 이 시는《수오집(睡聱集)》권3에 〈곡연의 관서정 시에 차운하다(次曲淵觀逝亭韻)〉라는 제목으로 실려 있다.
71 원문의 일륙(一六)은 하도(河圖)에서 물[水]과 북방(北方)을 뜻하는 수(數)이다. 즉 1·6은 수(水), 2·7은 목(木), 3·8은 화(火), 4·9는 금(金), 5·10은 토(土)에 해당한다.
72 원문의 봉정(鵬程)은 붕새가 날아가는 머나먼 길이다.

天地窮探一六精 眞工諦得此堂名
問渠決決何心逮 認是源源有本生
不息長盈重坎缶 無涯直達大鵬程
靜觀深意誰能究 高枕淸流萬古情
睡聱 徐錫麟次

— 관서정(觀逝亭) 시판(詩板)[73]

・이양오(李養吾),[74] 〈관서정 시에 차운하다(次觀逝亭韻)〉[75]

물에 닿은 정자가 있어서 지극히 정미한데
하늘의 조화와 사람의 공력이 합쳐져서 이름이 되었네.
원천이 되는 샘물이 산 아래에서 나옴을 앉아서 보고
지극한 이치가 그 가운데서 생겨남을 따라서 아네.
떠난 곳은 그득하고 기운차서 쉬거나 멈춤이 없는데
앞길은 넓고 아득하지만 정해진 길에 이르게 되리.
가는 것은 이와 같지만 살핌에는 방법이 있으니
이 노인은 한가로운 정취를 사랑하는 것만이 아니리.

반계 이양오가 차운하다

---

[73] 이 시는 시판에 남경희(南景羲)의 시와 함께 새겨져 있다.
[74] 1737~1811. 조선 후기의 유학자. 울산 출신으로, 자는 용호(用浩), 호는 반계(磻溪)이고, 본관은 학성(鶴城)이다. 증조는 이문좌(李文佐)이고, 조부는 이시발(李時發)이다. 부친 이의채(李宜埰)와 정탁(鄭鐸)의 딸인 모친 영일정씨(迎日鄭氏) 사이에서 태어났다. 1786년(정조 10) 이후 과거에 대한 뜻을 정리한 후 경서를 깊이 연구하고 경사(經史)를 탐독하였다. 문집으로 《반계집(磻溪集)》이 있다.
[75] 이 시는 시판에 홍만우(洪萬遇)의 시와 함께 새겨져 있다.

有亭臨水極其精 天造人工合作名
坐見源泉山下出 從知至理箇中生
滔滔去處无休息 浩浩前頭達限程
逝者如斯觀有術 此翁非啻愛閒情
磻溪 李養吾次

— 관서정(觀逝亭) 시판(詩板)[76]

· 김용한(金龍翰),[77] 〈삼가 종형 덕일의 시에 차운하여 관서정에 드리다(謹次從兄德一韻呈觀逝亭)〉

바람과 물결 이는 세상에서 흘러가는 물을 살피는데
정자가 높으니 하나의 좋은 전장(田莊)이네.
산수(山水) 간에서 두 가지 즐거움을 겸하고
천지(天地) 간에서 세 가지 장점[78] 속에 늙어가네.
그윽한 취향으로 선굴(仙窟)을 꾸미고
높은 재주로 낭묘(廊廟)를 비웃네.
공업(功業)이 늦었다고 말하지 마라.
아름다운 경치가 동황(東皇)[79]을 돕고 있으니.

---

76 이 시는 이양오(李養吾)의 《반계집(磻溪集)》 권2에도 수록되어 있다.
77 1738~1806. 조선 후기의 문인. 자는 운익(雲翌), 호는 염수헌(念睡軒), 본관은 경주로, 언양(彦陽)에서 살았다. 1789년(정조 13) 식년시(式年試) 진사 3등으로 합격하였으며, 1791년에는 응제(應製)로 뽑혀 술·종이·먹·붓 등이 하사되었다. 문집으로 1912년 증손 김순집(金順集)이 편집, 간행한 《염수헌집(念睡軒集)》이 있다.
78 원문의 삼장(三長)은 재지(才智)·학문(學問)·식견(識見)에 뛰어남을 뜻한다. 예로부터 이것을 갖추어야 역사를 기술할 수 있다고 하였다.
79 오행(五行)에서 동쪽을 다스리는 신(神), 청황(青皇)·청제(青帝)·동군(東君)이라고도 한다.

觀逝風波世 亭高一好庄
山水兼二樂 天地老三長
幽趣粧仙窟 高才笑廟廊
莫言功業晩 佳景助東皇

— 《염수헌집(念睡軒集)》 권1

· 남경희(南景羲),[80] 〈관서정 시에 차운하다(次觀逝亭韻)〉[81]

만고(萬古)의 선사(先師)[82]가 정묘(精妙)한 이치를 드러내었는데
정자는 물가에 있어서 아름다운 이름을 얻었네.
형체가 없는 그 오묘함은 하늘의 축이 도는 데 기인하고
한 꾸러미로 꿴 기틀은 사물의 모양새가 생겨나는 데서 살피네.
사물은 길게 흘러서 큰 골짜기로 돌아갈 줄 아는데
사람은 스스로 선을 그어 앞길을 없애는 경우가 많네.
시간은 흐르고 공부는 그치기 쉬운데
노쇠하니 도리어 감개의 정이 깊어지네.

치암 남경희가 차운하다

---

80 1758~1812. 조선 후기의 문신. 자는 중은(仲殷), 호는 치암(癡庵), 본관은 영양(英陽)이다. 1777년(정조 원년) 증광시(增廣試) 문과(文科)에 병과(丙科)로 급제하고, 1788년부터 승문원박사·성균관전적·사헌부감찰·병조좌랑·사간원정언을 지낸 다음, 1791년에 사직하고 경주의 보문리로 돌아와 은거하였다. 문집으로《치암집(癡庵集)》이 있다.
81 이 시는《치암집(癡庵集)》권3에 〈곡연에서 자고 관서정 시에 차운하다(宿曲淵次觀逝亭韻)〉라는 제목으로 실려 있다.
82 원문의 만고선사(萬古先師)는 공자(孔子)를 가리킨다.

萬古先師見理精 亭因川上得嘉名

無形妙在乾樞幹 一串機觀坎象生

物解長流歸大壑 人多自畫廢前程

工夫易斷光陰逝 衰白還深感慨情

癡菴 南景羲次

— 관서정(觀逝亭) 시판(詩板)[83]

· 이우락(李宇洛),[84] 〈관서정에서 오일계[85] 회원이 모여서 읊다(觀逝亭 五一契會吟)〉

좋은 벗과 좋은 계에 또 한가한 시절인데

진중한 의관지족(衣冠之族)이 옛 위엄을 보여 주네.

청전(青氈)[86]을 떨어뜨리지 않고 오직 장막에 드러내려는데

보옥을 팔기 어려운데 이미 진흙에 빠져 버렸네.

붉은 연지를 찍은 늙은 나무에는 서리꽃이 지나가고

푸른 비단을 두른 먼 봉우리에는 저녁 해가 드리웠네.

향기로운 난초를 허리에 엮어 차니 득의한 듯한데

---

[83] 이 시는 시판에 서석린(徐錫麟)의 시와 함께 새겨져 있다.
[84] 1875~1951. 울산 출신의 독립운동가. 울주군 범서읍 출신으로 본관은 학성(鶴城)이며 성균관 생원 이승혁(李升赫)의 후손이다. 시부(詩賦)와 경사(經史)에 통달하였고 서숙(書塾)을 세워 많은 문하생을 배출하였다. 1919년 파리장서(巴里長書)에 서명하였으며, 1919년의 파리장서사건과 1926년의 제2차 유림단사건(儒林團事件)으로 큰 고초를 겪었다. 1967년 간행한 문집《가산집(可山集)》이 있다.
[85] 친구들과 우의(友誼)를 다지기 위해 맺은 계로, 오륜(五倫) 중 붕우유신(朋友有信)의 정신을 다지기 위해 결성한 것이다.
[86] 푸른 빛깔의 전(氈)으로, 집안에서 계속 지켜 온 보물이나 구업(舊業)을 가리킨다. 그러므로 청전을 떨어뜨리지 않음은 구업을 제대로 지킨다는 의미이다.

오륜(五倫) 가운데 하나를 그 속에서 깨닫네.

良朋好契又閒時 珍重衣冠見舊儀
靑氈不墜惟懸帳 寶玉難售已沒泥
丹朧老樹霜華度 碧練遙岑夕照垂
紉佩香蘭如有得 五倫之一箇中知

―《가산집(可山集)》 권1

· 김정묵(金正默), 〈관서정에 머무르다. 곡연(留觀逝亭 曲淵)〉

정자는 우뚝우뚝 서 있는 높은 산들 앞에 있는데
전에 우연히 내가 청년이었을 때 모인 적이 있네.
소리 내는 푸른 물은 창문 아래로 오고
타오르는 누런 국화는 동네 주변에 가득하네.
땅은 이름난 곳이니 마땅히 읊조릴 만하고
때는 좋은 밤이라 꼭 잠자지 않아도 되네.
천만 가지 근심과 즐거움은 이 무슨 까닭인가?
세태는 연(燕)나라가 스스로 연나라를 정벌하지[87] 않음이 없네.

亭在高山立立前 偶然前會我靑年
聲聲綠水來窓下 灼灼黃花滿巷邊

---

[87] 원문의 자벌연(自伐燕)은 중국 연(燕)나라가 스스로 연나라를 공격하는 것이다. 《맹자(孟子)》 〈공손추(公孫丑)〉 하(下)에, 전국시대(戰國時代)에 연나라가 혼란해지자 이 틈을 타서 제(齊)나라가 연나라를 공격하자, 맹자는 "이것은 연나라가 연나라를 공격하는 것이다."라고 비웃은 일이 있다.

地則名區宜可咏 時乎良夜不須眠
萬千憂樂惟何故 世態莫非自伐燕

―《우산유고(又汕遺稿)》권1

반구천 : 자연사 및 선사 유적과 유불 문화의 적층 지대[1]

성범중

반구대암각화(盤龜臺岩刻畵)와 천전리각석(川前里刻石)이 소재한 반구천(대곡천·반계) 골짜기는 수려한 산수로 말미암아 신라시대의 화랑의 수련장으로 활용되었던 유서 깊은 역사의 현장이다. 그중에서 거북 형상의 산 끝자락 석대를 반구대라고 부르지만, 사실 이곳에는 이런 명칭이 붙기 전부터 '엎드린 거북[盤龜]'이라는 명칭의 유래가 된 반구산(연고산)이 있었고, 그 모양새도 엎드린 거북 형상이었다. 반구대는 고려 말 언양에 유배된 포은(圃隱) 정몽주(鄭夢周) 선생이 중구일(重九日)에 올라 느낀 울적한 심사를 한시로 표현한 이래 경주·울산·언양 사람뿐 아니라 전국의 사대부들 간에 널리 알려진 곳이기도 하다. 현재는 7천 년 전 선사시대 사람이 남긴 각석과 암각화의 소재지로 알려져 있지만, 이 골짜기에는 선사인의 기원과 소망을 담은 기호학적 문양과 각종 그림 외에도 역사시대의 다기다양한 인물의 삶과 예술의 자취가 공존하는 '문화의 적층 지대'라고 할 만하다.

후세에 전달할 표현 방법을 갖추지 못한 시대의 주인공인 동물들은 몸으로 삶의 흔적을 도처에 남겨 놓았다. 지금도 목도하는 가장 오랜 기록

---

[1] 이 글은 2015년 7월 10일 자《경상일보》12면에〈대곡천은 자연사·선사시대·유불문화의 적층지대〉라는 제목으로 게재되었고《반구대암각화의 비밀》(문명대·이건청·이달희 편저, 울산대학교 출판부, 2016.12.)에〈첩첩 쌓인 명승유적 굽이굽이 사연일세〉라는 이름으로 수록된 바 있다.

은 이곳을 활보하던 공룡의 발자국 화석이다. 반구천 유역에 산재한 이 흔적은 약 1억 년 전 전기 백악기에 살았던 대형 및 중형 초식 공룡의 발자국이라고 하는데, 천전리각석 앞 바위와 대곡리 계곡 옆 바위 및 암각화 하부에도 흩어져 있어서 이 일대가 중대형 초식 공룡의 집단 서식지였음을 짐작할 수 있다.

인류의 출현 이후 청동기시대 인간의 생활상과 기원을 담아 바위 면에 새겨 놓은 다양한 문양과 그림은 세계적 문화유산으로 인정받고 있다. 천전리각석의 동심원을 비롯한 기하학적 문양과 동물, 반구대암각화에 나타나는 각종 동물군상과 인간 얼굴형상, 사냥의 모습 등은 그 시대를 산 사람의 소망과 희원의 표현이었다.

천전리각석에 새겨진 20여 명의 화랑 이름은 이곳이 심신 수련의 현장이었음을 알려 주고, 원명(原銘)과 추명(追銘)으로 일컬어지는 두 명문에는 법흥왕의 아우 사부지갈문왕(徙夫智葛文王)과 그의 우매(友妹) 어사추여랑(於史鄒女郞)이 다녀간 사실과 그 후 여랑이 먼저 죽고 갈문왕도 죽은 후 갈문왕의 부인 지몰시혜비(只沒尸兮妃, 지소부인只召夫人)가 다시 찾아와 과거를 추억한 사연이 담겨 있다. 우리는 원명을 통해 무명의 옛 골짜기[古谷]를 서석곡(書石谷)이라는 새 이름으로 부른 사실과, 이곳을 다녀간 화랑과 귀족은 자기의 이름과 독특한 사연을 남겨 놓은 기록의 장소임을 알 수 있다. 그 후 오랜 세월이 지나 서석곡이라는 이름은 잊힘으로써 이제는 평범한 큰 골짜기[한실, 大谷]라는 명칭으로 회귀하고 말았지만, 한 시대를 풍미한 화랑의 심신 수련장이요 소망과 희원을 빌던 기원의 장소였다는 사실은 우리에게 다시금 그 의미를 반추할 것을 요구하고 있다.

또 이 골짜기는 신라시대 이래 많은 불교 사찰이 존재하던 속세와 유리(遊離)된 공간이었다. 고승 원효(元曉)가 거주하면서 문수산 영축사에 주석하던 낭지(朗智)의 명으로 〈초장관문(初章觀文)〉과 〈안신사심론(安身事

心論))을 저술하였다고 하는 반고사(磻高寺), 신라시대에 건립되어 조선 후기까지 존속하였다고 하는 장천사(長川寺), 조선 후기에 백련서사(白蓮書舍)의 건립 터전이 된 백련사 등이 존속하였던 사실이 확인된다.

더욱이 선비의 정자 건립이 일반화된 18세기에는 이 계곡에 최신기(1673~1737)의 집청정, 김경(1683~1747)의 관서정, 최남복(1759~1814)의 백련정사(백련정·수옥정)가 건립되어 심성 수양의 터전과 교유의 장소로 활용되었다. 20세기에도 이 골짜기에는 송천정·모은정·수경정 등이 건립되어 선비 문화의 전통을 이어가는 곳이라는 명성을 유지하였다. 이 정자들의 건립은 대체로 선비의 장수(藏修) 의지를 표방하고 있지만 반구대 인근의 집청정과 모은정은 고려 말 언양에 유배되었던 포은 정몽주를 사모하는 정신에 바탕을 두고 있다. 반구대의 이명이 포은대라는 점을 고려할 때 포은에 대한 이 지역 선비들의 사모와 존경심은 특별하다 하겠다. 언양의 선비들은 1712년(숙종 38)에 반구대 남쪽 산자락에 반고서원을 세워 포은과 회재(晦齋) 이언적(李彦迪), 한강(寒岡) 정구(鄭逑) 세 분을 배향하였으나 1871년(고종 8)에 흥선대원군의 철폐령으로 건물이 훼철되고 말았다. 그 후 유림에서는 1885년에 포은대영모비, 1890년에 포은대실록비와 반고서원유허비를 세웠고, 1965년에는 반구대 북쪽 언덕으로 장소를 옮겨 반구서원을 재건해 놓았다.

선비 문화의 전개에서 또 주목해야 할 것은 울산에서도 산수자연의 취락을 구가한 구곡원림(九曲園林)의 경영 사례를 보여 주고 있다는 사실이다. 주지하다시피 구곡원림은 중국 남송의 유학자 주희(朱熹, 1130~1200)의 무이구곡(武夷九曲)에까지 소급된다. 16세기 퇴계(退溪) 이황(李滉)의 도산구곡(陶山九曲), 율곡(栗谷) 이이(李珥)의 석담구곡(石潭九曲) 이래로 구곡의 경영은 전국에 전파되어 한강(寒岡) 정구(鄭逑)의 무흘구곡(武屹九谷), 우암(尤庵) 송시열(宋時烈)의 화양구곡(華陽九曲), 곡운(谷雲) 김수증(金壽增)의 곡운구곡(谷雲九曲) 등 구곡원림이 널리 알려진 바 있었다. 따라서 전국의 빼어난 산수 계곡에는 구곡원림이 조성되는 것이 일반적 추세였다. 백련서사를 지어 후학을 양성하면서 심신 수양과 후생 교육에 뜻을 기울인 최남복은 앞의 계곡을 백련구곡이라 명명하고 그곳을 무이구곡에 비겨 〈무이구곡도가〉를 효방한 10수의 〈백련구곡도가(白蓮九曲櫂歌)〉를 지어 뱃놀이를 즐겼을 뿐 아니라 직접 〈백련구곡도〉를 그리기도 하였다. 그러나 지금은 백련서사가 있던 반구천 상류 지역은 대곡댐 속에 잠기고 말았다. 또 19세기 말에 언양 선비 송찬규(宋瓚奎, 1838~1910)도 이 계곡의 아홉 굽이를 읊은 〈반계구곡음(磻溪九曲吟)〉을 남긴 바 있다. 그러나 이 계곡은 울산 시민의 용수 확보를 위하여 사연댐과 대곡댐이 축조됨에 따라 구곡의 일부가 저수지 속에 묻히고 말았다.

이처럼 반구천 유역에는 지질시대에 살던 공룡의 발자국 화석이 곳곳에 흩어져 있고, 7천 년 전 선사인의 생활방식과 소망을 담은 반구대암각화와 천전리각석, 그리고 불교 및 유학과 관련된 문화유적이 집적되어 있다. 그런데 이런 문화유산이 산업화에 밀리고, 경제성장을 위한 개발 논리에 밀려서 원형을 상실하고 있다. 수자원 확보를 위해 1965년에 축조한 사연댐과 2005년에 완성한 대곡댐으로 인한 문화재 훼손과 멸실은 매우 심각한 수준이다. 댐 상류에서 물막이 공사를 진행 중인 반구대암각화뿐 아니라, 댐을 쌓으면서 물 흐름을 막아 하천과 격리된 상태가 된 관서정은 "흘러가는 물줄기를 바라본다."는 관서(觀逝)의 의미를 잃고 울산과기대(UNIST) 후문의 대숲에 고립되어 있고, 대곡댐 수몰지구의 백련정은 현재 계곡과 동떨어진 봉계리의 산등성이에 옮겨져 있으면서 본 이름에 걸맞은 자리를 되찾게 되기를 기다리고 있다.

그뿐만 아니다. 대곡댐 수몰지구에서 발굴된 고대 토기·기와가마에서부터 조선시대 기와·분청사기·백자·옹기·숯가마와 제련로, 삼정리 하삼정 마을의 2~7세기 고분 약 1천 기에서 출토된 유물 등을 대곡박물관에 상설 전시하고 있으나 그 본래 모습은 사라지고 말았다. 이처럼 오랜 시간에 걸친 적층 문화의 원형이 개발 논리에 의해 사라진다는 것은 슬픈 일이다. 자연과 문화유산은 한번 훼멸하면 다시 원래 상태로 되돌리기가 난망하기 때문이다. 앞으로 반구천 유역에서 어떤 문화가 생성되고 전개되어 후세에 남겨 주게 될는지 깊이 생각해 볼 일이다.

[논고] **반구천 주변 정자의 명명(命名)과 공간적 기능**

유명종

1. 머리말

반구천(盤龜川)[1]은 울산광역시 울주군 두서면과 두동면 등지에서 흘러내리는 반곡천·인보천·마병천·구량천·전읍천 등의 지천들이 어울려 범서읍 사연리에서 태화강에 합류한다. 반구천은 유로 연장 26.85㎞로 계곡을 따라 흐르면서 주변의 산과 바위 등과 어울려 아름다운 경관을 만들어 내어, 구곡문화(九曲文化)[2]를 즐길 수 있는 기반이 되었다. 특히 반구천

---

1 반구천(盤龜川)이란 명칭은 현재 대곡천(大谷川)으로 많이 불리며, 행정적 명칭도 대곡천으로 되어 있는 것이 사실이다. 그러나 조선시대 1832년(순조 32)에 간행된《경상도읍지》'언양지도'나, 1899년(고종 36)에 나온《언양군읍지》'언양지도'에서는 반구천으로 불린 기록을 확인할 수 있다. '반구천'이 '대곡천(大谷川)'으로 명칭이 바뀐 것은 일제강점기부터였다. 최근 들어 일제의 잔재인 '대곡천'이라는 명칭을 바꾸자는 주장이 제기되고 있으며, 이러한 흐름에 부응하여 울산광역시가 추진 중인 '대곡리 반구대암각화'와 '천전리각석'의 세계유산 등재 명칭을 '반구천의 암각화'로 두 유산의 명칭을 통일하면서 '반구천'이란 말을 공식적으로 사용하기도 했다.

2 구곡문화(九曲文化)는 중국 남송의 성리학자 주자(1130~1200)에 의해서 처음으로 시작되었다. 그는 복건성(福建省) 무이산(武夷山)에서 무이구곡(武夷九曲)을 경영하면서 제5곡에 무이정사(武夷精舍)를 짓고, 배를 타고 무이산 구곡을 따라 유람하며 〈무이도가(武夷櫂歌)〉를 지었다. 반구천의 구곡문화로는 '백련구곡(白蓮九曲)'과 '반계구곡(磻溪九曲)'이 있는데, '백련구곡'은 천전리와 방리의 반구천 일원을 최남복(崔南復, 1759~1814)이 경영한 것으로,〈백련구곡도가(白蓮九曲櫂歌) 병소서(幷小序)〉라는 시를 남겼다. '반계구곡'은 언양 출신인 송찬규(宋璨奎, 1838~1910)가 반구천 중·하류 일원의 아홉 구비를 〈반계구곡음(磻溪九曲吟)〉이라는 시로 읊었다.

중에서도 반구대는 그 경관이 빼어나기로 이름난 곳이다. '반구대(盤龜臺)'는 연고산(蓮皐山)이 거북의 몸통 형상이고 그 몸통에서 쭉 뻗어 내린 산자락이 목과 머리 모양의 세 층으로 된 바위가 물 위에 떠 있는 모양이 엎드리고 있는 거북과 비슷하다고 하여 붙여진 이름이다.

반구천 주변으로는 선사시대의 유물이 있는데, '울주 천전리 명문(銘文)과 암각화'[3]와 '반구대암각화'[4]가 그것이다. 이 명문에는 이곳 주변의 절경(絶景)을 구경하러 신라시대에 입종갈문왕의 일행이 이곳에 와서 놀았다는 기록이 있다. 그리고 고려 말 포은(圃隱) 정몽주(鄭夢周)는 언양에 귀양 왔다가 반구대에 들러 회포를 시[5]로 남겼고, 조선시대 화가 겸재 정선(鄭歚, 1676~1759)은 이곳에 들러 반구대의 경치를 〈반구도(盤龜圖)〉로 남기기도 했다. 이 외에도 시인 묵객(墨客)들이 찾아와 시를 쓰거나 그림을 그려 그 자취를 남긴 것이 많다.

자연경관이 좋은 장소에는 으레 그곳을 구경하려는 사람들이나, 아니면 거기에 머물기를 원하는 사람들이 있기 마련이다. 경치가 좋은 곳을 찾아 경관을 감상하거나 휴식을 취하기 위해서는 약간의 인위적인 공간이 필요한데, 누정(樓亭)은 그 인위적 공간의 필요성에 의해 만들어진 건축물이다. 누정은 누각(樓閣)과 정자(亭子)를 함께 이르는 말이다. 누각은 촉석루(矗石樓)·태화루(太和樓)와 같이 높은 곳에 위치해 있으며, 문과 벽이 없이 높게 지은 다락집으로 관청에서 주로 건립했다. 정자는 누각보다 크기가 작은 건물로 경치를 조망할 수 있게 높은 언덕에 주로 개인이 지은 건물로, 일반적으로 벽이나 문이 없이 개방되어 있다. 원래 누정의 개념

---

[3] 이 명칭은, 이전에 '천전리각석'이라는 과거의 명칭에서 2024년 2월 5일 최종 변경된 것이다. 현재 국보(147호)로 지정되어 있다.
[4] 신석기시대의 유물로 국보(285호)로 지정되어 있다.
[5] 정몽주는 반구대에서 칠언율시 〈언양에서 중구일에 회포가 있어 유종원의 시에 차운하다(彦陽九日有懷次柳宗元韻)〉를 지었다.

으로 보면 방을 전제한 건물이 아니지만 그 기능이 다양화되면서 유숙(留宿)의 장소, 강학소(講學所), 혹은 재실(齋室)의 용도로 방을 둔 누정이 생기게 되었다.

반구천에는 하천 주변으로 다섯 개의 정자6가 있는데, 백련정(白蓮亭)·송천정(松川亭)·집청정(集淸亭), 모은정(慕隱亭)·관서정(觀逝亭)이 그것이다. 이 중에 관서정7은 훼철되었고, 백련정8은 이건(移建)되었다. 이 다섯 개의 정자는 집청정, 관서정, 백련정, 모은정, 송천정의 순서로 건립되었는데, 가장 먼저 건립된 집청정(1713)과 마지막으로 건립된 송천정(1946년)은 300년 이상의 차이가 난다. 이런 시간적 격차가 있는 정자들을 같은 기준점에서 비교, 분석한다는 게 다소 무리가 있는 게 사실이다. 그러나 조선시대까지만 해도 반구천 주변이 경주부와 울산부, 언양현의 경계 지역이라는 지역적 관련성9이 있고, 많은 사람이 방문하여 정자와 관련이

---

6 반구천에는 '다섯 개의 정자' 외에도 '곡연정(曲淵亭)'이라는 정자가 관서정 아래의 곡연마을에 있었던 것으로 문헌에 전하지만, 소실되어 현판의 작품은 전하지 않는다. 1749년(영조 25)에 간행된 《학성지(鶴城誌)》에는 '곡연정'과 관련된 다음과 같은 기록이 있다. "부의 서쪽 30리에 있다. 푸른 벼랑과 맑은 못으로 경계가 그윽하고 깊다. 관서정이 있는데 사인 김경의 거처이고, 곡연정이 있는데 사인 배광후의 재사이다. 북쪽으로 10리쯤 올라가면 언양과 경주의 경계인데 반구대가 있고 물과 돌이 매우 빼어나다. 《동경지》에 실려 있다(曲淵 在府西三十里 蒼壁澄潭 境界幽邃 有觀逝亭 士人金慇所居 有曲淵亭 士人裵光厚齋舍 北上十里許 彦陽慶州之界 有盤龜臺 水石絶勝 載東京誌)."(성범중·엄형섭 역주 및 교열, 《譯註 蔚山地理誌Ⅰ》, 울산광역시문화원연합회, 2014, 191면.
관서정(觀逝亭) 주인 김경(金慇, 1683~1747)과 곡연정(曲淵亭) 주인 배광후(裵光厚, 1670~?)는 13살 차이가 나며 동시대를 살았던 사람으로 처남 매부 간의 관계이다. 한편, 김경 및 배광후와 같은 시대를 살았던 울산부사 권상일의 한시 〈곡연정(曲淵亭)〉이라는 시가 《청대집(淸臺集)》에 실려 있어 소개한다.
"반구대의 흥취가 곡연의 정자까지 남아 있는데 / 한 그루 복사꽃이 작은 뜰에서 빛나네. / 새 울음소리 속에 그윽한 꿈을 깨고 나니 / 지는 햇살 속 돌아가는 길에 바닷가 산이 푸르네(盤龜餘興曲淵亭 一樹桃花暎小庭 啼鳥聲中幽夢罷 夕陽歸路海山靑)."
7 김경(1683~1747)이 지었으나 화재로 소실되었고, 1959년에 후손들에 의해 중건(重建)되었지만 2016년에 헐렸다.
8 울산광역시 울주군 두동면 천전리 반구천 가에 있다가, 대곡댐을 건설하면서 수몰 위기에 처해 2001년 울주군 두동면 봉계리의 초락당 한의원으로 이건되었다.

있는 누정문학(樓亭文學)10을 남겼다는 공통점이 있다.

누정문학이란 누정과 관련된 일을 누정을 중심으로 제작한 작품들을 말하는데, 장르별로 나누면 기문(記文)·상량문(上樑文)·서(序)·제영시(題詠詩) 등이 있다. 이들 작품 속에는 누정의 건립자, 건립 동기, 건립 과정, 누정명 명명의 사연, 누정 주변의 경관, 건립자와 교유한 사람들의 관계 등이 표현되어 있다.

이 글에서는 반구천 주변 다섯 정자와 관련된 것으로, 현판에 있거나 각종 자료에 있는 누정문학을 통해, 정자명(亭子名)이 명명(命名)된 이유를 개별적으로 알아보고, 누정의 공간적 기능에 대해서 살펴보고자 한다.

2. 정자의 명명(命名)

정자가 건립되면 그 정자의 이름이 정해지고, 그 이름은 편액(扁額)11으

---

9 반구천 주변 정자만을 두고 살펴볼 때, 백련정의 건립자인 최남복이나 집청정의 건립자인 최신기는 모두 경주 사람이다. 최남복은 경주 내남면 이조마을에서 태어나 자랐는데, 집에서 정자까지는 삼십 리의 거리였다. 조선시대의 행정구역을 보면, 관서정은 울산부에 속해 있었고, 나머지 백련정과 집청정은 경주부에 속했다. 백련정이 있는 천전리와 집청정이 있는 대곡리는 1906년(광무 10)에 칙령 제49호에 의거 경주군 외남면에서 울산군 두북면으로 편입되었다. 1920년경에 모은정이 세워진 대곡리와 1946년에 송천정이 세워진 천전리 대현마을도 1906년 이전에는 경주부에서 관할하던 지역이었다(박채은 편저, 《울산광역시 행정구역명칭 변천사》, 울산역사연구소, 2023, 230면).
10 반구천 주변에는 정자만 있고 누각은 없으므로, '정자문학'이라는 용어를 쓸 수도 있겠지만, 누정의 문학작품을 연구하는 데 누각과 정자의 현판 작품을 분리하지 않고 통합하여 다루는 게 학계의 일반적인 연구 방법이다. 따라서 여기서는 '누정문학'이라는 용어를 그대로 사용하기로 한다.
11 우리나라에서는 편액(扁額)과 현판(懸板), 두 명칭을 크게 구분하지 않고 사용하는 경향이 있다. 그러나 현판(懸板)은 '글씨를 쓴 널빤지 판(板)을 걸었다[懸]'는 의미로 건물에 걸린 글씨가 쓰인 모든 판(板)을 말하지만, 편액(扁額)은 '편(扁)'의 글자를 분리해 보면 '戶'와 '冊', 곧 '문의 책'이며, '액(額)'은 '이마'이니, 문의 이마에 있는 책이 된다. 따라서

로 제작되어 밖에서 보이게 건물 정면의 처마 안쪽에 걸리게 된다. 정명(亭名)은 한 개인 것이 일반적이지만 이명(異名)이 있으면 두 개 이상이 될 수도 있어 편액이 여러 개 걸리기도 한다. 정명을 살펴보면 그 정자를 건립한 이유, 역사적 사실, 건립자의 가치관 등을 파악할 수 있다. 정자의 이름은 그만큼 그 정자가 건립되어 존재하는 의미를 집약적으로 나타낸 것이라 할 수 있다.

누정문학 중에서도 정자의 명명(命名)에 대해 충분히 서술하고 있는 양식은 기문(記文)으로, 좀 더 구체적으로 말하면 누정기(樓亭記)이다. 누정기에서는 주로 누정의 건립자. 건립 취지, 누정 주변의 경관, 누정명(樓亭名)을 명명하게 된 내력 등을 담고 있다.

이제 반구천 주변에 있는 다섯 정자의 명명에 대해 누정문학, 특히 누정기를 중심으로 알아보겠다. 누정기는 건립자가 직접 쓰기도 하고, 교유하는 명망 있는 문인에게 청탁하기도 한다. 반구천 다섯 정자의 누정기 중에 건립자가 직접 쓴 것으로는, 백련정, 송천정의 기문이 있다. 또 정자를 처음 건립할 때 창작한 누정기가 남아 있는 곳으로는 백련정·송천정·모은정·관서정이 있다. 집청정은 1713년(숙종 39)에 가장 먼저 건립되었으나 1743년(영조 19)에 화재로 소실되었는데 이때 창건할 때의 기문과 상량문 등의 현판은 불에 탄 듯하다 류의건의 〈반구정중신기〉는 1744년 중건된 집청정의 기문이다.

편액은 현판의 하위어로 현판에 해당하지만, 현판에는 편액 외에도 기문이나 상량문, 제영시, 주련(柱聯)을 판자에 새겨진 것도 포함된다.

2.1. 백련정(白蓮亭)

백련정에는 건립자인 최남복(崔南復)이 직접 쓴 누정기로 〈백련산수기(白蓮山水記)〉가 있다. 기문의 제목에서 통상적으로 쓰는 '백련정기'라 하지 않고 '백련산수기'라고 한 이유는, 내용의 절반 이상의 분량을 정자 주변의 원근에 자리한 산봉우리와 물, 석대(石臺) 등 경치 좋은 장소, 곧 산수(山水)를 소개하는 데 할애했기 때문인 것 같다. '백련정'이란 이름은 사람들이 부르기 편하게 칭한 것이고, 정자 주인이 건립할 때는 '수옥정(漱玉亭)'이 정명(亭名)이었다.

산수는 모두 아홉 굽이인데, 정자는 다섯 번째 굽이에 있다. 소라껍데기 같은 산이 겹쳐 있고 물은 옥병처럼 원만하게 흘러간다. 푸른 산과 푸른 물이 서로 비추고 새들은 서로 화답한다. 산에 오르거나 물에 나아가면 비록 아름다움을 크게 자랑하고 사람을 놀라게 할 만한 그런 모습은 없더라도, 그윽하고 깊고 고요하고 맑아서 참으로 은자(隱者)가 소요하기에 적합하다.
정자는 3칸인데, 가운데는 따뜻한 방을 만들어서 글을 읽고 정신을 함양하는 장소로 삼아 수옥정(漱玉亭)이란 편액을 걸었다. 지난해 5월 21일 꿈에 창주(滄洲)에서 자양(紫陽) 선생을 뵙고 정자 이름을 얻고자 부탁하였다. 깨고 나서 그 첫 글자는 잊어버리고 다만 옥정(玉亭) 두 자를 기억하였다. 그래서 《주자대전》 중에서, '개선(開先)의 작은 집 이름'을 취하여 사모하는 마음을 붙였다.[12]

물이 옥처럼 맑게 흘러가는 곳에 정자를 짓고, 꿈속에서 자양 선생, 곧

---

[12] 최남복, 〈백련산수기〉. 한문 원문은 이 책의 앞부분에 수록되어 있으므로 생략함. 이후로도 앞에서 소개된 원문은 특별한 경우를 제외하고는 생략함.

주자에게 정자의 이름을 부탁했다고 한다. 그러자 주자가 세 글자로 된 이름을 말했는데, 꿈이 깨고 나서 그 첫 글자는 잊고 옥정(玉亭)이라는 두 글자만 생각나서,《주자대전》중에 있는 '개선(開先)의 작은 집 이름'을 취하여 사모하는 마음을 담았다고 했다. 이 말을 바꿔 말하자면, 최남복은 자신의 정자 앞으로 흐르는 맑은 물이 옥병처럼 보이는 데 착안하여 정명(亭名)을 'ㅇ옥정'으로 불렀으면 좋겠다고 마음먹는다. 그러고는 '옥정' 앞에 놓일 첫 글자를 이리저리 궁리하다가《주자대전》에서 '수옥정'[13]이라는 말을 발견하게 되었다는 것이다. 그는 또 정자의 양쪽 편으로 누(樓)와 헌(軒)을 만들어 서쪽은 만대루(晚對樓)라 하고 동쪽은 우애헌(偶愛軒)이라 하였는데, 이 두 명명(命名)도 주자의 〈무이잡영(武夷雜詠)〉[14]에서 취한 것[15]이라 하니, 최남복의 주자에 대한 흠모의 정도를 가히 짐작할 수 있다. 게다가 주자가 무이구곡을 경영하며 〈무이구곡가(武夷九曲歌)〉를 지은 것을 본받아, 그도 정자 근처에 백련구곡(白蓮九曲)을 정하고 〈백련구곡도가(白蓮九曲櫂歌)〉를 짓기도 했다.

그런데 '수옥정'이라는 정자 이름이 있는데도 이후에 '백련정'으로 불리게 된 까닭은 무엇일까? 그것은 이 정자의 터가 과거에 백련사(白蓮寺) 절터였기 때문이라는 말이 최남복이 쓴 글에 나타난다.

이 백련서사는 본래 산인(山人)이나 도류(道流)가 있었던 곳이라 그 마음

---

13 '수옥정(漱玉亭)'이라는 말은《주자대전》7권 〈우연지 제거와 함께 '여산잡영' 14편을 받들다(奉同尤延之提擧廬山雜詠十四篇)〉 중 여덟 번째 〈개선의 수옥정(開先漱玉亭)〉이란 시의 제목으로 나온다. 개선(開先)은 절 이름이고, 수옥정은 중국 송나라 때 약우(若愚)가 창건한 정자이다(朱熹: 주자대전 번역연구단,《朱子大全》2, 전남대학교 철학교육연구센터; 대구한의대학교 국제문화연구소, 2010. 289면).
14 주자가 '무이구곡' 중 오곡(五曲)에 무이정사(武夷精舍)를 두고, 은구재(隱求齋)와 만대정(晚對亭)이라는 편액을 달았다는 내용이 있다.
15 최남복, 〈백련산수기〉.

쏨이 뒤섞여 있기는 하다. 그러나 옛날의 명성 있고 통달한 사람 중에도 이런 일을 행한 자가 있었다. 말해 보자면, 여산의 용천(龍泉)과 호계(虎溪)는 그 승경이 빼어난 곳인데 백련사 옛터가 있었다. 산남(山南)의 육수정(陸修靜)이 글을 보내고 재물을 모아 산을 사고 결사(結社)하여 도의(道義)를 논하기를 청했는데 …(중략)… 지금 그 지명이 우연히 서로 같고 흥취를 붙임도 다름이 없으니, 다행히 여러 벗에 힘입어 진(晉)나라의 풍류로 하여금 홀로 아름다움을 독차지할 수 없게 한다면, 나는 장차 이제부터는 푸른 산과 흰 구름의 사람이 될 수 있을 것이다.[16]

위의 인용된 글에서 '산인(山人)'은 승려를 뜻한다. 결국 정자를 지으려는 터가 승려가 있었던 곳, 곧 절터라는 말이다. 그러면서 중국에서 육수정이라는 사람이 백련사 옛터에 집을 짓고 결사(結社)[17]하기를 논했는데, 마침 자신이 건물을 지으려는 터도 절터인 데다 그 절의 이름이 중국의 사찰명과 절묘하게도 일치한다는 것이다. 이 말은 육수정 등이 백련사 절터에 집을 짓고 '백련결사'를 맺었듯이, 자신도 이 절터에 집을 짓고 결사를 만들겠다는 것이다. 이 글이 계(楔)를 만들고 쓴 서(序)이고 보면, 그의 결사에 대한 바람은 이루어진 셈이다.

'백련서사(白蓮書社)'라는 편액이 달린 이유는 이렇게 나타나 있다. '수옥정'이라는 정자 말고도 정자 뒤쪽으로 두 칸짜리 숙소와 주방 한 칸도

---

16 최남복, 〈연사참동만계시서〉.
17 여러 사람이 공동의 목적을 이루기 위하여 단체를 만드는 것이다. 중국에서 육수정 등이 재물을 사고 산을 매입하여 결사를 만들었다고 했는데, 사실 이 결사를 주도하여 결성한 인물은 혜원(慧遠)이었다. 혜원은 동진(東晉)시대 사람으로, 유유민(劉遺民)·뇌차종(雷次宗) 등 123명과 함께 서방 왕생의 서원을 세우고 염불삼매를 행했다. 이 결사의 이름을 백련사(白蓮社)라 이름을 붙인 것은 산속의 동쪽과 서쪽에 있는 연못에 흰 연꽃[白蓮]을 심은 데서 유래한다. 동진시대에 백련결사를 한 장소가 백련사(白蓮寺)의 절터였는지는 확인할 수 없다. 여기서는 내용의 사실 관계를 떠나서 최남복의 글에 집중하고자 한다.

두었는데, 이 모든 건물을 통칭하여 '백련서사'라 부른다고 했다. 이 정자에는 여덟 개의 정명(亭名)이 편액되어 있는데, 정면에서 보아 바깥에 좌측부터 만대루(晚對樓)·수옥정(漱玉亭)·백련서사(白蓮書社)·우몽헌(偶夢軒)이 있고, 안쪽에는 은구헌(隱求軒)·임연당(臨淵堂)·화음정사(華陰精舍)·역락재(亦樂齋)가 그것이다.

2.2. 송천정(松川亭)

송천정은 1946년 송곡(松谷) 김정태(金正泰)가 세운 정자로, 울산광역시 울주군 두동면 천전리 대현마을에 있다. 사람들이 모여 사는 마을의 '살림집 옆에 작은 정자'[18]를 지은 것은, 처자식이 사는 가정집과는 떨어져 경치 좋은 곳을 골라 건물을 짓는다는 정자의 일반적 통념과는 거리가 있다. 건립자는 기문을 통해 정자명의 명명 이유를 다음과 같이 밝히고 있다.

> 이에 송천소와(松川小窩)라 이름 붙였으니 대개 소나무는 밤낮으로 바라보는 것이요, 시내는 땅에 근거해 있는 것이다. 더욱이 해[歲]가 저물어도 울울창창하여 그 높은 절개를 취할 수 있고, 밤낮으로 도도하게 흘러서 그 맑은 기운을 담을 수 있으며, 소나무에 걸린 달이 시내에 가득하여 영롱하게 변해 갈 때 두어 명의 친한 벗을 맞이하여….[19]

소나무[松]와 시내[川]라는 식물과 자연물을 사용하여 '수많은 소나무

---

18 김상우(金相宇), 〈송천소와기(松川小窩記)〉에서, "친구 김정태 군이 일찍이 고헌산 아래의 천전리에 우거하면서 그 시내와 산이 맑고 아름다운 것을 아껴 늘그막을 다 보낼 계책으로 살림집 옆에 작은 정자 하나를 지었다."라고 기록하고 있다.
19 김정태, 〈송천소와원기〉.

와 하나의 시내 사이에 자리 잡고 있는'[20] 정자의 주변 환경에 착안하여 정명(亭名)을 지었음을 알 수 있다. 그러나 누정명(樓亭名)을 자연경관 구성 요소 중에서 물리적인 환경의 특징만 생각하여 정명(亭名)을 설정한 것은 아니다. 늘 '물(物)'에서 군자의 도(道)를 구하고 수덕(修德)을 쌓는 것이 그 당시 사회 문화에서는 매우 중요한 일이었기에 반드시 정명(亭名)에는 어떤 의미와 뜻이 담겨져 있었다.[21]

소나무는 한 해가 저무는 겨울의 추위 속에서도 푸르름을 유지하며 독야청청(獨也靑靑)하는 모습에서 군자가 추구하는 덕목의 하나인 절개를 상징한다. 선비들이 송(松)·죽(竹)·매(梅)로 세한삼우(歲寒三友)라 칭하고 그것을 그림으로 그리며 마음을 다잡은 것도, 어려울 때 지조와 절개를 지키는 것이 얼마나 어려운지 알기 때문일 것이다. 천(川) 곧 물[水] 또한 군자의 덕목이다. "대체 물의 성질은 맑은 것으로서, 그 기운이 사람에게 닿으면 뼈에 사무치도록 차서 어둡고 흐린 마음이 비로소 맑고 밝아지며, 어지러운 마음이 비로소 안정되어진다."[22]라는 말처럼, 소나무에 걸린 달이 빛을 시내에 비추어, 물이 영롱하게 변해 가는 것을 보며 군자의 덕목을 음미해 보겠다는 건립자의 의지가 정명(亭名) 속에 녹아 있는 것으로 보인다.

2.3. 집청정(集淸亭)

집청정은 반구대(盤龜臺)를 바라보는 경승지(景勝地)에 1713년(숙종 39)

---

20 김상우, 〈송천소와기〉.
21 안계복, 〈한국의 누정명 선정에 관한 연구〉, 《한국 전통문화 연구》 5집, 대구가톨릭대학교 인문과학연구소, 1989, 151면.
22 이색(李穡: 1328~1396), 〈침류정기(枕流亭記)〉, 《목은문고(牧隱文稿)》 2권, "夫水之性淸者也 其氣觸乎人則徹骨而寒 矣心之昏濁於是乎靜定可以."

최신기(崔信基)가 건립한 정자이다. 1743년(영조 19)에 화재로 소실되었고, 이듬해인 1744년에 다시 중건되었다. 현재의 건물은 1932년에 중건된 것이다. 정자를 처음 건립했을 때의 기문은 소실되어 전하지 않고, 1744년 중건할 때의 기문(記文)으로 류의건(柳宜健, 1687~1760)의 〈반구정중신기(伴鷗亭重新記)〉와 황경원(黃景源, 1709~1787)의 〈집청정기(集淸亭記)〉가 전한다.

그런데 류의건은 '집청정'이라 하지 않고 '반구정'이라 칭하고 있다. 하천 하나를 사이에 두고 정자와 반구대가 가까이 접해 있어서 붙인 이명(異名)이다. '반구정'이라는 이명은 류의건의 기문과 《집청정시집》[23]의 시에서는 다소 보이지만 편액으로는 걸리지 않았다. 그 이유는, '반구정'이라는 말이 일반인들이 그저 '반구대에 있는 정자' 정도의 의미로 사용했을 뿐이지 정자 주인이 인정한 이명은 아니기 때문이다.

황경원은 기문을 통해 정자 이름의 명명과 관련된 다음과 같은 말을 하고 있다.

  열 길 높은 봉우리가 나지막한 언덕을 따라 우뚝하게 높이 솟아 있고 차가운 시내가 그 아래를 감싸고 돌아가니 모두 아홉 굽이이다. 무릇 아홉 굽이에는 성긴 소나무가 연이어 있고 흰 조약돌이 깔렸는데, 그 깊은 못에는 구름의 경치가 스미고 일광(日光)에 잠겨, 가는 무늬가 잔잔한 물결을 일으키고, 그 세찬 여울은 부딪히고 꺾여 돌면서 멀리 메아리가 많아지는데, 해가 지면 더욱 빨라져서 쨍쨍 울리는 소리가 밤새 끊이지 않는다.
  큰 바위가 냇가에 뒤섞여 놓이고 잘 자란 대나무가 두르고 있어서 문충공이 매우 사랑하여 소요하였다. 그러나 봉우리 남쪽에는 여덟 기둥의 사

---

[23] 최준식(1909~1979)이 편찬했는데, 260명의 시인이 쓴 406수의 한시가 실려 있다. 한편 2016년에는 성범중 교수의 《역주 집청정시집》이 간행되는 등 집청정에 대한 연구가 활발하게 이루어지고 있다.

당이 있어서 문충공의 제사를 지내는데, 봉우리 북쪽에는 일찍이 정자가 있지 않았다.

처사 최 군[24]이 냇가를 찾아왔다가 문충공[25]의 명성과 그 끼친 치열함을 사모하고 그 남긴 충심에 봉우리 북쪽에 작은 정자를 지어서 아홉 굽이에 임하게 하고 집청정이라 명명하였으니, 그것은 아홉 굽이의 맑은 기운을 끌어모음을 일컬은 것이다.[26]

앞부분은 반구대 주변의 경관이 빼어남, 특히 아홉 구비로 흐르는 물과 조약돌, 구름, 잔잔한 물결 등에 대한 경관 묘사가 있고, 이어서 정몽주가 반구대를 찾아 시를 지은 옛 자취의 사실(事實)을 말하고, 그의 치열한 삶의 자세와 충성심을 사모하고 본받겠다는 마음을 나타내며, 정자를 세워 주변에 흐르는 아홉 굽이 맑은 물처럼 포은의 정기를 모으겠다는 생각이 나타나 있다. '집청(集淸)'이라는 명명에는 물의 속성인 '맑음'을 모은다는 의미가 들어 있다. 그러나 위의 기문을 꼼꼼히 살펴보면, 정자를 지어 문충공의 충심이 반구천의 아홉 굽이에 임하게 하고 그 맑은 기운을 끌어모으겠다는 의미가 들어 있다. 결국 포은의 맑은 정기를 본받겠다는 의지가 나타나 있는 것이다.

2.4. 모은정(慕隱亭)

모은정은 울산광역시 울주군 언양읍 대곡리 언덕에 있는데, 특히 이곳

---

24 최신기(崔信基, 1673~1737)를 가리킨다.
25 포은 정몽주의 시호(諡號)이다.
26 황경원, 〈집청정기〉.

에서는 반구천이 반구대의 거북머리를 휘감아 돌아가는 형상을 한눈에 조망할 수 있다. 모은정 아래쪽으로는 반구서원과 집청정이 위치해 300여 년 전부터 선비들이 많이 찾던 곳이었다.[27] 그러나 모은정은 1920년경에 지어졌으니, 정자의 역사는 이제 한 세기를 겨우 넘겼을 정도로 짧다.

이 정자는 이정혁(李正赫)[28] 군이 그 아버지의 뜻을 받들어 지은 것으로, 이곳이 포은의 유지(遺址)라는 이유로 모은정이라고 편액하였는데, 이 또한 그의 아버지가 명한 바였다.[29]

이 글을 보면, 모은정이라고 명명한 이유가 건립자의 부친인 이용필의 유지(遺志)였음을 밝히고 있다. 정몽주가 찾아 시를 남긴 반구대는 포은대라 별칭하기도 하고, 또 정몽주를 비롯한 세 분[30]을 향사하는 반구서원이 있는 곳이기도 하다. 시인 묵객들이 이곳을 찾으면 으레 포은의 자취를 더듬으며 추앙하는 것이 하나의 관례였다. 이용필은 이곳 반구대에 집을 짓고 호를 구린(龜隣)이라 하였다. 반구대 가까이에 살고 싶은 그의 바람이 호(號)로 나타난 것이다. 모은정에는 '모은정' 외에 '장륙당(藏六堂)'과 '구린(龜隣)'이라는 편액도 걸려 있다.

일봉이 나에게 말하기를, "…(중략)… 이에 거북이 숨는 뜻을 취하여 집에 방(榜)을 붙이고 더욱 선인이 남긴 뜻을 본받고자 하오니 한마디 말을 써 주시기를 청합니다."라고 하였다.
내가 대답하여 말하기를, "이 거북은 참으로 그대 집의 큰 보배입니다.

---

[27] 반구서원은 1712년(숙종 38), 집청정은 1713년에 세워졌다.
[28] 1871~1952. 구린(龜隣) 이용필(李容馝, 1849~1906)의 장남이다.
[29] 장석영(張錫英), 〈모은정기〉.
[30] 포은(圃隱) 정몽주(鄭夢周), 회재(晦齋) 이언적(李彦迪), 한강(寒岡) 정구(鄭逑)이다.

거북은 신령스럽고 청렴하여 다섯 영물의 하나에 들어가는데, 때에 따라 숨기도 하고 나타나기도 합니다."[31]

구린(龜隣)이란 거북과 이웃하겠다는 말이고, 거북과 이웃하겠다는 것은 결국 거북의 속성을 닮아가겠다는 생각이다. 거북은 머리와 꼬리, 네 개의 발을 두꺼운 등껍질 속에 감출 수 있다. 이러한 여섯 가지를 감추는 것을 감출 '장(藏)' 자를 써서 장륙(藏六)이라 하니, 장륙당(藏六堂)의 명명은 자신의 처세에 대한 의지를 나타낸 것이다.

2.5. 관서정(觀逝亭)

관서정은 울산광역시 울주군 범서읍 사연리 곡연(曲淵) 마을에 있던 정자로 김경(金憼, 1683~1747)이 건립하였는데, 살림집 앞에 정자가 있었다. 곡연 마을은 반구천의 물이 흘러내리다 한 번 꺾이면서 연못을 만들고 다시 흘러 태화강에 합류하면서 붙여진 이름인데, 정자는 흘러가는 물굽이가 잘 보이는 곳에 자리를 잡고 있다. "울산에서 유람객이 반구대를 보려면 곡연에서 시작해야 하는데, 그 빼어난 경개는 반구대와 백중(伯仲)하다."[32]라고 할 정도로 경치 또한 수려했다. '관서정'의 '관서(觀逝)'는 물이 흘러가는 것을 본다는 의미를 담고 있다. 건립 당시에 자주 이 정자를 찾았다는 울산부사였던 권상일(權相一)은 기문에서 관서정의 명명에 대해 이렇게 쓰고 있다.

---

31 손진수, 〈장륙당기〉.
32 권상일, 〈관서정기〉.

숙명(叔明) 김덕준(金德峻)[33] 군이 그 부친을 모시고 못가에 살고 있다. 곧 집의 서남쪽 모퉁이에 시렁 몇 개를 얽어서 욱실(燠室)과 양헌(凉軒)을 삼고, 헌(軒) 옆에는 돌계단 몇 층을 쌓아 못물을 굽어보게 하고는, 이에 공부자(孔夫子)께서 냇가에서 탄식한 뜻을 취하여 '관서(觀逝)' 두 글자를 헌(軒)의 문미(門楣)에 걸었다. 그 뜻은 운연(雲煙)과 어조(魚鳥)는 모두 허경(虛景)이지 실락(實樂)이 아니고, 오직 물이 밤낮없이 흘러가는 것만이 도체(道體)와 흡사함이 있다고 생각하여 늘 편액(扁額)의 이름을 보면서 그 오묘함을 깨닫고자 한 것이다.[34]

공자가 냇가에서 탄식한 뜻, 곧 "가는 것이 이와 같아서 낮밤으로 쉬지 않는구나."[35]라는 말을 취하여 '관서(觀逝)'라는 정명(亭名)을 지었다고 한다. 권상일은, 〈관서정기〉에서 "물은 흘러가는데도 다함을 보지 못하였고, 흘러오는 것은 비록 오지만 그것이 혹여 멈춤을 보지 못한다."라고 물의 속성을 서술했다. 그래서 "물이 막힘이 있으면 흐름이 나아가지 못하고, 사람은 욕심이 있으면 이(理)가 존재하지 못한다. 늘 마음속으로 경계하고 두려워하면서 성찰하고 다스려 털끝만큼의 간단(間斷)도 용납하지 않는다."라고 말하면서, 물의 덕목 중 하나인 연속성을 들어 사람들도 이를 본받아야 함을 주장하고 있다. '관서정'이라는 이름은 성현의 말씀이 수록된 경전의 내용을 차용해 지었음을 알 수 있다.

---

[33] 1705~1787. 관서정 주인 김경(金燛, 1683~1747)의 아들이다.
[34] 권상일, 〈관서정기〉.
[35] 《논어(論語)》〈자한(子罕)〉 16장. "子在川上曰 逝者如斯夫 不舍晝夜."

3. 정자의 공간적 기능

정자를 건립하거나 이를 향유한 사람들은 대부분 그 지역의 사족(士族)이었다. 건립자를 보면, 이들은 선조로부터 물려받은 경제적 여유가 있었고 학문적 소양 또한 갖추고 있었는데, 관직에 나아가기 위해 노력하거나 자연에 묻혀 장수(藏修)[36]하면서 은둔하기를 택했다. 개별 정자에 따라서 건립자가 살았던 시대, 가치관, 사회적 위치 등에 따라 공간적 기능이 다소 차이가 있다.

누정의 기능에 대해서는 다양한 연구가 이루어져 왔다. 박준규 교수는 한국의 누정을 모두 두고 보았을 때, 크게 유흥상경(遊興賞景)의 기능, 시단(詩壇)을 이루는 기능, 학문으로 수양하고 강학(講學)하며 인륜의 도를 가르치는 기능, 시회(詩會)나 종회(宗會), 계(契) 등의 모임을 위한 장소의 기능, 활쏘기의 수련장으로 사장(射場)의 기능, 고을의 문루(門樓)로서의 기능 등 여섯 가지로 구분했다.[37] 위의 여섯 가지 기능 중 한 가지에만 해당되는 누정은 거의 없고, 두세 가지 또는 그 이상의 기능을 함께 가지는 경우가 많다.

정자를 찾아 누정문학을 창작하는 사람은 건립자와 친분이 두터운 사람들이다. 시간이 경과하여 정자 주인이 건립자의 후손으로 바뀌면, 그 후손과 관계 있는 사람들이 정자를 찾게 된다. 그렇지만 정자 주인과 꼭 관계가 있는 사람만 정자를 찾는 것은 아니다. 그 지역을 관장하는 고을의 수령이 방문할 수도 있고, 또 다른 지역의 관료가 여행을 다니다가 올 수도 있다. 때로는 정자 주인과 친분도 없고 관료도 아니지만, 우연히 들러 현판의 제영을 보고 차운시를 남기기도 한다.

---

[36] 책을 읽고 학문에 힘씀.
[37] 박준규, 〈한국의 누정고〉,《호남문화연구》 17호, 전남대학교 호남학연구원, 1987, 17~20면.

여기서는 반구천 주변에 위치한 다섯 정자가 수행해 온 공통적인 기능은 무엇이고, 또 개별 정자가 가진 특징적인 기능은 어떤 것이 있는지 누정문학을 중심으로 살펴보려 한다.

3.1. 백련정(白蓮亭)

3.1.1. 심신 수양과 은둔의 공간

백련정의 현판을 통해서 최남복의 심신 수양과 관련된 내용을 여러 군데서 찾아볼 수 있다. 이 정자는 건립자의 소망이 오랜 노력 끝에 결실로 나타난 것으로 보인다. 그는 종신의 계책을 세울 수 있는 장소를 찾아 긴 세월 동안 왕래하며 정자를 지을 터전을 준비했다고 서술하고 있다.

> 이제 도와거사가 자연 속의 참됨을 찾고 빼어난 형승지에서 맑은 소리의 지혜를 깨닫느라 십 년 동안 왕래하여 그림을 그리고 시도 지었으니, 이에 돌 하나 나무 한 그루에 이름을 얻지 못함이 없고 계곡물 소리와 산의 경치도 더욱 맑고 상쾌해졌습니다. 장차 길일을 택하여 서사(書社)를 세우고 경영하며 경서를 끌어안고 도를 구하는 것으로 종신의 계책을 삼고자 하여….[38]

최남복이 처음부터 정자를 지은 것은 아니었다. 십 년이 넘게 정자를 건립할 장소에 찾아 주변의 자연물을 익혀 정이 들었고, 정자가 완성된 후에는 서사(書社)를 경영하면서 경서를 읽고 도를 구하겠다는 포부도 밝

---

[38] 최남복, 〈백련사개기축문〉.

힌다. 이러한 학문에 대한 열망은 나태해지는 자신에 대한 경계로 나타나, "한가로이 노닐다가 장수하는 뜻을 저버릴까 두려우니, 홀로 아름다운 구슬을 품고 세월의 빠름을 느끼네."39라고 말하고 있다. 또 상량문에서, "이미 바라던 바를 이루었으니, 아마도 노년의 학문을 수련할 수 있으리."40라며 정자의 완성으로 노년의 학문 정진을 다짐하고 있다. 현판에는 없지만, 최남복은 회재 이언적(李彦迪)이 27세에 잠언을 지은 것을 본떠 40세에 여덟 가지 잠언, 곧 조집(操執)·계근(戒謹)·징질(懲窒)·어묵(語默)·봉접(奉接)·돈목(敦睦)·절검(節儉)·교훈(敎訓)41을 지어 스스로의 언행을 자성(自省)하는 경구(警句)로 삼기도 했다.

최남복은 중국 고사를 언급하며 은둔(隱遁)하고자 하는 마음을 빈번하게 드러내고 있다. 그가 쓴 〈백련서사상량문〉에 "작은 산기슭에 초가를 엮어서 수초부(遂初賦)42를 읊고, 가운데 언덕에 소나무와 계수나무가 울창하니 초은사(招隱士)43의 노래를 이루었네."44라는 말이 있다. 정자를 지어 은거할 수 있는 장소를 만든 후에, 자기와 뜻이 같은 은사(隱士)가 소나무와 계수나무가 울창한 숲속에 모여들기를 바라고 있다. 그곳은 참으로 은자가 소요하기에 적합한 곳이라고 했다.45 그는 또 정자 주변에 있는 산세를 보며 '사자(獅子)목'을 '녹문(鹿門)'이라고 고치고 바위에 새겨 두었다.

---

39 최남복, 〈수옥정을 낙성하다(漱玉亭落成)〉, 미련(尾聯). "優遊恐負藏修志 獨抱瑤徽感歲催."
40 최남복, 〈백련서사상량문〉.
41 최남복,《도와집(陶窩集)》권6,〈元朝八歲幷小序〉, 보문사, 1997, 396~401면.
42 초야에서 학문에 전념하기를 희구하는 노래. '수초(遂初)'란 벼슬을 떠나 은거하면서 처음에 가진 소원을 이루는 것을 가리킨다.
43 글자 그대로 은사(隱士)를 초빙하는 내용을 담은 노래이다.
44 최남복, 〈백련서사상량문〉.
45 최남복, 〈백련산수기〉. "푸른 산과 푸른 물이 서로 비추고 새들은 서로 화답한다. 산에 오르거나 물에 나아가면 비록 아름다움을 크게 자랑하고 사람을 놀라게 할 만한 그런 모습은 없더라도, 그윽하고 깊고 고요하고 맑아서 참으로 은자(隱者)가 소요하기에 적합하다."

녹문은 중국에 있는 녹문산으로, 후한(後漢) 때의 방덕(龐德)이 이 산에 은거한 이후에 은둔의 성지가 된 곳인데, 최남복은 자신의 정자가 있는 곳도 은둔의 성지로 만들고 싶었던 것이다.

3.1.2. 문사들의 모임과 창작의 공간

백련정은 문사(文士)들이 모여 시회를 열고 우의를 다지는 장소로서의 기능을 하였다. 최남복은 백련서사를 건립하고 뜻이 맞는 사람을 모아 '만계(晚稧)'를 조직한 후 서(序)를 쓴 기록이 있다. '만계'란 '늘그막에 맺은 계모임' 정도의 의미가 될 것 같다.

> 또 계(稧)를 모으고 우의를 강론하며 동문(洞門)의 바위에 성명을 쓰고 깊이 새겨서 후세 사람들이 지금을 보는 것이 또한 지금 사람들이 옛날을 보는 것처럼 하게 한다면 어찌 기이하지 않겠는가? 이에 회포를 적은 것이 있어서 아래에 기록하였다. 감히 시라고 하기는 어렵지만, 삼가 화답한 시와 가르침을 청하여 산중의 옛일[46]에 견주고자 하노라.[47]

위의 "옛일에 견주고자 하노라."는 말에서, 이 백련정에서의 계 모임은 단순한 모임이 아니라 중국 동진(東晉) 때 혜원법사가 백련사(白蓮社)라는 단체를 결성한 것과 견줄 만하다는 의미 부여를 하고 있다. 혜원법사가 결성한 '백련사'에서의 '백련'과 같은 이름을 지닌 '백련서사'에서 계(稧)를 만든다는 것이다. 혜원법사가 결사를 맺을 때 그를 도와 동림사(東林寺)를 지어 준 환이(桓伊)가 있었듯이, 백련서사를 지을 때도 도움을 주는 사람

---

[46] 원문의 산중고사(山中故事)는 산속에 있었던 옛 일화로서, 중국 동진(東晉)의 승려 혜원(慧遠)이 중심이 되어 여산 동림사(東林寺)에서 맺은 백련결사(白蓮結社)를 가리킨다.
[47] 최남복, 〈연사참동만계시서〉.

이 있었음을 밝히고 있다.

 옛날 환이(桓伊)[48] 자사(刺史)가 여산(廬山)에서 백련결사(白蓮結社)가 이루어진 소식을 듣고 서신을 보내어 가입을 원하고 돈을 내어 도와주었다. 윤 공의 뜻이 이와 같은 것인가? 여기에 시승(詩僧) 만우(萬羽)가 있으니 혜원법사에 해당할 것이다. 그 밖에 세속을 벗어나 맑게 살아가는 사람으로 서사(書社)에서 계를 모으는 데 함께한 자가 6, 7인이다. 윤 공은 얼굴을 보이지 않거나 글을 쓰지 않을 수 없을 터이고, 팽택령(彭澤令)의 그윽한 운치를 부윤 박 공이 굳이 사양할 필요는 없을 것이다.[49]

 백련서사를 건립하는 데 도움을 준 사람으로 윤 공과 박 공을 언급하고 있다. '윤 공'은 윤광안(尹光顔)으로 경상도관찰사 재임 시에 백련정 건립에 도움을 주었고, '박 공'은 박종우(朴宗羽)로 경주부윤으로 있을 때 역시 백련정 건립을 도왔다. 동진시대 혜원법사가 승려이듯이 이곳에도 시승 만우가 있었으므로, 동진시대의 백련결사와 조선시대 반구천 백련서사에서의 모임 결성은 그 과정이 거의 같다고 계에 의미를 부여하고 있다. 계의 회원은 6~7명 정도라 밝혔다.

 누정시 중에는 여러 명이 정자 주인과 함께 유숙하면서 시를 쓰고 이야기를 나누었다는 작품의 제목도 보인다. 이근오(李覲吾)의 〈치암 남경희, 도와 경지 최남복, 용암 익지 최기영, 최천용과 백련서사에 모여 이야기하다(與南癡庵景義 崔陶窩景至南復 崔龍庵翊之祈永 崔天庸 會話白蓮社)〉가 그것인데, 7언 율시의 미련(尾聯)에 "돌아가려다 가지 않고 이에 머물러 자

---

[48] 중국 진(晉)나라 때의 인물로, 강주자사(江州刺史)로 있을 때, 여산(廬山)의 서쪽 서림사(西林寺)에 머물던 승려 혜영(慧永)의 요청을 받고, 승려 혜원(慧遠)을 위해 여산의 동쪽에 동림사(東林寺)를 지어 준 인물이다.
[49] 최남복, 〈백련산수기〉.

려는데 / 해가 서산에 기울지 않았다고 두견새가 울어 재촉하네."[50]라고 읊고 있다. 이근오는 울산광역시 울주군 웅촌면 석천리에 살고 있어 백련정과는 걸어서 네다섯 시간은 족히 걸리는 거리이다. 집에 가기는 가야 하지만 벗이 잡고 술이 잡고 분위기가 잡으니 차마 떠나지 못하고 있다는 심리를 잘 묘사하고 있다. 백련정을 찾는 사람으로 사족(士族)만 있었던 것은 아니다. 위에서 '만계'에 시승 만우가 있다고 했는데, 이 외에도 승려 계오(戒悟)[51]가 있어 백련정을 찾아 두 편의 누정시를 남기기도 했다.

3.2. 송천정(松川亭)

3.2.1. 심신 수양의 공간

송천정의 건립자인 김정태는 〈여덟 가지 잠언(八箴焉)〉을 지어 현판에 써서 걸어 놓고 날마다 그것을 보면서 자신의 처신함에 경계로 삼았다. 특히 "나날이 인의(仁義)·예지(禮智)·염치(廉恥)에 힘을 다해야 한다."[52]라며 매일 힘써서 수양하며 닦아야 할 품성에 대해 말하고 있다. 그는 또 〈송천정원운(松川亭原韻)〉의 경련(頸聯)에서, "졸렬한 계책이지만 집을 지으며 고생함을 누가 아는가? 마음을 한데 모아 경전을 다시 읽고 싶네."라고 하며, 정자를 지으며 고생하는 것이 졸렬한 듯 보이지만, 오직 마음을 집중하여 경전 읽기에 몰입하고 싶다는 의지를 피력하고 있다. 송천정을 찾은 한 시인은 이러한 정자 주인의 마음을 읽었는지 차운시(次韻詩)를 통

---

50 "欲歸不去仍淹宿 日未西時啼鳥催."
51 1773~1849. 석남사(石南寺)의 승려로, 최남복과 교유하였다.
52 김정태, 〈八箴焉〉.

해, "늘그막에 장수할 계획을 여유롭게 세우니, 세상길의 검은 먼지가 뜰을 물들이지 못하네."[53]라고 읊고 있다. 또 최현채는 〈송천정기(松川亭記)〉에서 그의 벗인 김정태에게 이렇게 당부하고 있다.

이 정자에 거처하면서 성인의 글을 읽고 성인의 도를 구한다면 도가 어찌 밖에 있겠는가? 동자(董子)가 말한 '도의 큰 근원은 하늘에서 나온다.'는 것은 이륜(彝倫)[54]을 말한 것이니, 어버이에게 효도하는 마음으로 자식을 사랑하고 형제와 우애하는 뜻으로 친척과 화목하고 친척과 화목한 도리를 이웃과 마을에까지 미치게 한다면 성인의 도는 그대 칠 척 몸에 갖추어질 것이다. 저 세도(世道)의 오르내림 따위는 모두 강호(江湖)에 붙여 두고 자신의 평소 행실을 닦는다면 비둔(肥遯)이 절로 편안하여 느긋하게 시냇가에서 기다려도 늦지 않을 것이다. 친구는 힘쓰시게나.

정자에서 성인의 글을 읽고 성인의 도를 구하면서 수신제가(修身齊家)한다면, 도는 멀리 있지 않고 가까이 있기에 저절로 몸에 갖추어진다고 말한다. 속세의 권력에 대한 집착은 이제 잊어버리고 느긋하게 평소의 행실을 닦는 것이 마음이 편해지는 길임을 밝히고 있다.

3.2.2. 문사들의 모임과 창작의 공간

정자 주인 김정태는 비좁은 살림집에서 벗이 찾아오면 함께 묵을 공간이 없어 정자를 살림집 바로 앞에 정자를 짓게 되었다고 직접 쓴 기문에서 말하고 있다.

---

53 박인화, 〈송천정 시에 차운하다(次松川亭韻)〉 경련. "誰知拙計勞拱築 更欲收心讀典經."
54 사람으로서 떳떳하게 지켜야 할 도리이다.

이에 처자(妻子)와 함께 몸소 땔나무를 하고 마소를 기르면서 모든 바깥 세계의 일에는 담담하였다. 그저 자식을 가르치고 손자를 훈육하며 근본을 지키고 분수를 편안히 여기는 것으로써 나 자신이 살아가는 방책으로 삼았으나, 거처가 매우 누추하여 간혹 친한 벗이 찾아와도 그 적료(寂寥)함을 떨쳐낼 공간이 없음은 안타까운 일이었다. 이에 겨우 재목을 모아 작년 11월에 일을 시작하여 올해 8월에 마쳤다. 난방이 되는 것과 되지 않는 것이 각각 두 칸인데, 기와 대신 짚으로 지붕을 이고 돌로 담장을 쌓았으니 대체로 졸렬한 집이다.[55]

정자의 건립 시기가 1946년으로, 해방되고 1년 뒤에 지어졌다. 이때는 한학을 하는 사람도 조선시대보다는 현격히 줄었고, 유교적 가치관도 많이 바뀌었을 때이다. 정자 주인은 처자식과 함께 가축을 기르고 땔나무를 하는 등 생업에 힘쓰며, 바깥 세계의 일에는 관심을 가지지 않았다. 가끔 찾아오는 벗들과 밤이 늦도록 담소를 나누며 술잔을 기울이는 게 가장 큰 낙이었다. 그러나 손을 접대할 공간이 없어 그것이 늘 안타까웠는데, 결국 기와가 아닌 짚으로 지붕을 인 졸렬한 정자를 짓게 되어 그 아쉬움을 해소하게 된 것이다. 그리하여 그는 정자에서 벗들을 맞이하는 즐거움을 이렇게 표현하고 있다.

"소나무에 걸린 달빛이 시내에 가득하여 영롱하게 변해 갈 때 두어 명의 지기(知己)를 맞이하여 술잔을 들어 서로 권하며 노래하고 읊조리노라면 자연스런 정취가 맑게 넘쳐나서 세상에 어떤 즐거움이 이것을 대신할 수 있을지 알지 못한다."라고 하였다.[56]

---

55 김정태, 〈송천소와원기〉.
56 김상우, 〈송천소와기〉.

"잘못을 바로잡는 벗들과 서로 모이니 계림과 학성에서 오고, 물줄기를 거슬러 올라 때때로 어울리니 반구대와 백련사가 가까이 있네."[57]라는 표현 속에서 송천정을 찾는 사람들이 경주와 울산 등에서 모여들었음을 알 수 있다. 현판 중 김정태의 〈송천정 원운〉이라는 시판(詩板)에 13명의 시를 수록하고 '산수계원 십삼원(山水契十三員)'이라 적은 것으로 보아, 이들 열세 명은 '산수계(山水契)'를 결성하고 정기적인 모임을 가지며 창작 활동을 한 것으로 보인다.

3.3. 집청정(集淸亭)

3.3.1. 포은 추모와 심신 수양의 공간

집청정은 반구대와 하천 하나를 사이에 두고 경치 좋은 곳에 지어진 정자인데, 정자를 짓기 전에도 반구대의 경치를 구경하려는 사람들의 발길이 끊이지 않았다. 고려 말 포은(圃隱) 정몽주(鄭夢周)도 언양에 귀양 왔다가 이곳을 찾아 시를 남긴 일이 있어, 반구대를 포은대라 부르기도 했다. 이곳에 집청정을 짓게 된 사유에 대해 언급한 기록이 있다.

> 정자에서 묵노라니 최 군[58]이 나에게 기문을 써 주기를 부탁하기에 내가 이르기를, 왕씨(王氏)는 석교(釋敎)를 존숭하고 원(元)나라의 예법을 사용하였으나, 문충공은 유술(儒術)을 밝혀서 중국의 예를 따랐고 대의를 지키다가 죽었으니 도를 바로잡는 것이었다. 지금 최 군이 문충공을 위해 이 정

---

57 이우락, 〈송천정상량문〉.
58 정자를 창건한 최신기가 아니라 손자 최석겸이다.

자를 짓고 거처함은 그 도를 본받은 것이다. 뒷날에 군자들도 공의 도에서 구할 수 있다면 최 군이 정자를 지은 까닭을 아마 알 수 있을 것이다.[59]

기문을 쓴 사람은, 문충공이 유술(儒術)을 밝히고 대의를 따르다가 죽었으므로 도(道)를 바로잡았다고 말하며, 최 군이 이 정자를 지은 뜻은 문충공의 도를 본받기 위함이라고 말하고 있다. 뒷날 후손들이나 정자를 찾는 사람들도 이곳에서 문충공의 도를 구할 수 있다면, 그것은 바로 이 정자 건립의 취지에 부합하는 것이 된다고 했다. 집청정은 최신기에 의해 1713년(숙종 39) 건립되었으나 1743년(영조 19)에 화마로 소실되었고, 1744년에 최석겸에 의해 중건되었다. 현재의 집청정 건물은 1932년에 중건한 것으로 중건기(重建記)가 있다. 이 기문에는, "예전에 우리 운암 선생 최 공은 포 옹이 한번 시를 읊은 것을 아끼고, 이름난 구역이 천고에 깊이 감추어짐을 안타깝게 여겨서 대(臺)의 북쪽에 정자를 세우고 그 문미(門楣)에 집청(集淸)이라는 편액을 달았다."[60]라고 하였다. 이 글에서도 포은이 반구대를 찾아 시를 읊은 것을 아껴 정자를 세우게 되었다고 하면서, 정자를 세운 이유가 포은을 사모하는 데 있음을 밝히고 있다.

정자 주인인 최신기에 대해 "창고와 부엌을 구비한 장수(藏修)하는 별업(別業)[61]으로 갖추어 벗들과 강마(講磨)하는 장소로 삼아서"[62] 세상의 명리(名利)를 탐하지 않고, "이윤(伊尹)의 효연(囂然)에 뜻을 두고 공리(公理)의 전원생활을 즐겁게 여겨서 시(詩)를 이야기하고 예(禮)를 논하는 것으로서 후세에 전할 가업(家業)으로 삼았다."[63]라고 평하고 있다.

---

59 황경원, 〈집청정기〉.
60 최현채, 〈집청정중건기〉.
61 본집 외에 경치 좋은 곳에 따로 마련한 집으로, 별장(別莊)과 같다.
62 최현채, 〈집청정중건기〉.
63 최현채, 〈집청정중건기〉.

3.3.2. 문사들의 모임과 창작의 공간

정자를 처음 건립한 목적은 건립자의 심신 수양을 위한 장수(藏修)의 장소로 삼는 것이었지만, 정자를 찾는 방문객이 많아지면서 그곳은 문인들이 교유하면서 누정문학을 창작하는 장소로서의 성격을 지니게 되었다. 집청정은 문인들의 교유가 가장 활발하게 일어난 곳으로, 17세기 말부터 약 200년 동안 지은 시들을 모아 《집청정시집(集淸亭詩集)》을 편찬했는데, 여기에는 시인 260명이 쓴 406수의 시가 실려 있다.[64]

이 시집에 이름이 들어 있는 시인들의 면면을 살펴보면, 경주나 울산의 권역 내에 거주하는 다수의 선비들이 있고, 그 외에도 사환(仕宦)[65]이나 유배와 관련되어 정자를 찾은 인물이 34명, 승려 6명 등도 포함된다. 이렇게 보면 집청정은 유자(儒者)들만의 폐쇄된 공간이라기보다는 승려들까지 찾아와서 산수를 구경하고 나름의 시적 감흥을 드러내고 갈 수 있는 장이 마련되어 있었음을 알 수 있다.[66]

    A. 정자를 지은 후에는 나그네가 멀다고 찾아오지 않음이 없고, 모두 떠들썩하게 그 기이하고 절묘함을 칭찬하였습니다. 이에 정자는 더욱 이름이 나고 땅은 더욱 빼어난 곳이 되었습니다. 그리고 산간에는 수레와 말발굽이 나날이 이어지게 되었습니다.[67]

---

64 성범중, 〈'집청정시집' 연구〉, 《한국한시연구》 제16호, 새문사, 2008, 170면.
65 벼슬살이를 함. 사환 34명 중에는 경상도관찰사 2명, 경상좌도 병마절도사 3명, 경주부윤 7명, 울산부사 3명, 언양현감 2명도 포함되어 있다.
66 성범중, 〈정자와 원림을 통한 문학적 교유와 소통 —울산 소재 집청정의 경우를 예로 하여—〉, 《한국한문학연구》 제41집, 한국한문학회, 2008, 149~151면.
67 류의건, 〈반구정중신기〉.

B. 문밖의 수레와 말의 자취는 자수(紫綬)와 금장(金章)⁶⁸을 지닌 사람이 아님이 없고 바위 위에 전서(篆書)와 예서(隷書)로 새겨진 성명은 비의(緋衣)를 입고 옥대(玉帶)⁶⁹를 찬 귀인(貴人)이 태반이었다.⁷⁰

A는 1744년(영조 20)에 소실된 집청정을 중건하는 기문이다. 반구대에 집청정 정자까지 건립되자 경관의 빼어남이 떠들썩하게 널리 알려져, 정자를 찾는 사람들이 탄 수레와 말발굽이 나날이 이어졌다는 이야기다. '수레와 말발굽'이라는 말에서, 방문하는 사람들의 신분이 높고 부유한 계층임을 짐작할 수 있다. B의 내용에서도, 정자를 찾는 사람 중 절반이 '비의를 입고 옥대를 찬 귀인'인 고관(高官)임을 말하고 있다.

정자를 찾는 사람은 개별적으로 올 수도 있지만, 여러 명이 무리를 지어 와서 공동으로 시작(詩作)을 하기도 했다. 〈늦봄에 집청정에서 연구⁷¹를 읊다(暮春集淸亭聯句)〉라는 제목 아래 다섯 명의 이름을 나열하며 함께 모였다는 세주(細註)⁷²를 단 연구(聯句)는 모두 24구가 이어지는데, 다섯 명이 번갈아 가며 시구를 이어가고 있다.

---

68 자수(紫綬)는 자주색 인수(印綬)이고, 금장(金章)은 금빛 인장(印章)이다. 모두 높은 관리를 가리킨다.
69 비의(緋衣)는 조관(朝官)이 입는 붉은색의 관복(官服)이고, 옥대(玉帶)는 옥으로 장식한 허리띠이다. 역시 모두 고관(高官)을 가리킨다.
70 최현채, 〈집청정중건기〉.
71 연구(聯句)는 여러 사람이 돌아가면서 짓는 한시의 한 형식이다.
72 세주(細註)에는, "이퇴이·정중면·정회이·이개중·이고경 등이 함께 모이다(李退而 鄭仲勉 鄭晦而 李開仲 李杲卿 齊會)."라고 씌어 있다.

3.4. 모은정(慕隱亭)

3.4.1. 포은(圃隱) 추모와 은둔을 통한 심신 수양의 공간

모은정은 이정혁(1871~1952)에 의해 1920년에 지어졌지만, 정자를 건립하게 된 계기를 알려면 이정혁의 부친인 이용필(1849~1906)이 이곳 반구대를 찾아 머물렀던 시기로 시간을 거슬러 올라갈 필요가 있다. 이용필은 포은이 자취를 남긴 반구대를 보면서 포은을 사모하는 마음이 깊어지고, 또 거북 형상을 한 반구대를 보면서, "세속과 더불어 변하지 않고 반구대의 산수 사이에 은거하고자 하여 스스로 구린(龜隣)이라 호를 지었다. 정자 몇 칸 모옥(茅屋)을 지어 스스로 평소에 즐기려 하였으나 끝내 그 뜻을 이루지는 못한"[73] 것이다. 그러나 그는 자신의 자식들에게 포은의 유지(遺址)에 정자를 짓고 모은정이라는 편액을 달도록 명을 내렸다.[74] 모은정(慕隱亭)에서 '모(慕)'는 사모함이고 '은(隱)'은 정몽주의 호인 포은(圃隱)에서 취한 것이다.

구린공이 시정(時政)이 옛날과 다름을 보고 안타깝게 탄식하여 말하기를, "우리 집안은 대대로 벼슬한 집안인데 지금은 발 디딜 여지조차 없으니 비록 나라에 절개를 다 지키고자 한들 가능하겠는가? 차라리 옷 입고 밥이나 먹고 마음 쓰지 않는 것으로 간편하게 사느니만 못하리라."라고 하며 마침내 반구대 곁에 집을 짓고 호를 구린(龜隣)이라 하였다.
책을 읽고 아이를 가르치며 꽃을 심고 국화를 심어 욕심 없이 세상에 알려지기를 구하지 않았으니, 그 뜻은 포은이 선죽교에서 흘린 피가 긴 세월

---

73 장석영, 〈모은정기〉.
74 장석영, 〈모은정기〉.

동안 선명하게 남아 있어도, 그의 뜻을 거슬러 올라가면 곧 은거하고자 한 것이 아니겠는가? 어찌 또한 그것을 생각하여 경모하지 않을 수 있겠는가? 이것이 모은정을 지은 까닭이다.[75]

구린공 이용필이 반구대에 기거할 거처를 마련할 생각을 할 당시는 시정(時政)이 옛날과 달라 있었다. 일본을 비롯한 세계 열강이 밀물처럼 몰려드는 구한말의 혼란한 정세 속에서 선뜻 나라와 사회를 위해 헌신할 결심을 못하고 있다.

사실 이용필의 선조인 퇴사재 이응춘(1540~1594)은 임진왜란 때 의병을 일으켜 왜적과 싸워 여러 전투에서 공을 세웠는데, 1594년(선조 27) 울산 개운포에서 왜적과 싸우다가 순절했다. 그는 선무원종공신 3등에 녹훈되었고, 1832년(순조 32)에는 병조참판에 추증되었다. 또 이용필의 증조부는 추증 병조참판 이운춘(1748~1823)이며, 조부는 부사인 이승연(1777~1845)이다.[76] 이용필이 대대로 벼슬한 집안에서 혼란한 나라를 구하기 위해 헌신할 결심을 못한 이유를 반구대의 거북에서 찾고 있다. 이용필은 포은이 선죽교에서 피 흘린 충절심도 당연히 사모하지만, 거북과 가까이 지내면서 거북의 '장륙'을 통해 은거를 생각하게 된 것이다. 거북은 상황에 따라 자신을 드러내기도 하고 숨기기도 한다. 자신을 드러낼 때는 세상에 쓰여 국도(國圖)를 정하고 신명(神明)을 드러내며, 숨을 때는 깊은 못에 있으면서 머리와 꼬리, 네 발 즉 여섯 부분을 자신의 견고한 등껍질 속에 감추어[장륙(藏六)] 위태로움을 벗어난다. 그러나 숨는 것은 비겁한 행위가 아니다. 그것은 용과 뱀이 웅크리지 않으면 떨쳐 나갈 방법이 없고 자벌레가 굽히지 않으면 펼 방도가 없는 것과 같은 이치인 것이

---

[75] 손진수, 〈장륙당기〉.
[76] 차영자, 〈대곡천 유역 모은정의 건립과 그 의미〉, 《향토사보(鄕土史報)》 제31집, 울산향토사연구회, 2020, 120~121면.

다.⁷⁷ 이는 거북이 장류하는 것과 이용필이 은둔하는 것은 같다는 말이다. 곧 장래의 힘찬 도약을 대비하여 은둔을 통한 심신 수양을 택한 것으로 볼 수 있다.

구린공의 아들인 이정혁이 모은정을 건립했을 당시에도 시정(時政)은 호전되지 않고 더욱 악화되었다. 아버지 때에는 비록 위태롭기는 했지만 국권은 있었는데, 그 국권마저도 일제에 빼앗기고 없는 시대가 온 것이다. 이정혁을 비롯한 7형제도 부친의 유지에 따라 모은정을 짓고 차분히 은둔, 수양하면서 선친이 남긴 뜻을 본받고자 한 것이다.

3.4.2. 문사(文士)들의 모임과 창작의 공간

1920년대는 신구 문물이 갈등을 겪으며 충돌하면서도 점차 유교적인 구시대의 문물은 서양에서 들어온 신문물로 전이되어 가고 있는 시기였다. 이러한 시기에 모은정이 건립되고 각지의 선비들이 모여 유교적 행사를 거행하고 포은의 시에 차운하여 시작(詩作)을 했다는 기록이 있다.

> 이날 선비들의 모임에서 수백 명이 모여 정자 위에서 사상견례(士相見禮)를 행하고, 마침내 그들과 더불어 경전과 예법에 대해 담론하였으며, 또한 포은의 시에 차운하여 포은 선생을 추모하는 뜻을 부쳤다. 술이 몇 순배 돌고 나서 이정혁 군이 잔을 들고 말하기를, "이 깊은 산중에 오늘같이 성대한 모임이 있게 되었으니 선군을 생각하시어 한 말씀을 해 주십시오."라고 하였다.⁷⁸

---

77 손진수, 〈장류당기〉.
78 장석영, 〈모은정기〉.

선비들이 수백 명 모은정에 모여서 사상견례를 행하고, 함께 경전과 예법을 담론하면서 보냈다고 한다. '사상견례(士相見禮)'는 《의례(儀禮)》의 편명(篇名)으로, 선비들이 공식적으로 서로 만나 인사하는 의례를 말한다. 이 글의 내용으로 볼 때 정자는 선비들의 모임의 장소이고 경전과 예법을 서로 이야기하는 장소로 쓰였음을 알 수 있다. 또한 포은의 시에 차운하여 시를 지었다고 했으나 그 차운시는 현재 남아 있지 않다. 모은정 현판에 있는 시로는, 정자 주인인 이정혁의 〈모은정원운〉과 그 원운에 대한 차운시 17편이 있다. 이 중 이규린(李奎麟)의 칠언율시 〈원시에 차운하다(次原韻)〉의 미련(尾聯)에, "바위산에 사는 늙은 벗이 치유(緇帷)[79]를 여니 / 예의를 갖춘 여러 유생이 고의(古義)를 찾네."라는 구절이 있다. 정자 주인 이정혁이 정자를 만들어 강학(講學)을 하니, 여러 선비들이 정자를 찾아와 옛날의 경전과 예법을 되새긴다는 말이 될 것이다.

3.5. 관서정(觀逝亭)

3.5.1. 물을 통한 심신 수양의 공간

관서정이라는 이름 자체가 공자가 냇가에서 물을 보며 말한 "가는 것이 이와 같아서 낮밤으로 쉬지 않는구나."라는 《논어》의 내용에서 취했듯이, 이 정자를 찾은 문사(文士)들 중 여러 사람들이 물을 보면서 이치를 깨닫고 삶의 자세를 되새기는 누정문학을 남겼다.

정자 주인인 김경을 자주 찾았던 울산부사 권상일은 기문을 통해, 도

---

[79] 고인(高人)과 현사(賢士)가 강학(講學)하는 곳에 둘러친 검은 장막으로, 강학하는 곳을 뜻한다.

(道)의 본체는 천지 사이에서 조금의 휴식과 빠짐도 없이 호연(浩然)하게 다하지 않는 것이 없다고 하면서, 흘러가는데 다함이 없고 흘러오는데 멈춤이 없는 물이야말로 도체(道體)와 비슷하다고 했다.

　　물은 발원이 멀어 여러 물줄기를 삼키고 받아들여서 못물이 크게 차 있으므로, 태화강은 큰 바다로 들어가서 사해의 밖에서 돌아들고 있다. 학자의 공교함은 근본을 두터이 하여 사물을 궁구함과 같아서 나날이 나아가서 그치지 않으면, 도(道)가 이루어지고 덕(德)이 서서 충실하고 광대한 지경에까지 이르게 되는 것이다.[80]

반구천의 물이 발원하여 여기저기 지천들과 어울려 곡연의 관서정 앞 연못을 채우고 태화강과 합류함에 그치지 않고 바다로 들어가 사해(四海)에까지 이르듯이, 학자의 공교(工巧)함도 근본을 쌓고 궁구함을 나날이 계속해야 도와 덕이 광대해진다는 것이다. 물의 연속성을 학자의 부단한 연마와 관련해 유추하고 있다. 권상일은 경북 의성에 있는 관수루(觀水樓)를 중창할 때 쓴 기문에서도 물의 대해, "물이 주야를 가리지 않고 흘러 가는 것은 천도(天道)의 지나가고 이어와서 정식(停息)이 없는 것과 같고, 물이 중류(衆流)를 포용하여 맑고 깨끗한 것은 우리 마음 가운데 만상(萬象)을 머금어 담연히 허정(虛靜)한 것과 같다."[81]라고 했다. 물의 연속성은 천도(天道)와 같고, 물의 포용성은 사람의 마음과 비슷하다는 것이다. 서석린도 관서정을 찾아 물을 보면서 자신의 소감을 밝혔다.

　　대개 덕을 기르는 것은 물의 근원이니, 맹자(孟子)의 이른바 용솟음치고

---

80 권상일, 〈관서정기〉.
81 권상일, 〈관수루중창기〉, 《청대집(淸臺集)》. "水之不舍晝夜而滔滔流去者 有似乎天道之往過來續 自無停息也 水之包容衆流而淵澄洞澈者 有似乎吾心之中含萬象湛然虛靜也."

구덩이를 채운다고 하는(混混盈科) 것이다. 과행(果行)[82]하는 것은 물의 흐름이니, 중니(仲尼)[83]의 이른바 밤낮으로 그치지 않는(不舍晝夜) 것이다. 이것을 알면 족히 도체(道體)가 유행하는 오묘함을 볼 수 있는데, 퇴도(退陶)[84] 선생의 "공부를 끊어짐이 있도록 해서는 아니 되리(莫使工夫間斷多)."라고 한 한 구절이 관서(觀逝)의 의미를 깊이 터득한 것이다.[85]

맹자는 구덩이를 채우고 다시 흘러내리는 물을 보고 도체(道體)가 유행하는 오묘함을 볼 수 있다고 하면서, 사람도 학문하는 데 물처럼 중단이 없어야 한다고 했다. 곧 물의 영속성을 보면서 사람이 공부하는 데 지녀야 할 자세를 배운 것이다. 이의한도 이곳을 찾아 차운시를 지으면서 물과 학문의 유사성에 대해 말하고 있다.

> 관서(觀逝)라는 정자는 명명(命名)한 뜻이 정밀한데
> 난간에 기대어 물을 굽어보니 묘하여 이름 붙이기 어렵네.
> 가는 곳에는 하늘의 유행(流行)하는 이치가 드러나고
> 바라보는 때에 사람에게는 활발한 기운이 생겨나네.
> 바닥에 닿을 때까지 근원을 궁구하니 마음이 몸과 함께하고
> 구덩이를 채우고서 바다로 흘러가니 학문과 과정이 같네.
> 모름지기 맹자(孟子)가 물결을 살핀 취향을 찾아야 하고
> 바야흐로 공자[86]가 물가에서 탄식한 감정을 깨달아야 하리.[87]

---

[82] 과단(果斷)하게 행함.
[83] 공자의 자(字). 이름은 구(丘)이다.
[84] 이황(李滉, 1501~1570)의 호(號).
[85] 서석린, 〈관서정서〉.
[86] 원문의 선니(宣尼)는 중국 한(漢)나라의 평제(平帝)가 공자에게 올린 시호이다.
[87] 이의한, 〈삼가 관서정 시에 차운하다(謹次觀逝亭韻)〉.

물이 구덩이를 만나면 그 구덩이를 채우고 또 흘러가는 것이 학문의 과정과 같다고 한다. 학문의 길도 순탄하지 않다. 공부하다가 구덩이와 같은 난관에 봉착하면 학문을 집어치우고 싶은 생각이 들 게 마련이다. 그때마다 물이 구덩이를 채우듯이 학문의 과정에 들이닥치는 어려움을 해결하고 계속 정진해야 함을 말하고 있다.

3.5.2. 문사(文士)들의 모임과 창작의 공간

관서정은 반구천의 가장 아래쪽에 위치해 있다. 백련정과 집청정이 건립 당시 경주부에 속했던 것과 달리 관서정은 울산부에 위치해 있었다. 따라서 관서정은 울산부사인 권상일이 자주 들렀으며, 〈관서정기〉와 차운시 한 수를 남겼다. 권상일보다 이십여 년 후에 울산부사로 부임한 홍익대(洪益大)[88]도 이곳을 찾아 차운시를 남긴 것으로 파악된다. 서석린(徐錫麟)의 시 〈홍사군의 관서정 시에 차운하여 화답하다(洪使君次觀逝亭韻和之)〉를 보면, 수령들이 회합의 장소로 관서정을 이용했음을 알 수 있다.

    추옹(楸翁)이 물결을 질펀하게 읊조리고 지나가더니
    백설곡(白雪曲)이 또 정자에 울려 퍼지게 되었네.
    강산을 집으로 삼음을 축하하면서
    글재주가 공허할 것을 근심하지 않네.
    서호(西湖)[89]에는 백부(白傅)[90]가 짝을 이루는데

---

88 원문의 '홍사군(洪使君)'은 홍익대를 지칭한다. 홍익대(洪益大)는 1761년 3월부터 1764년 5월까지 울산부사로 재임했다. 권상일은 울산부사 재임기간이 1735년 윤4월부터 1738년 12월까지이다.
89 중국 절강성(浙江省) 항주(杭州)의 서쪽에 있는 호수(湖水)이다.
90 태자소부(太子少傅)를 지낸 중국 중당(中唐)의 시인 백거이(白居易)를 가리킨다.

동학(東壑)⁹¹에는 공덕(功德)이 하나도 없네.

조만간 오두(遨頭)⁹²가 회합하게 되면

속세의 발자취는 하풍(下風)으로 달려가리.⁹³

시인은 경련(頸聯)에서, 중국 서호는 백거이가 시로써 빛내는데, 이곳 곡연(曲淵)을 빛내는 시가 없다고 아쉬워하고 있다. 그러나 걱정할 필요는 없다. 오두(遨頭), 곧 각 지역의 수령들이 이곳 관서정에서 회합하고 시를 쓰면, 서호처럼 이곳 곡연을 드러내는 좋은 시 작품들이 나오리라 믿고 있다. 이러한 문사들의 모임은 20세기에까지 이어져, 〈관서정에서 오일계 회원이 모여서 읊다(觀逝亭五一契會吟)〉⁹⁴라는 시가 창작되었다. '오일계(五一契)'는 오륜의 한 덕목인 붕우유신(朋友有信)의 정신을 다지기 위한 계인데, 이 계(契)의 회원들이 관서정에서 모여 시회(詩會)를 열었다는 것을 의미한다.

4. 맺음말

이상에서 반구천 주변에 있는 다섯 정자인 백련정·송천정·집청정·모은정·관서정의 정명(亭名) 명명의 연유와 정자가 가지는 공간적 기능에 대해 누정문학의 내용을 중심으로 간략하게 살펴보았다. 앞에서 본 바와 같이, 정명에는 그 정자를 건립한 이유, 건립자의 가치관 등이 나타난다.

---

91 동쪽 골짜기, 즉 곡연(曲淵)을 가리킨다.
92 태수(太守)·수령(守令)의 별칭이다.
93 서석린, 〈洪使君次觀逝亭韻和之〉, "楸翁浪咏過 雪曲又亭中 / 爲賀江山宅 不憂文藻空 / 西湖雙白傳 東壑一無功 / 早晚遨頭會 塵蹤走下風"
94 이우락(1881~1951) 〈觀逝亭 五一契會吟〉.

정자 이름이 새겨진 판자를 편액이라 하는데, 편액이 한 개일 수도 있지만 이명(異名)이 있을 경우 두 개 이상이 되기도 한다.

　백련정(白蓮亭)은 건립자 최남복이 정자 앞으로 흐르는 시내의 맑음을 보고, 《주자대전》에 나오는 '개선의 작은 집'의 이름인 '수옥정(漱玉亭)'을 끌어와 정명으로 삼았다. 이명(異名)으로는 '백련서사(白蓮書社)'가 있는데, 수옥정의 터가 과거 백련사(白蓮寺) 절터였기에 절의 이름 '백련'에 '서사'를 붙인 것이다. '백련정'이란 명칭은, '백련서사'가 정자의 형태이므로 사람들이 부르기 편하게 '서사'란 말을 빼고 '정(亭)'을 붙여 '백련정'이라 부르게 된 것으로 보인다. 따라서 수옥정에는 여덟 개의 편액이 걸려 있는데, '백련정'이란 편액은 없다.

　송천정(松川亭)은 소나무[松]와 시내[川]라는 식물과 자연물을 사용하여 수많은 소나무와 하나의 시내 사이에 자리 잡고 있는 정자의 주변 환경에 착안하여 정명(亭名)을 지었다. 소나무와 시내는 단순한 주변 환경을 넘어 군자가 지닐 덕목인 절개와 맑음이라는 상징적 의미로 확대된다.

　집청정(集淸亭)에서 '집청(集淸)'은 물의 속성인 '맑음'을 모은다는 의미가 들어 있지만, 그것은 단순한 물의 맑음만을 의미하는 것은 아니다. 황경원의 기문을 살펴보면, 정자를 지어 문충공의 충심이 반구천의 아홉 굽이에 임하게 하고 그 맑은 기운을 끌어모으겠다는 의미로 해석이 된다. 결국 포은의 맑은 정기와 정절심을 사모하고 본받겠다는 의미가 정명 속에 들어 있다. 집청정을 '반구정'이라고도 하는데, 이는 '반구대에 있는 정자'라는 의미이다. 반구정은 집청정의 이명(異名)이지만 정자 주인이 인정하는 것은 아니기에 편액으로는 걸리지 않았다.

　모은정(慕隱亭)은 건립자 이정혁이 정자를 짓고 정명을 정한 것은 아버지의 유지(遺志)를 따른 것이다. 이정혁의 아버지인 구린공 이용필은 생전에 반구대를 찾아 포은의 자취를 흠모하고, 반구대의 거북과 이웃해 살겠다는 마음을 가졌으나 뜻을 이루지 못하고 아들에게 유지를 남긴 것이다. 포은의 자취를 흠모하는 게 '모은(慕隱)'이고, 거북과 이웃해 살겠다는 게 '구린(龜隣)'이다. 이 정자에는 모은정·구린·장류당이란 세 개의 편액이 걸려 있다.

관서정(觀逝亭)의 '관서(觀逝)'는 물이 흘러가는 것을 본다는 의미이다. 유교 경전인 《논어》에서 차용한 내용으로, 물이 밤낮을 쉬지 않고 흐르는 속성, 곧 영속성을 말하며, 사람들도 살아가는 데 영속성을 지녀야 한다는 의미를 담아 정명으로 삼은 것이다.

정자의 공간적 기능으로는 장수(藏修)의 기능, 은둔의 기능, 후학 양성의 기능, 문인들의 모임 및 시회(詩會)의 기능, 가문의 재실(齋室) 기능, 별장의 기능 등 다양하다. 또 개별 정자별로 독특한 그 만의 기능이 존재할 수 있다.

여기서는 반구천 주변 다섯 정자의 공통적인 기능으로, 심신 수양의 기능, 문사들의 모임과 창작의 기능이 있음을 보았다. 심신 수양의 기능과 문사들의 모임과 창작의 기능은 별개로 보이지만, 이 둘은 시작점과 귀결점의 관계이다. 애초에 정자나 원림을 조성한 목적은 개인의 심성 수양을 위한 장수지소(藏修之所)로 삼고자 함이었지만, 차츰 방문객이 증가함에 따라 그곳은 문인들의 교유와 문학이 소통되는 마당으로서의 성격을 함께 지니게 되었다.[95]

백련정은 최남복이 정자를 지을 터를 십 년이 넘게 왕래하며 준비하여, 늘그막에 경서를 읽으며 도를 구하기 위한 계책으로 세운 것이다. 정자 주인은 평소 장수(藏修)하려는 뜻을 가지면서 한편으로는 '만계(晩稧)'를 결성하는 등 친분이 있는 사람들을 정자에 불러 누정시를 창작하며 교유하는 시간을 가졌다.

---

[95] 성범중, 〈정자와 원림을 통한 문학적 교유와 소통 ―울산 소재 집청정의 경우를 예로 하여―〉, 《한국한문학연구》 제41집, 한국한문학회, 2008, 142면.

송천정은 김정태가 〈팔잠언〉을 현판으로 걸어 놓고 처신함에 경계로 삼으며, 마음을 한데 모아 경전을 읽기를 바라고 지은 정자이다. 그러나 또 한편으로는 벗들이 찾아오면 정자에 맞아들여 달빛이 시내에 비치는 것을 보며 술을 권하고 읊조리는 것을 즐기려는 소망이 정자의 건립 목적이기도 하다. 13명이 산수계(山水契)를 결성하고 송천정에서 시작(詩作)을 즐겼다.

　집청정은 최신기가 반구대 맞은편에 지은 것으로, 심신 수양을 위한 별서(別墅)의 기능이 목적이었다. 그러나 반구대라는 경관의 빼어남에 사람들이 많이 찾으면서 문인들의 교유와 창작의 장소가 되었다. 260명의 시인이 쓴 한시 406수가 수록된《집청정시집》이 있을 정도로 한문학이 꽃을 피운 정자였다.

　모은정은 이정혁이 부친의 유지(遺志)를 받들어 세운 정자로 망국의 시정(時政)에서 슬기롭게 처신하며 심신 수양을 하는 공간으로서의 기능을 하였다. 이 정자에서 선비들 수백 명이 찾아 사상견례를 행하는 행사를 하고 경전과 예법을 담론하며, 차운시를 창작하기도 했다.

　관서정을 건립한 김경은 흘러가는 물을 보면서 심신 수양을 했다. 이곳을 찾은 문사들은 물을 보면서, 옛 성인이 남긴 경전에서, 물과 관련된 구절을 되새기며 자신들의 삶의 자세를 성찰하는 누정시를 남겼다. 이 정자에서 각 지역 수령들이 모여 회합하며 시를 짓기도 했다.

　다음으로, 다섯 개 정자의 공통적인 기능은 아니지만, 백련정과 모은정에는 정자 주인의 은둔처로서의 기능이 있었고, 집청정과 모은정은 포은의 자취를 흠모하고 기리는 기능이 있음도 알아보았다.

참고문헌

《慶尙道邑誌》'彦陽地圖', 1832.
권상일, 〈觀水樓重創記〉,《청대집(淸臺集)》.
최남복,《陶窩先生文集》, 보문사, 1997.
성범중·엄형섭 역주,《譯註 蔚山地理誌Ⅰ》,〈鶴城誌〉, 울산광역시문화원연합회, 2014.
성범중 역주,《역주 집청정시집》, 울산대곡박물관, 2016.
《彦陽郡邑誌》'彦陽地圖', 1899.
이색, 〈枕流亭記〉,《목은문고》
주희 : 주자대전 번역연구단,《朱子大全》, 전남대학교 철학교육연구센터 : 대구한의대학교 국제문화연구소, 2010.
김정인, 〈16世紀 士林의 記文 硏究〉, 이화여자대학교 박사학위논문, 2003.
박준규, 〈韓國의 樓亭考〉,《호남문화 연구》17호, 전남대학교 호남문화연구소, 1987.
박채은 편저,《울산광역시 행정구역명칭 변천사》, 울산역사연구소, 2023.
성범중, 〈亭子와 園林을 통한 문학적 교유와 소통 ―울산 소재 集淸亭의 경우를 예로 하여―〉,《한국한문학연구》제41집, 한국한문학회, 2008.
성범중, 〈集淸亭詩集 硏究〉,《한국한시연구》제16호, 새문사 2008.
성범중,《한문학 속에 남아 있는 울산지역의 풍광과 풍류》, UUP, 2005.
신동익, 〈書誌 集淸亭詩集(全) 小考〉,《울주문화》제4집, 2004.
안계복, 〈韓國의 樓亭名 選定에 관한 硏究〉,《한국 전통문화 연구》제5집, 대구가톨릭대학교 인문과학연구소, 1989.
이종호, 〈영남선비들의 구곡경영과 최남복의 백련서사〉,《영남학》제18호, 경북대학교 영남문화연구원, 2010.
이창업,《울산의 산수를 품에 안은 누정》, 울산발전연구원 부설 울산학연구센터, 2011.
차영자, 〈대곡천 유역 모은정의 건립과 그 의미〉,《향토사보(鄕土史報)》제31집, 울산향토사연구회, 2020.